亚洲国家与地区传媒研究丛书
丛书总主编 段鹏

土耳其大众传媒研究

龚颖元◎著

CUCP 中国传媒大学出版社
·北京·

图书在版编目(CIP)数据

土耳其大众传媒研究/龚颖元著. --北京：中国传媒大学出版社，2022.6
(亚洲国家与地区传媒研究丛书)
ISBN 978-7-5657-2971-3

Ⅰ.①土…　Ⅱ.①龚…　Ⅲ.①大众传播－传播媒介－研究－土耳其－现代
Ⅳ.①G206.3

中国版本图书馆 CIP 数据核字(2022)第 071467 号

土耳其大众传媒研究

TUERQI DAZHONG CHUANMEI YANJIU

著　　者　龚颖元
策划编辑　王雁来
责任编辑　王雁来
封面设计　郭　琳
责任印制　李志鹏

出版发行　中国传媒大学出版社
社　　址　北京市朝阳区定福庄东街 1 号　　邮　　编　100024
电　　话　86-10-65450528　65450532　　传　　真　65779405
网　　址　http://cucp.cuc.edu.cn
经　　销　全国新华书店

印　　刷　唐山玺诚印务有限公司
开　　本　730mm×988mm　1/16
印　　张　16.25
字　　数　231 千字
版　　次　2022 年 6 月第 1 版
印　　次　2022 年 6 月第 1 次印刷

书　　号　ISBN 978-7-5657-2971-3/G・2971　　定　　价　79.00 元

本社法律顾问：北京李伟斌律师事务所　郭建平

总　序

2002年，在时任北京广播学院院长刘继南教授和韩国高等教育财团事务总长金在烈先生的共同倡导和努力下，亚洲传媒研究中心得以在我校诞生，它的成立标志着我校在国际合作领域迈出了坚定的一步。回首来时的路，亚传的诞生与成长凝结了两代人的心血，与前辈们的艰辛付出关切最深。亚传成立十七年来，始终秉承“来自亚洲，超越亚洲”的精神理念，迄今已经成功举办了十三届“亚洲传媒论坛”，并开展了以“亚洲传媒国别研究”“亚洲传媒比较研究”“世界眼中的中国”“‘一带一路’背景下传媒发展与文化传播”等为主题的160余项课题研究，资助了30位中国传媒大学的优秀青年学者赴韩交流研修，通过举办高规格的国际学术会议、组建外国专家工作室等方式积极开展国际交流合作，取得了丰硕的研究成果，为学校培养和遴选了一大批至今仍在各个重要学科领域发挥着重要作用的学术骨干和专业人才，成为中国传媒大学最重要的开放而高效的国际科研与学术交流平台。

近年来，亚传围绕打造一流论坛、拓展国际交流的目标进一步深化发展。2017年我和团队一道，积极筹备并召开第十二届亚洲传媒论坛，主题是“全球化·社会发展·社会化媒体变革”，来自国内外30多所高校和媒体机构的专家学者和业界人士近200人参加了这次论坛。2018年，我和同事们为第十三届亚洲传媒论坛聚焦于“媒体·艺术·文化”，汇集全球传媒领域知名学者、业界前沿开拓者、媒体界人士等150人，就当下媒体、艺术和文化之间的多重关系展开交流研讨，论坛的水平与国际影响力进一步提升。2019年5月16日，通过我们的多方联系，亚传承办了由国家广播电视总局指导、北京市广播电视局和中国传媒大学共同主办的亚洲文明对话大会配套活动“亚洲网络视听传播政策对话与合作成果发布活动”，就亚洲主要国家网络视听传播领域的管理政策、传播理念、内容创作及产业发展等问题进行交流，受到学界、业界和媒体的广泛关注，亚传的影响力与团队凝聚力都有所提升。

我个人与亚传的渊源可谓由来有自。2004 年，我在首尔国立大学参加新媒体发展国际研讨会，是得到了亚传项目的资助，会议邀请了多位国际知名学者参加，对我个人而言是一次非常重要的锻炼。2009 年，我的一本关于台湾地区媒体研究的专著通过层层选拔，最终获得了亚传的出版资助，这也是"亚洲国家与地区传媒研究"系列丛书中的一本。2014 年我就任亚洲传媒研究中心运营委员会主任委员以来，积极拓展亚洲学术合作资源，亚传运营委员会一行先后访问了日本 TBS 电视台、龙谷大学、韩国首尔国立大学、昌原国立大学、阿联酋中阿卫视、伊朗阿斯法罕大学和德黑兰大学、埃及不列颠大学和埃及中国文化交流协会等高校与机构，积极开展"一带一路"背景下传媒学界与业界的交流合作。

2018 年，亚洲传媒研究中心理事会换届，中国传媒大学校长廖祥忠教授接任中心理事长，亚洲传媒研究中心主任的火炬传至我的手中，面对廖祥忠理事长、朴仁国理事长和我的老师丁俊杰名誉主任的殷殷期许，我深感重担在肩，责任重大。未来，我们将以国际一流水准打造亚洲传媒论坛，致力于将亚传建设成为世界一流的传媒研究机构，为提升我校科研国际化与人才国际化水平不断努力。

自 2009 年起，亚传启动了"亚洲传媒国别研究"项目，将研究视野聚焦在亚洲各国传媒领域，全面考察亚洲各国媒体尤其是新媒体与国家发展、社会进步的互动关系。为了保证这一课题工程取得高质量的成果，中心通过公开招标，遴选高水平的研究人员，至今已有 26 个国家和地区的研究正在进行，十年之间，出版著作 10 本，也算小有所成。积跬步以致千里，我们的愿望是最终出版一套由 30 本左右专著构成的"亚洲国家与地区传媒研究"丛书。这将是世界范围内首次对亚洲传媒进行的一次大规模研究和出版活动，不仅具有填补空白的学术价值，更对促进亚洲各国共通共享具有深远意义。衷心感谢本丛书的每位作者和责编所付出的辛勤劳动。希望通过本套丛书的出版，能够为我们绘制出具系统性、理论性与前沿性的亚洲传媒研究图谱，推动亚洲传媒发展与亚洲文明交流。

中国传媒大学副校长

亚洲传媒研究中心主任

教授、博士生导师　段　鹏

2019 年 7 月 25 日

序

2014年,我在土耳其担任驻站记者,想了解土耳其的媒体市场情况。我试图从网络中收集相关的信息,但相关资料非常少。我只能去看一些土耳其原版内容,或者与媒体朋友访谈,试图从碎片化的资料里,拼凑出一幅全景图。求索的过程异常艰辛。想了解土耳其建立共和国前的历史,但是我并不懂奥斯曼语;想知道土耳其现代媒体的雏形是如何形成的,可供研究的媒体却十分有限;至于土耳其媒体的法律法规,则要从浩繁的法律文书中抽丝剥茧。探究一个国家的媒体发展全貌一点儿也不轻松。虽然,我多次鼓起勇气攀爬高峰,但终究是半途而止。

土耳其横跨欧亚大陆,是连接中西方文明的重要结点,也是“一带一路”重要的支点国家。自20世纪70年代中国和土耳其建立正式的外交关系以来,两国逐步在经济、贸易、文化和教育等领域建立起联系,开展合作。进入新的世纪,两国关系发展进入快车道,取得了很多可喜的成果。但是,与两国整体的关系发展相比,两国的信息交流还比较滞后,两国民众的相互了解还有待加强。不得不说这与媒体在两国交流方面的缺位有着密切的联系。

近些年,中国媒体在中土之间搭建直接沟通的平台方面作出了一些积极的尝试,取得了较为丰硕的成果。在土耳其设立分支机构,加大新闻的采集与报道力度;与土耳其本土媒体合作,联合制播节目。这些方式对于促进土耳其民众对中国的了解发挥了积极的作用。不过,从整体上看,两国媒体之间的交流与合作还大有可为。从我国媒体的角度来说，我们对土耳其媒体市场的了解是不够充分的。因此，对土耳其媒体进行历史性和系统性研究是一件很重要的事情。

新闻传播活动在土耳其出现的时间较早，既经历了土耳其国家社会发展的各个阶段，也因国家权力变化而不断改变其存在的形式。自20世纪80年代起，土耳其从“社会国家”向“自由体制”转变，在这样的背景下，媒体行业如何从重“经营”转向重“兼并”？从20世纪90年代开始，国际资本迅速扩张，并大量进入土耳其媒体市场，外资媒体在人员、技术、平台和理念等各个方面对土耳其媒体产生了哪些影响？在军事政变、政治选举和对外战争轮番出现的背景下，土耳其媒体如何构建国家形象？在全球数字通信网络迅速崛起，“大众自传播”风生水起的当下，国家的监管方式如何适应新的传媒生态环境？

正当你在为了解土耳其媒体的情况而四处奔走，梳理脉络，挖掘信息时，这本书就突然放到了你的面前，满足了你的热切要求，并留给你研究和发现的空间。作者从土耳其获取了大量的一手材料，并进行了一系列有创见的实证分析。虽然本书的主题聚焦的是土耳其一国的媒体市场，然而我相信，本书的意义远没有因此而受限，其揭示的底层逻辑可以用来理解很多国家的媒体环境和发展进程。因为，在“自由主义”“资本主义”的环境下，媒体的特点有其共通性，尤其是在发展中国家。读者可以在阅读本书的过程中透过国家事务的表象，去认知基本的特征。

这本书是给从事国际传播工作的人写的。作者对土耳其媒体的情况有非常透彻的了解与体会，尽可能忠实地还原一切内容，笔墨豪放而又不乏细腻，娓娓道来，给人以阅读的快感。通过梳理土耳其媒体的历史发展脉络，你就会去理解，这里面的很多内容，会在无形中触动你。在本书中，作者用自己的语言讲述了一个媒体研究者在学习和实践中的诸多感悟。这本书就是要讲述土耳其媒体发展变化的故事。尤其可贵的是，本书的作者是一位长期从事语言教学的老师，她同时长期从事媒体研究，不断思考，刻苦努力，凭借一己之力，收集、梳理和分析了丰富的案例和数据,足以见其扎实的业务素养和执着的求知态度。她的研究基于历史与事实,拓宽了其他研究者前行的道路。

中央广播电视总台亚非广播中心土耳其语部主任

汤剑昆

2021年7月

目　录

第一章 绪 论

本章要点

- 为什么要研究土耳其大众传媒
- 土耳其的传媒生态
- 土耳其传媒行业的基本趋势

第一节 研究的缘起

17 世纪鼎盛时期的奥斯曼土耳其帝国地跨亚欧非三大洲，今天的中东、东欧、北非的大部分地区都是帝国的附属地。这个 16、17 世纪在全球数一数二的强国在最后的两三百年走上了衰败没落之路，直到第一次世界大战后土崩瓦解，被今天的土耳其共和国取代。《奥斯曼帝国闲史》(*Lords of the Horizons*)中说，凡是地平线上可见的地方，都属于奥斯曼帝国，颇有点“普天之下，莫非王土”的意味。奥斯曼帝国的衰落时期经历了哪些关键时刻？奥斯曼帝国的灭亡和今天中东的乱局有什么关系？历史学的研究很少对传媒史有深入的关注，现有的论述主要集中在对帝国统治阶级的描述上，再或者聚焦于对权力中心伊斯坦布尔的阐述。然而，帝国大众的生活图景如何被大众媒介描绘，一部“挑战与被挑战”的历史如何被大众媒介书写，帝制走向共和制的进程如何被大众媒介步步推进，这些问题都足以让人兴奋不已。传统史学观点倾向于把第二次世界大战归咎于经济危机和大萧条，而德国学者罗伯特·格瓦特在《战败者》一书中提出了新的视角，“持久的和平”变成“二十年的休战”的根本原因是战胜国的目光短浅和自相矛盾。书中进一步提出，土耳其的建国运动是第二次世界大战的预演。因为它成功地用武力推翻了一战之后协约国构建的新秩序。不管凯末尔用暴力和民族主义旗号争取民族独立的做法有没有争议，但是它的确在客观上点燃了欧洲法西斯运动爆发的火种。① 与其说大众媒介记录了一个国家的发展历程，不如说是提供了一个思考国家运行的框架。作为权力运作的工具，大众传媒传播的观念、习俗、制度等渗透到社会个体行为的过程实际上就是构建社会关系和社会图景的过程，因此大众传媒与社会和文化之间相互关系的塑造是值得关注和思考的问题。要准确理解和掌握现代关于传媒表达和媒介政策的讨论及存在的问题，必须通晓媒介的发展沿革和变化历程。对大众传媒和传播过程的历史研究，是知识研究的一部分，也是剖析社会交流和理解社会自身的方法。② 基于此，本书以奥斯曼土耳其帝国印刷、报刊、广播、电视、电影、新媒体等媒介的产生、发展和变革为主线，以媒介政策、传媒集团、所有权为切入点，以代表性话题为抓手，尝试考察贯穿在历史、现在和未来之间的重要大众媒介在社会发展中的核心作用。在叙述媒介的历史沿革时，本书利用大量的一手资料尝试还原奥斯曼土耳其帝国大众传媒史的真实模样，以期为奥斯曼土耳其帝国的通史研究、断代史研究、专题类研究提供新的场域空间。

一、奥斯曼帝国与奥斯曼土耳其帝国的来龙去脉

奥斯曼帝国在 600 年历史中，经历了崛起和衰亡的过程。14 世纪初，它从阿纳多卢丘陵地带的一个尘土遍地的辖区发迹后，蚕食了昔日的拜占庭帝国，将从亚得里亚海到黑海的整个巴尔干半岛、希腊、塞尔维亚、保加利亚和多瑙河

---

① 格瓦特. 战败者[M]. 朱任东，译. 南京：译林出版社，2017.

② 威廉姆斯. 一天给我一桩谋杀案[M]. 刘琛，译. 上海：上海人民出版社，2008：2.

以北的所谓瓦拉几亚和摩尔达维亚公国悉数囊括进自己的领土。它夺取了安纳托利亚地区。14 世纪，克里米亚的鞑靼人对他们俯首称臣。① 1453 年，穆罕默德二世(1444—1446，1451—1481)占领君士坦丁堡(今伊斯坦布尔)，终结了拜占庭帝国的统治，此后奥斯曼帝国定都于此，建立了一套影响整个帝国的二元秩序。苏莱曼一世(1520—1566)时期，奥斯曼帝国的疆土达到顶峰期，建立了一个地跨亚欧非的庞大帝国。②

18 世纪后半叶，奥斯曼帝国开始走下坡路，突出表现在三个方面。一是帝国难以维持其庞大的疆域和领土。原本对帝国而言如同屏障的多瑙河以南巴尔干地区、阿纳多卢地区、叙利亚和北伊拉克等地蠢蠢欲动，帝国在这些行省和附属国的统治名存实亡。二是帝国政权的合法性被挑战。原本把伊斯兰法体系作为国家基础，运用伊斯兰法统治非伊斯兰教徒的底层逻辑是确保伊斯兰教徒和非伊斯兰教徒在经济上没有太大差距，在多元文化、多元宗教的帝国中，人人都是文化的创造者，也是成果的享有者，不会因宗教信仰的不同而产生社会地位的差异。奥斯曼帝国总体上信奉伊斯兰教，不过它的许多臣民并非穆斯林，而且帝国无意强迫他们皈依。帝国控制了东西方之间的道路，却对贸易兴趣不大。一般都认为它是一个突厥帝国，但它的大多数显贵和官员，乃至它的突击部队，都是来自巴尔干半岛的斯拉夫人。帝国采用的是拜占庭的礼仪，展现的是波斯的威严，享有的是埃及的财富，使用的是阿拉伯的文字。然而，18 世纪后半期开始，随着帝国与欧洲通商关系的进一步扩大，以希腊正教徒为核心的非伊斯兰教商人的经济实力迅速增强，和西方世界的交往更加密切，西方国家开始在宗教信仰上大做文章，鼓动帝国的非伊斯兰教徒脱离帝国。三是以伊斯坦布尔为中心，人浮于事、卖官敛财、以权谋私的帝国官僚体系如毒瘤一般使国家机器不能正常运转，迅速崛起的地方豪族势力越来越不受中央的管制，帝国的统

① 古德温. 奥斯曼帝国闲史[M].周晓东，郭金，译. 南京：江苏人民出版社，2016：3.

② 日本学者林佳世子在著作《奥斯曼帝国：五百年的和平》中指出，“奥斯曼帝国前半期的统治阶层是由突厥出身的军人和巴尔干出身的旧统治阶层双方共同构成的”。具体可参见：林佳世子.奥斯曼帝国：五百年的和平[M]. 钟放，译.北京：北京日报出版社，2020：51.

治地位面临严重挑战。[①]

塞利姆三世(1789—1807)和马哈茂德二世(1808—1839)开启了古老帝国向近代国家转型的时期。深受法国大革命影响的帝国苏丹们,参照法国大革命模式拉开了一场自上而下的改革大幕。到19世纪中叶,这个以伊斯兰法和苏丹法为准则的中央集权制国家被试图推到一个在绝对王权下依法行政,以缔造"国民"为目标的近代官僚制国家的轨道上。在两位苏丹的励精图治下,帝国先是消灭了内部的强劲敌对势力耶尼切里军团,建立了西式的步兵队伍,实现了军队近代化的改造,之后又打击了地方豪族阿扬的势力,削弱了宗教保守势力。也是在这一时期,包括塞尔维亚、希腊等在内的属国或行省纷纷独立,帝国的势力范围大幅缩水。帕特里克·贝尔福认为,塞利姆三世的改革政策,反映的是精英阶层里一小部分人对世界的看法。[②]

林佳世子认为,奥斯曼帝国的历史是存在巨大断裂的。19世纪之前的奥斯曼帝国或许不属于现在任何一个民族国家。历史上的奥斯曼帝国是以巴尔干半岛大国的身份起家的,至于征服阿纳多卢地区那是后来的事情。奥斯曼帝国的历史在19世纪初塞利姆三世(1789—1807)开启现代化变革之前已经终结,随后的一个多世纪,即近代奥斯曼帝国才正式进入我们通常理解的奥斯曼土耳其帝国时期。[③] 因此,现代土耳其共和国直接继承的是奥斯曼帝国内部各民族国家纷纷走向独立后的百年历史。20世纪初,土耳其加入一战同盟国阵营,战败后被迫割地,阿纳多卢大部分地区被列强控制,伊斯坦布尔被协约国军队占领。穆斯塔法·凯末尔领导的反抗西方列强侵略的民族解放战争粉碎了协约国肢解土耳其的阴谋,迫使列强废除了《色佛尔条约》中的割地条款,并依据1923年签订的《洛桑条约》建立了崭新的共和国。1923年10月29日,土耳其共和国成立,奥斯曼土耳其帝国寿终正寝。

---

① 古德温.奥斯曼帝国闲史[M].周晓东,郭金译.南京:江苏人民出版社,2016:4.

② 贝尔福.奥斯曼帝国六百年[M].栾力夫,译.北京:中信出版社,2018:523.

③ 林佳世子.奥斯曼帝国:五百年的和平[M].钟放,译.北京:北京日报出版社,2020:309.

二、土耳其国家概况

今天的土耳其，领土面积虽不及奥斯曼帝国鼎盛时期的六分之一，但横跨亚欧大陆的独特地理位置使其成为重要的枢纽国家。土耳其北临黑海，与俄罗斯近在咫尺；西临爱琴海，与南欧诸国一海之隔；南向地中海，与埃及隔海相望；陆地部分，西部与希腊、保加利亚为邻，东部与格鲁吉亚、亚美尼亚、阿塞拜疆、伊朗接壤，东南部与叙利亚、伊拉克交界。土耳其海岸线长 7200 公里，陆地边境线长 2648 公里，由博斯普鲁斯海峡（也称“伊斯坦布尔海峡”）、马尔马拉海和达达尼尔海峡（也称“恰纳卡莱海峡”）三部分组成，被称为“天下咽喉”的土耳其海峡（也称“黑海海峡”）全长 361 公里，是连接黑海与地中海的唯一通道，也是亚、欧两洲的分界线，古往今来皆为兵家必争之地，战略地位十分重要。土耳其国土面积 78.36 万平方公里，其中 97％位于亚洲的阿纳多卢地区，3％位于巴尔干半岛，人口超 8000 万。土耳其国家统计局 2018 年数据显示，土耳其总人口数达 8186 万，其中 50 岁以下人口占比 72％，土耳其族占 80％以上，库尔德族占 15％，此外还有包括高加索、亚美尼亚、希腊、阿拉伯和犹太等在内的多个少数民族。土耳其语是土耳其的官方语言，99％的居民信奉伊斯兰教，其中绝大部分为逊尼派，少部分为什叶派。土耳其国家统计局 2020 年数据显示，土耳其总人口数达 8434 万人，比上一年同期增长 3％，其中男性占比 50.2％，女性占比 49.8％，城市人口比例为 92.8％，中位数年龄为 32.4 岁。排行前五的人口大省分别是伊斯坦布尔（1550 万）、安卡拉（564 万）、伊兹密尔（437 万）、布尔萨（305 万）、安塔利亚（250 万）。素有“亚欧十字路口”之称的伊斯坦布尔自古就是东西方商贸的重要驿站，而作为土耳其最大的城市和经济中心，“一带一路”倡议也为伊斯坦布尔的城市建设及发展带来了千载难逢的机遇。首都安卡拉位于阿纳多卢地区的西北部，是土耳其的第二大城市，也是土耳其的政治、经济、文化、交通和贸易中心。土耳其是较早加入“一带一路”倡议的国家之一，“一带一路”对接了土耳其发起的旨在促进亚欧区域经济合作的“中间走廊”计划，也契合土耳其力图成为世界物流中心的奋斗目标。近十年来，中土两国的双边贸易额从2001年的11亿美元增长到2019年的216亿美元。在新冠肺炎疫情期间，巴库—第比利斯—卡尔斯跨国铁路装载运输了将近3万吨货物，仅2020年的头一个月，运输量就达到4000吨。[①]

自20世纪80年代实行自由经济改革以来，土耳其经济迅速发展，取得了举世瞩目的成就。土耳其是继“金砖五国”之后的新秀，和越南、印度尼西亚、南非和阿根廷并称为“展望五国”(VISTA)。2002年至2013年，土耳其国内生产总值从2000亿美元增长到9500亿美元，实现了4.7倍的高速增长。2014年以后，由于土耳其货币里拉极速贬值，以现价美元计算的国内生产总值下滑至8500亿美元，以现价本币计算的经济增长率从7%下滑至2.7%。世界银行2017年的数据显示，2017年土耳其国内生产总值达8515.5亿美元，全球排名第17位，2018年全球排名第19位。2019年10月，土耳其单方面发动的跨境打击叙利亚库尔德武装的“和平之泉”行动，把土耳其推到了国际舆论的风口浪尖，土耳其再次向世界展示了其意欲谋求亚欧大陆中枢国家和地区领导者的姿态，该行动也成为影响2019年国际政治格局的重要事件。也许正如林佳世子所预言的，“在这二百年的近代化与民族主义的历史中，1922年近代奥斯曼帝国的消亡只不过是一个阶段性的‘休止符’而已。从漫长的历史发展来看，18世纪末的奥斯曼帝国旧体制的结束，正是新的‘进步’与‘流血’时代的开幕”[②]。

2017年4月，土耳其举行全民公投，通过宪法修正案，自20世纪20年代建立的议会共和制政体变更为总统共和制。总统共和制极大地扩容了总统的权力，总统既是国家元首也是政府首脑，成为国家的绝对最高领导者。总统不但可以继续其担任的政党主席职务，还有权解散议会，任命大国民议会议长、部长和司法官员。此外，总统还可不经由大国民议会的批准颁布法令或宣布国家进

① 参见 https://www.aa.com.tr/en/asia-pacific/turkey-eyes-sustainable-balanced-trade-with-china/1874843。

② 林佳世子.奥斯曼帝国：五百年的和平[M].钟放，译.北京：北京日报出版社，2020:310.

入紧急状态。曾任第 59 届(2003 年 3 月到 2007 年 8 月)和第 60 届(2007 年 8 月到 2014 年 8 月)总理的雷杰普·塔伊普·埃尔多安当选土耳其历史上首位民选总统,埃尔多安也因此被冠以"新时代苏丹"之名。在 2014 年担任总统之前,他曾担任总理达 11 年之久,也是土耳其政坛在一个任期内执政时间最长的总理。

三、中国的土耳其研究

国内学界曾对新中国成立 60 年来中国的土耳其研究(1949—2009)进行梳理,并指出该领域研究的四个主要方面:一是重新认识土耳其资产阶级革命;二是重视土耳其现代化的经验以及土耳其世俗化问题;三是关注土耳其的对外关系;四是土耳其发展过程中的重大问题,如伊斯兰复兴、土耳其的民主化、库尔德问题、军政关系等。在这四个方面中,第四方面的问题是近年来中国研究聚焦的热点。土耳其是北约成员国,是中东地区的大国,同时与中亚地区有着民族、宗教和文化上的复杂联系,对这些地区有较大的话语权。随着中东和中亚在中国外交战略中地位的上升,土耳其在中国外交中的地位也日趋重要。深入认识和研究土耳其有助于实现我国国家利益的最大化,对我国的外交政策的制定、多边关系的斡旋、边疆地区的安全与稳定也具有非常重要的现实意义。[①]

虽然中土双方的利益摩擦不可避免,但是积极协调,寻求平衡才是以国家利益为中心的正常博弈关系的关键。近十年来(2010—2020),奥斯曼帝国研究和土耳其研究已经成为中国学术界研究的新热点,中土学界的交流更加密切,互动更加频繁。从学术成果方面看,昝涛的《现代国家与民族建构:20 世纪前期土耳其民族主义研究》(2011)、哈全安的《土耳其通史》(2014)、王三义的《晚期奥斯曼帝国研究》(2015)、黄维民的《奥斯曼帝国》(2015)、李秉忠的《土耳其民族国家建设和库尔德问题的演进》(2017)等都是具有代表性的论著。此外,近

① 昝涛.六十年来中国的土耳其研究[J].西亚非洲,2010(4):68-70.

五年来，译著类成果也层出不穷。诺曼·斯通的《土耳其简史》(2017)、尤金·罗根的《奥斯曼帝国的衰亡：一战中东，1914—1920》(2017)、杰森·古德温德的《奥斯曼帝国闲史》(2017)、帕特里克·贝尔福的《奥斯曼帝国六百年》(2018)、西恩·麦克米金的《奥斯曼帝国的终结：战争、革命以及现代中东的诞生 1908—1923》(2018)、卡罗琳·芬克尔的《奥斯曼帝国：1299—1923》(2019)、阿诺德·汤因比的《文明的接触：希腊与土耳其的西方问题》(2019)、林佳世子的《奥斯曼帝国：五百年的和平》(2020)等多部权威成果都被介绍到国内。

四、中土关系和中土媒体交流

中国和土耳其于 1971 年正式建交，由于受到冷战思维、意识形态等方面的影响，直到 20 世纪八九十年代[①]中土关系才从“敌对关系”转为“以国家实际利益”为首要内容的双边关系，[②]高层互访为两国关系的向前发展揭开了新的篇章。

近年来，两国领导人频繁互访，中国同土耳其的关系得到较大改善，政治互信不断增强。2013 年习近平主席提出“一带一路”倡议后，因古丝路结缘的中土两国再次携手，共同赋予丝绸之路重要的现实意义。近年来，土耳其不断谋求地区大国的地位，利用其得天独厚的区位优势，积极参与国际和地区事务。2015 年 4 月，土耳其出资 26 亿美元成为亚洲基础设施投资银行创始成员。同年 10 月，在土耳其召开的二十国集团峰会期间，中土两国签署了将“一带一路”倡议与“中间走廊”倡议相衔接的谅解备忘录，为双方的切实合作提供了指南。

2017 年特朗普上台后力图打造一个以以色列、沙特和阿联酋为核心的“阿拉伯北约”，从而削弱土耳其、伊朗等地区大国的力量，动摇北约成员国土耳其在中东的地位。在中东的混沌格局中，土耳其急需大搞国家建设，实现升级改

① 这一时期中国和土耳其两国的高层互访有：1982 年埃夫伦总统访华，1984 年李先念主席访土，1985 年厄扎尔总理访华、卡拉杜曼议长访华，1986 年赵紫阳总理访土，1995 年德米雷尔总统访华，1996 年卡莱姆利议长访华，1996 年乔石委员长访土，1998 年埃杰维特总理访华，1999 年李鹏委员长访土。

② 肖宪，王文章.中国与土耳其关系的演变、问题与未来[J].外交评论(外交学院学报)，2007(2)：34-40.

造，从而建立内部与外部的秩序和格局，而选择大国平衡外交是明智之举。2023年是土耳其建国100周年，“2023年百年愿景”、跻身世界十大经济体、成为有重要影响力的“中枢国家”是土耳其的发展诉求，而这些诉求的实现都离不开中国的参与。对土耳其而言，深度参与“一带一路”是历史的选择，也是不可错失的良机。2020年新冠肺炎病毒肆虐全球，世界各国的GDP数据用“愁云惨淡”来形容再恰当不过。然而，2021年3月路透社的一份报道称，2020年土耳其的国内生产总值较2019年增长1.8%，土耳其的经济表现不仅好于所有新兴市场国家，而且在G20中“鹤立鸡群”。土耳其媒体也称，“疫情大流行并未使我们的经济发展停滞，2020年土耳其和中国成为世界上少数实现GDP正增长的国家”。

近年来，土耳其的官方媒体和私营主流媒体对中国的关注明显增多，与之前直接套用西方媒体的议程设置妖魔化中国、从意识形态方面封锁中国形成较大反差的是，现在这些媒体机构会加强和中国主流媒体的沟通交流，越来越多地直接引用《人民日报》、《环球时报》、新华社等中国媒体的内容进行报道。土耳其主流媒体塑造的中国从过去落后、愚昧、封闭的负面形象逐渐转为一个迅速发展、与美国霸权主义抗衡的大国形象。特别是“一带一路”倡议提出以来，两国在媒体合作方面的进展也初见成效。2013年立项实施的土耳其全媒体项目是中央广播电视总台的首个全媒体项目，在受众开发与精准定位、播出平台和内容的精准投放、传播议题和话语权引领的精准设置、国内外媒体机制的精准衔接等方面进行了许多开创性尝试，中央广播电视总台也是唯一一家使用土耳其语进行本土传播的中国媒体。[①] 中国媒体对土耳其的传播也取得了显著成效。中央广播电视总台通过打造品牌媒体的方式，在土耳其建立的综合媒体传播平台就是很好的例证。目前，中央广播电视总台打造的品牌“CRITURK”在土耳其已经建成本土化的多媒体综合传播平台，融广播、网站、社交媒体、纸质

---

① 李媛. 国际传播中的精准传播影响因素及策略初探：中国国际广播电台土耳其全媒体项目案例分析[J]. 新闻传播，2018(12)：82-83.

出版物、电子杂志、网络电台和网络电视为一体，是中国面向土耳其功能最齐全、内容最丰富、用户关注度最高的综合性媒体。此外，“CRITURK”先后与土耳其主流媒体阿纳多卢通讯社（AA）、土耳其国家广播电视公司（TRT）、多乌什媒体集团（Doğuş）建立合作传播机制，在人员交流、节目互换和联合策划等方面加强合作。[①] 这一系列举措不但很好地推动了中土主流媒体的合作，有效提升了对土传播的效果，而且为讲好中国故事，助力中国文化“走出去”提供了助力。随着“一带一路”项目的逐步落地，土耳其媒体对“一带一路”倡议及相关话题的关注度显著提升，报道的视角更加多元，报道的倾向更趋正面。

近年来，随着土耳其与美国、欧盟关系的微妙变化，土耳其的外交重心开始逐步向东转移，表现出对中国、俄罗斯和亚太其他国家的浓厚兴趣。土耳其国内亲政府的主流媒体《晨报》（*Sabah*）积极配合政府，为“一带一路”频繁点赞，并多次转引中国领导人对“一带一路”的阐述，为中国理念在土耳其的传播提供了平台。以中立、客观的报道著称、拥有广泛读者群体的《自由报》（*Hürriyet*）多次以专栏评论员文章的形式，综合社会各行业的立场，多渠道多角度地对“一带一路”的利弊和得失进行了探讨。近年来俘获众多拥趸的报业黑马《发言人报》（*Sözcü*）在“一带一路”报道中的失声和冷眼旁观也反映了土耳其普通民众对此类话题的漠视。

笔者综合近五年来土耳其三家主流媒体关于“一带一路”的报道发现，两国的经贸合作一直是媒体报道的重要议题，其他领域的报道较少，同时围绕经贸合作唱衰“一带一路”、散布“中国威胁论”的文章也并不少见。正如 2017 年 5 月习主席在“一带一路”国际合作高峰论坛开幕式上的演讲中提出的“国之交在于民相亲，民相亲在于心相通”，“一带一路”建设不仅仅是经济贸易交往，更是科学、教育、文化、卫生等各领域的广泛分享与交流。中土两国的经贸交往固然应当放在最优先序列，但是关于两国在“一带一路”框架下的人文、艺术、教育等领域互动交流的话

---

① 汤剑昆.CRITURK 品牌在土耳其传播效果分析[J].国际传播，2018(1)：55-62.

题鲜有媒体报道。突破单点聚焦，实现多面铺开的议程设置，将有助于土耳其民众看到一个兼容并蓄的中国，从而为对土传播中国故事做好铺垫。

第二节　土耳其的传媒生态

土耳其广告商协会①、土耳其国家统计局、国际货币基金组织的统计数据显示，2018 年土耳其的传媒投资规模位居世界第 32 位，占世界传媒总量的 0.3%。从传媒投资在国内生产总值的占比来看，土耳其的传媒投资仅占到其国内生产总值的 0.22‰。2017 年土耳其传媒行业的投资比上年上涨 6.3%，达到 107 亿里拉（约合 18 亿美元），2018 年土耳其传媒投资和广告投资增长 2.9%，达到 110 亿里拉（约合 22 亿美元），其中电视和数字新媒体的投资占到总投资额的 76%，其他传媒行业的投资占比从高到低依次是户外媒体、报刊、广播和电影。2018 年开始新媒体成为广告商的新宠，其广告收益的增幅比率位居各媒介之首（见表 1-1、表 1-2、表 1-3）。有业内分析人士指出，土耳其的传媒投资有望迎来 3.5 倍或更高增长。

表 1-1　2015—2018 年土耳其传媒各行业的广告投资情况（单位：百万里拉）

	2015	2016	2017	2018
电视	3270.05	3679.90	3834	3875
报刊	1094.95	1068.90	963	780
户外	415.03	448.96	805	852
广播	139	168.96	255	269
电影	71.15	81.14	85	89
新媒体	1483.91	1736.01	2078	2385
总额	6474.10	7183.87	8020	8252

① 作为欧洲通信机构协会（EACA）的成员，土耳其广告商协会（RD）率先在土耳其制定欧洲广告标准。该协会的宗旨是提升广告行业的标准，提升广告企业和机构的实力，为土耳其广告业发展提供助力。土耳其广告商协会只统计私营媒体的广告支出，发布官方公告的公共组织和机构的广告支出由土耳其新闻公告署（BİK）负责统计。

表 1-2　2016—2017 年土耳其传媒各行业的市场份额变化表

行业	总投入(百万里拉)	市场份额(%)	2016—2017 变化率(%)
电视	3834	47.8	+4.2
报刊	963	12	-9.9
户外	805	10	+9.4
广播	255	3.2	+5.5
电影	85	1.1	+5.3
新媒体	2078	25.9	+19.7
总额	8020	100	+6.3

表 1-3　2018 年土耳其传媒各行业投资情况

行业	总投入(百万里拉)	市场份额(%)	2017—2018 变化率(%)
电视	3875	47	+1.1
报刊	780	9.5	-19
户外	852	10.3	+5.9
广播	269	3.3	+5.6
电影	89	1.1	+4.8
新媒体	2385	28.9	+14.8
总额	8252	100	+2.9

作为传统媒体的电视，在面对新媒体挑战的今天，依然保住了其在传媒行业中的影响力，电视的广告投放额虽然有所下滑，但总体表现明显强于其他传统媒体，因此电视行业也成为多年来传媒资本的必争之地。1993 年，宪法修正案的出台打破了土耳其国家广播电视公司的垄断地位，承认了私营广播电视机构的合法地位，大量的私营广播电视机构如雨后春笋般涌现。根据土耳其广播电视职业联盟(RATEM)统计的数据，截止到 2017 年，土耳其共有 899 家广播机构，其中国家级的有 34 个，地区级的有 81 个，地方级的有 784 个；共有 196 家电视机构，其中国家级的有 19 个，地区级的有 12 个，地方级的有 165 个。

土耳其国家统计局的数据显示，截止到 2016 年 4 月，土耳其共有 2731 家报纸，其中 172 家国家级报纸，112 家区域级报纸，2447 家地方级报纸。广告收入排名前三的报纸有《自由报》、《晨报》和《邮报》(*Posta*)。报纸收入的一个重要来源是土耳其新闻公告署定期发布的政府公告和广告。土耳其广告商协会公布的数据显示，土耳其读者最多的前十家报纸是《自由报》、《晨报》、《邮报》、《土耳其报》(*Türkiye*)、《日程报》(*Takvim*)、《发言人报》、《土耳其消息报》(*Habertürk*)、民族报(*Milliyet*)、《新曙光报》(*Yeni Şafak*)和《太阳报》(*Güneş*)。其中多安集团(Doğan)旗下的《自由报》和《民族报》[①]、卡尔勇(Kalyon)集团旗下的《晨报》和《日程报》均位于前十。

成立于 1964 年的土耳其国家广播电视公司(以下简称土耳其广电)是土耳其新闻传播史上的首家广电传媒机构，主要负责提供公共传播服务。自成立之初到 20 世纪 90 年代初期，土耳其广电在 30 年时间里一枝独秀，独领风骚。土耳其广电共有 16 家广播台，从覆盖范围来看，5 家国家级、5 家地区级、3 家地方级，还有 3 家面向全球广播。其中，土耳其之声电台使用 41 种语言向全球广播。土耳其广电设有 14 个电视频道，覆盖土耳其全境并通过卫星覆盖全球。电视频道中包括 3D 频道、4K 电视频道和面向全球的英语新闻频道 TRT World。此外，土耳其广电还有 5 种期刊和多语种网站，在 13 个国家设有记者站。2002 年 8 月，土耳其大国民议会通过了“允许在广播和教育中使用库尔德语”“允许各少数民族语言公开传播”的决议。同年 11 月，土耳其广播电视最高委员会(RTÜK)批准土耳其广电用库尔德语或地方语言每天播出不少于 45 分钟的广播节目。2004 年 1 月出台的《关于广播电视机构使用少数民族语言和方言的法律》是土耳其首部专门针对少数民族语言传播颁布的法案。该法律的出台，首次承认了少数民族语言的合法地位，为少数民族语言的公开传播提供了法律保障。2004 年 4 月，土耳其广电开设库尔德语频道(TRT ŞEŞ)，使用包

---

① 《自由报》和《民族报》于 2018 年被德米尔沃伦集团(Demirören)收购。

括库尔德语、阿拉伯语等在内的少数民族语言制播节目。2009 年 3 月 8 日，土耳其宗教事务部批准迪亚巴克尔省宗教事务局在圣纪节（先知穆罕默德的诞辰日）期间在乌卢清真寺用库尔德语念诵经文，土耳其广电的 TRT-6 频道对该活动进行了全程实况转播。2010 年 10 月，第一家库尔德语电视台——世界电视台（Dünya TV）在加齐安泰普省成立。① 同年，土耳其广电成立阿拉伯语频道。土耳其广电还持有欧洲新闻电视台（Euro News）15.7%的股份。土耳其全国广播协会（URYAD）和尼克森的数据显示，有 63%的土耳其人有收听广播的习惯，其中 35—44 岁年龄段的听众比例占到 70%，男性听众比例高于女性。

1920 年成立的阿纳多卢通讯社（以下简称阿通社）是在国父阿塔图尔克的倡议下创办的第一家新闻通讯社，是土耳其民族独立战争重要的舆论阵地，在土耳其新闻史上具有里程碑意义。阿通社在土耳其境内和境外设有多家分支机构，是土耳其最大的通讯社。“半官方股份制通讯社”是写进公司章程的表述，然而在组织结构方面，阿通社和土耳其广电、新闻公告署一并被划归到 2017 年 7 月成立的总统府信息局（TİB）的“相关机构”行列，但对具体关系的表述则语焉不详。多年来，阿通社一直陷于公信力的旋涡之中。笔者以 2011 年到 2019 年阿通社对叙利亚难民问题的报道为样本，在报道数量、报道信源、议程设置和报道倾向方面进行了考察，研究发现，阿通社完全和土耳其政府站在一个阵营，扮演了执政党传话筒和把关人的角色。按照公司章程，该社属于独立的企业法人，其独立法人的地位不受其他外界势力的影响，但在实际操作层面，该社的大部分股份由财政部把持，重要职位的人事任免也听命于政府，如 2014 年任命的社长谢诺尔·卡赞杰（Şenol Kazancı）曾是总统埃尔多安的私人顾问。因此，尽管在法律层面该社享有独立法人的地位，但是由于在人事任免②、财务运营等方面受到政府的干预，因此阿通社完全代表政府立场，是土耳其最重要

① 龚颖元，陆香．土耳其语言政策演变的历史路径[J]．语言政策与规划研究，2019(2)：25-32．

② 土耳其记者工会（TGS）与阿通社签订了 2010—2012 年人员任用合同，但 2011 年 70 名工会成员被强行要求退休，52 名成员被降职。2014 年，阿通社经历了裁员潮和人事大换血。

的喉舌机构之一。除了官方通讯社,土耳其还有私营通讯社。德米尔沃伦集团(Demirören)旗下的通讯社(DHA)和伊赫拉斯传媒集团(İhlas)旗下的通讯社(İHA)是土耳其目前最有影响力的私营通讯社。德米尔沃伦通讯社是该集团2016年全面接管多安集团的传媒业务后组建的通讯社,延续了多安通讯社的影响力。伊赫拉斯通讯社成立于1993年,是土耳其第一家采用视频报道的通讯社。截止到2018年,该通讯社为74个国家的500多家传媒机构提供服务,为土耳其创下8000万美元的收入。同时,该通讯社拥有30台无人航拍机和65部4.5G移动直播设备,多年来致力于现代传播技术的改良,在高清影像、无人航拍和4.5G移动直播等方面大力投入研发力量,成为土耳其传播行业的技术引领者。最新官网数据显示,伊赫拉斯通讯社为1080家土耳其境内的传媒机构提供技术支持和信息服务,利润超过2000万美元。

土耳其国家统计局2019年2月的数据显示,土耳其互联网用户占总人口的72%,约5900万,移动互联网用户占总人口的53%,约4400万,位列世界第九。男性使用互联网的比例为80.4%,女性为65.5%。土耳其的社交媒体用户约5200万,其中YouTube、Instagram和Facebook是用户数最多的社交媒体平台。总部位于伦敦的、全球最大社会化媒体专业传播公司“我们是社交媒体”(We Are Social)的《互联网和社交媒体使用人群》调查报告称,土耳其77%的网民每天在线,16%的网民每周至少上线一次,互联网的家庭入户比例达76.3%。

路透社研究院2018年发布的《数字媒体报告:土耳其国别篇》称,通过社交媒体获取新闻的用户比例从2016年的73%下降到2018年的66%,越来越多的民众对社交媒体的消息可靠性持怀疑态度。从获取信息的渠道来看,Facebook以51%的点击率位列第一,YouTube和Twitter以41%和35%分别位列第二和第三。德米尔沃伦集团旗下的hurriyet.com.tr和吉内尔集团(Ciner)旗下的haberturk.com是点击量最大的门户网站。

20世纪80年代土耳其传媒行业出现了新旧交替的局面,行业外资本大举进军传媒业。到了90年代,以报业起家的传统新闻家族退出舞台中心,外部资本高度集中的传媒行业格局形成。传媒业的并购活动空前活跃,大资本吞并小资本的并购风起云涌,行业内部并购向跨行业并购发展,国内并购向跨国并购延伸,横向并购向纵向并购及混合型并购拓展,产业融合加速。短短十余年时间,土耳其传媒行业的巨无霸诞生,传媒行业基本完成了新旧交替,大资本垄断传媒行业的新格局形成。以报业起家的比尔金(Bilgin)家族旗下的多家传媒机构在2002—2007年间被吉内尔集团收购,从此淡出传媒舞台;然而2007年,就在吉内尔集团的传媒并购业务如日中天之时,吉内尔集团突然陷入财务危机,集团旗下的主要传媒机构《晨报》和ATV电视台先是被政府金融监管机构储蓄存款保险基金(TMSF)[1]接管,之后又被恰勒克集团(Çalık)收购。这家行业外大资本集团很快成立了图库瓦孜传媒公司(Turkuvaz),成功跻身传媒赛道。风水轮流转,有钱大家赚。2013年,图库瓦孜传媒公司的业务被卡尔勇集团(Kalyon)收购。无独有偶。20世纪50年代靠在火车上卖口香糖起家的乌赞集团(Uzan)在20世纪八九十年代也同样玩转了土耳其传媒业。然而,筹码易得,庄家难当。2004年,正义与发展党上台后不久,这个经营多家本土传媒公司,同时在境内外运营多家电信业务的商业帝国被肢解得七零八散,难有东山再起之势。

20世纪90年代以来入局传媒业的新兴巨头通常有三个特点:一是通过直接买断或并购传媒机构,迅速铺开在传媒业的疆域版图;二是打造集报刊、广播、电视、出版、音像于一体的多产业链传媒帝国;三是主体业务直接上市。传媒巨头坐拥广播、电视、报纸、互联网等多种传播平台,打造自己的发行渠道。有的传媒集团是数字/卫星电视服务器的设备供应商,有的还是电信业务巨头。这些传媒巨头除了在报纸、广播、电视、网络、通讯社等多个传媒领域有所涉足之外,还在零售、金融、工业、汽车、房地产、能源、旅游等多个行业布局。此外,传媒集团在传媒业务之外形成利益共同体的例子也不鲜见,多安集团和多乌什

① 土耳其的银行系统由储蓄存款保险基金监管,该机构有权处置破产企业的资产,并进行重组。

集团联手拿下政府水库和发电站等重大标的的案例便是例证。

政治力量翻云覆雨对传媒帝国的重构起决定作用，传媒帝国的版图充满诸多不确定性。如果说 2013 年之前是多安集团、楚库洛瓦集团（Çukurova）、恰勒克集团和多乌什集团四分天下的话，那么 2016 年 7 月未遂政变之后，土耳其传媒帝国的格局被彻底改变。昔日的传媒帝国多安集团的大部分业务被德米尔沃伦集团接管，卡尔勇集团在接手图库瓦孜传媒集团之后进一步稳固了其在传媒行业的霸主地位。

第三节　土耳其传媒行业的基本趋势

自 20 世纪八九十年代土耳其传媒行业拉开私有化大幕以来，大批行业外资本涌入传媒行业，老牌传统的传媒家族被行业外大资本蚕食，传媒行业进入资本高度垄断的时代。2015 年 10 月，受"居伦运动"[①]影响，土耳其卫星通信和有线电视公司（Türksat）[②]停止向包括萨曼之路电视台（Samanyolu）在内的 6 家电视台提供卫星电视服务。2016 年未遂政变前后，土耳其政府关停了包括环球通讯社（Cihan Haber Ajansı）和《时代报》（*Zaman*）在内的多家媒体机构。根据土耳其独立媒体机构（Bianet）的报道，在未遂政变紧急状态期间，共有 3 家通讯社、16 家电视台、23 家广播台、45 家报纸、15 家杂志和 29 家出版社被紧急状态委员会和广播电视最高委员会取缔关停。[③]

总体来看，土耳其传媒业呈现以下三大趋势：

一是传媒行业经济规模总量小，增长潜力较大。德勤的数据显示，2015 年土耳其全行业广告收入仅 10 亿美元，2018 年全行业广告收入约 27.5 亿美元，

---

① 以土耳其社会活动家法图拉·居伦命名的伊斯兰运动。2016 年未遂政变后被土耳其政府认定为恐怖组织。

② 土耳其有线电视运营商，也是唯一的卫星电视运营商。

③ 参见 https://bianet.org/bianet/medya/179258-med-nuce-tv-nin-yayini-kesildi。

成为世界上第 32 大传媒投资市场，[①]占到世界传媒投资总额的 0.3%。2018 年传媒投资规模超过 10 亿美元的国家有 42 个，这 42 个国家的传媒投资额占所在国国内生产总值的平均值为 0.77‰，而土耳其的传媒投资额仅占到国内生产总值的 0.22‰，这一占比与土耳其总体经济发展体量不相匹配。

二是除数字新媒体行业和电影行业外，近一两年来传统媒体的投资比例明显下滑。根据土耳其广告商协会的最新统计数据，2019 年前 6 个月，纸媒行业的投资额为 2.94 亿里拉，电视行业的投资额为 17.92 亿里拉，与 2018 年同期相比分别下降 30.9%和 7%；户外媒体行业的投资额为 2.91 亿里拉，下滑 1.8%；广播行业的投资额为 1.57 亿里拉，下滑 5.1%；电影行业和新媒体行业投资额分别为 5500 万里拉和 7.73 亿里拉，分别增长 8.2%和 10.8%。总体而言，2019 年前 6 个月土耳其传媒全行业的投资额下滑 3.8%，传统的纸媒、电视、广播行业的投资额下滑最为明显，数字新媒体行业进入飞速发展期。

三是 2016 年未遂政变后，政府借势对私营媒体大面积洗牌，重塑了土耳其传媒行业的格局，构建了新的媒体与政府关系。媒体资源成为政商利益交换的重要筹码，形成了一言堂、一边倒的单渠道发声格局。财大气粗的行业外资本家全面占领传媒业，扮演起政府耳目的角色。正如美国学者丹尼尔·哈林和意大利学者保罗·曼奇尼在论述地中海或极化多元主义模式时所指出的，“新闻自由和商业性媒介产业的发展通常姗姗来迟，报纸在经济上经常是边缘性的，需要获得津贴。报界倾向于高度的政治平行性，其标志是聚焦于政治生活。常见的是媒介被政府、政党和有政界瓜葛的实业家工具化。公共广播电视倾向于采用政府或国会模式。新闻事业专业化不如在其他模式中发展得那么强劲：新闻事业没有高度分殊于政治行动主义，新闻事业的自治性经常受到限制，新闻组织内部的权力和权威一直更加公开地受到异议。作为媒介的所有者、管制者

① 参见 https://www2.deloitte.com/tr/tr/pages/technology-media-and-telecommunications/articles/2018-turkiyede-medya-ve-reklam-yatirimlari.html。

和资助者，国家扮演了一个主要角色”①。

资本投机盛行的土耳其传媒业面临诸多挑战与考验。政府对媒体的操控使得传媒行业频繁易主，媒体大佬的投机行为加剧了媒体格局的动荡，行业外资本通过收割影响力大的媒体机构与政府之间钩织了更密切的利益网络。近20年间，土耳其的传媒机构经历了几次大范围的洗牌和重塑，以新闻业起家的传媒家族完全被洗出了局，2000—2001年金融危机中几乎毫发未损的多安集团在和政府的角力中也终究“胳膊拧不过大腿”，在2011—2018年被迫转让了几乎全部的媒体产业。“杀鸡儆猴”式的打法也让那些未被收割的传媒巨无霸们战战兢兢，不敢越雷池半步。

① 哈林，曼奇尼.比较媒介体制：媒介与政治的三种模式[M].陈娟，展江，等译.北京：中国人民大学出版社，2012：71-72.

第二章　奥斯曼帝国的新闻传播活动

本章要点

- 为什么要研究奥斯曼帝国的新闻活动
- 奥斯曼帝国印刷业的发展史
- 奥斯曼帝国早期报刊业的形成与发展

如果把西方新闻业初期看成是社会结构的有机组成，是政治法治化的载体，是个体参与政治和社会生活的工具的话，那么奥斯曼帝国的新闻业从发源上就与西方新闻业的底层逻辑背道而驰。奥斯曼帝国晚期的历史是一部救亡图存史，是一部思想进化史，也是新闻传播业的发展史。报刊作为早期传播的主要媒介，自诞生以来始终处于帝国权力争夺的中心地带。报刊不仅见证了帝国的风起云涌和波澜壮阔，更是在帝国过渡到现代民族国家的进程中起到了推波助澜的作用，为现代土耳其报刊业的诞生与发展指明了方向。然而，帝国晚期社会的动荡使新闻业一次又一次面临绝境，新闻业如同一个被玩弄于股掌之中的小儿，由于长时间的喂养不当而发育不良。时至今日，土耳其的新闻业没能独立于统治利益集团意志之外行使其更广泛的社会功能与其早期的发展路径是有深刻历史关联的。

土耳其不仅是古丝绸之路上重要的驿站，也是“一带一路”至关重要的中枢国家。历史如现在一般崭新，现在如历史一般古老。当下的困境即历史的映射。了解和认识奥斯曼帝国新闻业的历史传统和发展脉络对认清土耳其新闻传播业的现在、把握土耳其新闻传播业的未来具有重要意义。

第一节　奥斯曼帝国时期的新闻传播活动

一、少数族裔率先建立印刷厂

1440—1450年，德国人古登堡发明金属活字印刷并运用这种新型印刷技术印刷了《圣经》和一部畅销的百科全书。得益于传教活动和商业往来的频繁，这种新型印刷机很快普及开来，为当时的传教活动和商贸活动提供了助力。奥斯曼帝国最早期的新闻传播活动可以追溯到15世纪末，最早从事新闻传播活动的是帝国的少数民族。1492年，为了躲避西班牙人的迫害，一群犹太人逃亡到奥斯曼帝国，并带来了当时西欧先进的印刷机。这些犹太人主要聚集在塞拉尼克(Selanik)、埃迪尔内(Edirne)和伊兹密尔，并在当地从事希伯来语、西班牙语、希腊语和拉丁语等多语种书籍的印刷活动。1493年，帝国的犹太人开办了第一家印刷厂。

巴耶济德二世(1481—1512)明令禁止出版业的发展，昭告臣民违者以死刑论处。塞利姆一世(1512—1520)时期一些特许的书籍被允许印刷出版，但这项政策没能长期执行。1567年，亚美尼亚人Abgar Dpir Toxatec创办了第一家亚美尼亚印刷厂，并在随后的两年间印刷了5本书籍。迫于意大利商人的压力，穆拉德三世(1574—1595)于1588年颁布诏书，准许未缴纳关税的境外书籍在帝国发行，这样一来境外印刷的阿拉伯语、波斯语、奥斯曼语书籍开始在帝国境内传播开来。1627年，希腊传教士Nikomdemos Metaksas把从英国购买的印刷机带到了伊斯坦布尔。17世纪，一些欧洲国家开始印刷奥斯曼语语法和宗教类书籍。1630年在法国出版了《古兰经》法语版，1640年在意大利出版了《古兰经》意大利语版。帝国境内的天主教、基督教的宗教类书籍在一段时间内被允许印刷出版，到了穆斯塔法二世（1695—1703）时期再次被明令禁止。[1] 为了增强本民族的文化交流，亚美尼亚人积极投身到印刷活动中，并开始寻求商业机会。1510—1646 年，亚美尼亚人、希腊人先后在塞拉尼克、艾迪尔内、大马士革和伊兹密尔等地开办印刷厂，印刷宗教、历史、语言类的书籍。由于这类书籍属于明令禁止的类别，加之宗教势力极力抵制，印刷的书籍仅在帝国的少数族裔群体间传播。1684 年，第二家亚美尼亚人的印刷厂成立。1700 年，亚美尼亚人又成立了第三家印刷厂。随着印刷技术的不断发展，首部附有插图的《圣经》于 1705 年在伊斯坦布尔成功印刷。1494—1729 年，以伊斯坦布尔、塞拉尼克、哈雷佩（Halep）为代表的地区开办了 37 家印刷厂，通过印刷本民族语言的书籍，少数族群内部逐渐建立起更密切的联系，族群的认同感和归属感也得到加强。1795 年，帝国公开发行的第一份报纸《君士坦丁堡法文报》（*Gazette Française de Constantinople*）由法国大使馆出版，这份报纸从公告《新闻通讯》（*Bulletin des Nouvelles*）过渡到正式报纸花了不到一年时间，主要报道法国的重大事件和各类商业信息。1821 年，因希腊暴动蒙受巨大损失的法国商人亚历山大·布莱克（Alexandre Blackque）弃商从媒，在伊兹密尔创办了《观察报》（*Le Spectateur*），这份报纸全面报道了法国大革命及其思潮。不久他还创办了《伊兹密尔通讯》（*Courrier de Smyrne*），这份针砭时弊的报纸公开批评欧洲国家特别是俄国的政策，力挺马哈茂德二世（1808—1839）废除耶尼切里军团的政令。

亚美尼亚人 Polos Arapyan 因改良阿拉伯文的印刷技术受到了马哈茂德二世的赏识，并于 1816 年被任命为帝国印刷厂厂长。19 世纪上半叶，在改革派苏丹塞利姆三世（1789—1807）和马哈茂德二世执政时期，帝国对印刷活动的监管与之前相比相对宽松，除禁止非穆斯林的印刷厂使用阿拉伯文和奥斯曼土耳其文进行传播之外，并无其他监管或干预措施，帝国的新闻传播活动迎来了较快的发展期。

---

① 穆斯塔法二世时期，阿拉伯语版和奥斯曼语版的《圣经》、基督教教义方面的书籍被列为禁书，从事该类书籍印刷活动的人被严惩。

二、姗姗来迟的奥斯曼土耳其人印刷厂

奥斯曼帝国印刷业的发展阻力主要来自四个方面。一是原材料纸张的生产技术不成熟，纸张供应压力很大。① 二是奥斯曼宫廷语和普通老百姓使用的语言之间存在几乎无法沟通的巨大差异。② 三是人与人之间口口相传的信息传播习惯难以在短时间内改变，无论是听清真寺的伊玛目布道，还是听茶馆的说书人闲聊，都是普通百姓日常生活中习以为常的信息传播方式。在伊斯兰教徒看来，只有手写的宗教经典才有意义，且手写本可以满足社会对书籍的需要，因此当时的社会对印刷术的关注程度和对阅读书籍的需求并不高。③ 四是以抄书为生的庞大的书吏阶层唯恐机器抢走了他们的生计，极度排斥印刷技术。在苏丹颁布诏令准许建立印刷所的当天，众多书吏到广场集会，把书写工具扔到棺材里以示抗议。

1727 年，宰相幕僚易普拉欣和奥斯曼帝国驻法国大使的儿子赛伊德联名上书宰相，请求准许创办印刷厂。④ 在二人的积极推动下，奥斯曼帝国的宗教事务官首先表态“在不触犯宗教的前提下可以创办印刷厂”。1727 年 7 月，艾哈迈德

---

① 奥斯曼帝国的造纸工业一直被西方国家把控，帝国境内纸张价格的频繁波动阻碍了新闻业的发展，现代造纸工厂直到土耳其共和国成立后才出现。

② 以坦齐玛特时期的著名文人易普拉欣·希纳斯（İbrahim Şinasi）的文章为例，文章中 50％的词汇为阿拉伯语外来词，20％的词汇为波斯文外来词，仅有部分动词和后置词来自奥斯曼土耳其语的固有词。文学语言、宫廷语言与街头生活语言之间的巨大差异成为信息传播过程中难以逾越的鸿沟。

③ 在奥斯曼帝国的文化传统中，相较于阅读或书面形式，口头文化是一种广泛存在的文化形式。人们从小需要记背《古兰经》，而不要求去理解经文的意义。即便是清真寺的神职人员也不会去探究用阿拉伯语书写的《古兰经》的深层含义。此外，当时的人们认为，用阿拉伯字母印刷的书稿都是神圣且有神性的，为了让经文免受凡夫俗子的玷污，通常会将其置于高处。

④ 实际上为了顺利创办印刷厂，1726 年易普拉欣给朝廷大臣们写了一封《进言书》，主要从“普及知识、提高全民文化水平”等方面阐述了开办印刷厂的必要性。

三世[①](1703—1730)颁布诏书，准许易普拉欣开办印刷厂，除伊斯兰法典、古兰经注释、圣训、伊斯兰神学等宗教类书籍外，[②]字典、逻辑学、天文学、地理学、医学等领域的书籍均被授权印刷。该印刷厂首批印刷了1000册名为《凡城字典》(*Vankulu Lügati*)的百科全书。在之后的14年间，该印刷厂印刷了历史、语言、文学、地理、数理等领域的共计18部图书。1732年，易普拉欣本人撰写的书稿《治国方略》也在印刷的图书之列。[③] 这部书稿分析了1730年耶尼切里军团起义的原因，谈到了统治阶级进行改革的重要性。这部旁征博引的书稿还对奥斯曼帝国的现状以及欧洲在政治和军事领域取得的成就进行了对比。

然而在易普拉欣去世后的35年间，由于帝国各地频发的暴动和常年的对外战争，帝国官方的印刷活动几乎停滞了。直到1783年易普拉欣的印刷厂被麦哈迈德(Mehmet Efendi)和瓦瑟夫(Vasıf Efendi)接手后才有起色。在接手后的10年间，印刷的书籍共计11部，其中6部是歌颂塞利姆三世时期军事改革的政论文。1795年，从事天文学工作的奥斯曼人阿卜杜拉赫曼(Abdurrahman)开办了工程所印刷厂(Mühendishane Matbaası)，这也是奥斯曼人创办的第二所印刷厂。1802年，随着国家印刷厂(Darü't-Tıbaatü'l-Amire Matbaası)的成立，第二所由奥斯曼人个体经营的印刷厂退出历史舞台，帝国官方的印刷活动迎来春天。国家印刷厂在8年间印刷了16部书籍，主要涉及军事类、字典类和教育科普类书籍。值得一提的是，法文作品[④]也被列入印刷的书目中。虽然这所印刷厂的印刷活动仅维持了7年时间，但是印

---

① 18世纪，人们不仅对建筑和宴席兴致勃勃，对书籍的兴趣也特别高，整个社会为普及知识而投资。不附属于宗教学校的独立的个人图书馆兴起，并且遍及伊斯坦布尔和其他地区是这一时期的主要特征。开先河的是在托普卡帕宫殿内建设私人图书馆的艾哈迈德三世。大宰相易卜拉欣·帕夏也开设了私人图书馆。易卜拉欣·帕夏支持在伊斯坦布尔开设印刷所与私人图书馆的兴起有密切关系。印刷所出品的书籍有七成投放市场，图书爱好者不仅搜集手写本，也会购买印刷本。林佳世子. 奥斯曼帝国五百年的和平[M]. 钟放，译. 北京：北京日报出版社，2020：347-348.

② 该禁令到1803年才被解除。

③ 易普拉欣在书稿中的部分主张在塞利姆三世时期被践行。

④ 1795年，由法国大使馆创办的报纸《消息报》(*Bulletin des Nouvelles*)发行，这份报纸最初每月出版两次，后改为月刊。

刷技术有了明显的提高，印刷书目类别也更多元化了。帝国除在都城伊斯坦布尔开办印刷厂之外，还在属地开罗创办印刷厂(1821)，并允许法国人创办了私人印刷厂(1836)。短短的30多年间，帝国各地印刷厂印刷的书籍有近400部。这些书籍中既有著名诗人的诗集和民间传统故事集，也有涵盖教育、历史、宗教、文学等多领域的翻译作品。同时，图书市场也呈现出欣欣向荣的景象。书商们通常先预估销售图书的数目，然后根据估测的数据向印刷厂下单。

1821年，帝国发生希腊暴动，[①]而这一时期正是帝国废除耶尼切里军团的时期。为了摆脱镇压希腊叛乱兵力不足的困境，帝国依赖地方豪族势力阿扬，以暴制暴。在镇压希腊暴动中，帝国选择了战斗力强大的埃及总督穆罕默德·阿里帕夏(Mehmet Ali Paşa)的军队。1825年，穆罕默德·阿里帕夏派他的儿子易卜拉欣率军前往希腊平定叛乱，战局朝着有利于帝国的方向发展。然而英、法两国因害怕俄国势力进一步向希腊逼近，很快也介入了战争。1827年，英、法、俄三国抛开当事方奥斯曼帝国，在伦敦宣布承认希腊自治，并高举舆论大旗，向帝国统治者施压，声援希腊独立。

埃及的穆罕默德·阿里帕夏励精图治，在帝国境内率先实行了现代化改革，不但拥有了战斗力强的现代化军队，而且实现了政治和经济上的自治。1828年11月，穆罕默德·阿里帕夏在埃及创办的报纸《埃及消息报》(*Vakayi-i Mısriye*)是帝国第一份用奥斯曼土耳其文进行报道的报纸。这份报纸的成功创办如一剂强心针，坚定了帝国统治者在权力中心创办报纸的决心。1831年11月，由马哈茂德二世亲自命名的《时政要闻》(*Takvim-i Vekâyî*)正式发行。为了更好地开展宣传工作，马哈茂德二世时期还专门设立了帝国新闻部(Takvimhane Nezareti)。同时，为了更好地传播统治阶级的声音，满足帝国不

---

① 奥斯曼帝国疆域包括中东及北非大部分领土，西达直布罗陀海峡，东抵里海及波斯湾，北及今奥地利，南及今苏丹、也门。然而从18世纪末开始，随着俄国、法国在帝国边缘疆域势力的扩张，帝国的版图开始大幅缩减。偏居一隅的埃及行省虽然没有做出明显要摆脱奥斯曼帝国的姿态，但是实际上早过起了“天高君主远”的日子。

同少数族群获取信息的需求，这份报纸除奥斯曼文之外，还发行了阿拉伯文、保加利亚文、亚美尼亚文、波斯文、法文、希腊文等语言的版本。《时政要闻》的创办是具有划时代意义的重大事件。首先，这份报纸是奥斯曼帝国统治阶级的首个官方舆论阵地，主创人员为国家公职人员；其次，这是官报在帝国新闻传播史上的"首秀"，以"传播统治阶层意志"为己任的《时政要闻》正是土耳其共和国《官报》的前身；最后，这份报纸在克里米亚战争时期专门开设增刊，向读者传递一线战况，为日后报纸公信力的建立奠定了基础。然而这份由权力阶层和宗教学院神职人员打造的，[①]刊登内务、外交、军务、科学、人事任免、经贸等信息的报纸使用的是老百姓不能理解的奥斯曼宫廷语体，报纸的传播效果因此大打折扣。虽是如此，但新闻传播业的大势已不可阻挡，时代的车轮正推着这个没落帝国走向充满挑战的时代。

1831 年引入帝国的平版印刷术为这一时期印刷活动实现大跨步发展提供了条件。名为《军事实战指南》(*Nubbetüt-Talim*)的军事类书籍就是使用这一新技术印刷的首部书籍。不仅如此，多年来对宗教书籍印刷活动的禁令在这一时期也被废止。1803 年，以人名命名的宗教书籍《比尔阁威手册》(*Risale-i Birgivi*)得以印刷。1839 年，阿卜杜勒・麦吉德一世(1839—1861)接过父亲马哈茂德二世的改革接力棒，迅速颁布《花厅御诏》，展开了一场涉及行政、军事、法律等各领域的改革，开启了闻名于世的坦齐马特时代(1839—1876)。据不完全统计，坦齐马特时代帝国发行报纸的机构数目由改革初期的 40 所增加到近 80 所。[②]

第二节　早期报刊业的形成与发展

专栏作家塔哈・阿克尤这样描述奥斯曼新闻业的起源："西方的印刷厂都

---

① 在《时政要闻》工作的大多是帝国翻译馆的公职人员，在这支由公务员组成的记者队伍中干得好的人有机会晋升。这种"写而优则仕"的升官路径在当时较为常见。

② HARUN D. Osmanlı Döneminde Yerel Basın (1828—1922)[M].İstanbul：İ. Ü. İletişim Fakültesi Yayınları，2007.

是由商人开办的。奥斯曼人的印刷厂是国家意志主导的结果。可以说,土耳其新闻业的开端与西方新闻业的开端存在底层逻辑的不同。西方的传媒业运作是在一种程序化和商业化的驱动下运作的,而奥斯曼帝国的新闻传播活动几乎都是由政府包办的。这样一种历史安排和出场,决定了现代土耳其与西方新闻业截然不同的基调和底色。"①

1836年春天,英国商人威廉·丘吉尔(William Churchill)因在打猎过程中误伤了一名小孩被奥斯曼政府逮捕。英国政府以领事裁判权为由要求奥斯曼政府放人,奥斯曼政府顶不住英国人的压力,不但释放了丘吉尔,还解雇了当时的外交大臣以表歉意。更具戏剧性的是,帝国政府先是授予丘吉尔钻石勋章,之后还向他颁发了出口橄榄油的许可证。奥斯曼政府处处示好的举动让丘吉尔胃口大开。他向帝国申请办报许可,很快便如愿以偿。《消息报》(*Ceride-i Havadis*)就这样问世了。这份主要发布商贸类资讯的报纸在办报初期没有形成读者群体,运营一度陷入困境。该报又申请政府资助,并获得了每月2500库鲁的资助额度,在勉强维持运营的同时也成为帝国传播史上第一份半官方的报纸。直到报道克里米亚战争,该报的发行状况才有所好转。《消息报》设有专门的境外新闻版面,该版面为读者提供了诸如欧洲议会制度等帝国境外的信息,同时该报还开了报纸连载栏目的先河。

随着官方办报、半官方办报和少数民族办报热情的不断高涨,帝国政府对舆论的管制也提上了日程。1858年《刑法》和1864年颁布的《新闻条例》,对办报许可权的获得、对违规办报的惩戒等都做了明确的表述。这一时期,一批文人志士自发地组成团体投身到办报事业中,借助报纸这一舆论阵地表达政见、连载作品。其中以易卜拉欣·希纳斯(İbrahim Şinasi)和阿噶赫(Agâh Efendi)在伊斯坦布尔创办的《时局报》(*Tercüman-ı Ahval*)和纳莫柯·凯末尔(Namık Kemal)在巴黎创办的《自由报》(*Hürriyet*)最具影响力。《时局报》是帝国境内第一份私营报纸,也

① 参见 https://www.milliyet.com.tr/yazarlar/taha-akyol/matbaa-bizde-neden-gecikti-342755。

是土耳其现代私营报业的雏形。该报“新闻应以教育大众为己任，尊重少数民族使用自己的民族语言”的办报理念引起了社会的广泛关注。由纳莫柯·凯末尔担纲的《自由报》则成为“新奥斯曼人”团体最重要的舆论宣传阵地。

苏丹阿卜杜勒·阿齐兹(1861—1876)也尝试各种改革，以建立一个多民族统一的帝国。阿卜杜勒·阿齐兹时期，帝国要求各省创办官方报纸，这些报纸除使用奥斯曼土耳其文之外，还需要用当地使用最广泛的少数民族语言进行同步印刷，因此阿拉伯文、希腊文、希伯来文、亚美尼亚文、塞尔维亚文都成为当时地方的办报语言。此外，这一时期还允许私人参与创办地方官报。1860年，福阿特帕夏(Fuat Paşa)在贝鲁特创办的《真相报》(*Hakikat al-Ahbar*)是第一个用阿拉伯文报道的地方官报。1866年在埃祖鲁姆省发行的奥斯曼文报《东方之光》(*Envar-ı Şarkiyye*)，1869年在布尔萨创办的奥斯曼文-亚美尼亚文报《胡达文迪加》(*Hüdavendigâr*)，1869年在伊兹密尔创办的奥斯曼文报《光明报》(*Aydın*)都是当时具有代表性的地方报纸。[①] 通过建立较为完善的地方官报体系，帝国政府在传达诏令、发布公告、颁布法令法规、发布官员言论和官员任命等方面就更加便捷高效了。这些政府公文类消息占据版面的情况成为地方官报的常态，但其弊端也很快显现。持续不接地气的报道疏远了读者群体，一些文人志士开始对地方官报口诛笔伐。

东边不亮西边亮。免于帝国严苛的新闻审查制度的外文报纸在这一时期大放异彩。法文报、意大利文报、德文报、英文报传递了欧洲的商业资讯和西方文化，以希腊人、亚美尼亚人、犹太人为代表的，受过较高教育的帝国少数民族是这些外文报纸的主要读者群。以1876年为例，伊斯坦布尔共发行了48份报

① 奥斯曼帝国中人口最多的是阿拉伯人，居于统治地位的是土耳其人，阿拉伯人和土耳其人是主体民族。少数民族则主要有希腊人、亚美尼亚人、犹太人、库尔德人、塞尔维亚人、保加利亚人、阿尔巴尼亚人等。库尔德人信仰伊斯兰教，以游牧和农耕为主，几乎和主体民族一致；塞尔维亚人、保加利亚人、阿尔巴尼亚人等巴尔干地区的少数民族在社会经济中的作用不那么突出；希腊人、亚美尼亚人和犹太人是帝国经济中最活跃的少数民族。希腊人、亚美尼亚人和犹太人主要活跃在工业、商业和服务行业，这也注定了这几个少数民族群体与从事农业、牧业的阿拉伯人和土耳其人有着很大的不同。参见王三义.少数民族与晚期奥斯曼帝国的社会变革[J].世界民族，2011(6)：16-25.

纸，奥斯曼土耳其文的报纸仅13家，其他的则为帝国其他民族语言的报纸或外文报纸。1876年伊斯坦布尔发行的报纸中有11份希腊文报、9份亚美尼亚文报、8份法文报、3份保加利亚文报、2份希伯来文报、2份英文报、1份德文报和1份阿拉伯文报。

这一时期还是漫画期刊的形成期。1868年，希腊人特奥朵(Teodor Kasap)创办了《前进报》(*Terakki*)，1869年该报以《前进报・娱乐版》为名，通过增刊形式开始发行漫画讽刺类刊物。同年发行的《第欧根尼》(*Diyojen*)是奥斯曼帝国传播史上漫画刊物的先行者。在随后的5年时间里，陆续有14家报刊通过增刊形式发行讽刺刊物。这类刊物通过诙谐幽默的人物对白和生动形象的漫画针砭时弊，批判当时社会的不正之风，把矛头直接指向统治阶级。

图2-1中的两个人物是土耳其传统皮影戏的主角卡拉格兹(左)和哈吉瓦特。哈吉瓦特问："你这是怎么啦(指被捆着铁链)？"卡拉格兹回答："这就是法律倡导的自由啊！"这幅漫画生动地传达了帝国法律给新闻业带来的枷锁和桎梏。没过多久《想象》(*Hayal*)杂志被关停，创办人特奥朵也因此被判入狱3年。1874年，帝国出台法律，对报刊开征印花税。该条例规定，除《时政要闻》可免征税款外，其他报刊一律加征税款。以日销售量300份的《想象》杂志为例，一份杂志售价1分钱，一天的销售额为300分，其要支付的印花税为5%，即15分。刨除成本，该杂志每天的利润不到285分，这在当时绝对是赔本赚吆喝的买卖。更不可思议的是，如果有成品被检查出未粘贴印花税字样的话，需要支付50分的高额罚单，支付不起罚单的报刊经营者随时面临牢狱之灾，因此打点印花税务所的办事员成了当时报界的潜规则。[①] 高额印花税、罚款和打点费让漫画期刊难以长时间维续，从业人员的生计没有着落，而这些问题也都以漫画的形式公开表达出来，记录了那个时代办刊人的危机和困境。[②]

---

① 印花税务所(Pul İdaresi)是当时专门核查各家报刊印花税缴纳情况的政府机构。为了不被检举，报刊不得不给税务所的人好处费，这些好处费把本就运营困难的报刊推向了绝境。

② DEMIRKOL G. Pul vergisi ve osmanlı mizah basını(1874—1877)[J]. Türkiyat aratırmaları enstitüsü dergisi，2019(1)：313-335.

图 2-1　1877 年 7 月《想象》杂志插图

图 2-2 右下角写着“夫人，你们为何抛弃孩子？我们能有什么办法呢，我们养不起他。”

图 2-2　1877 年 3 月 15 日《鹰》(*Çaylak*)杂志第 124 期插图

图 2-3 下方写着"天啊,快跑吧！要被它追上了我们也会像那些人一样被它的犄角顶飞的！"

图 2-3　1877 年 3 月 19 日《鹰》杂志第 126 期插图

虽然印花税于 1900 年被叫停,但是这项执行了 25 年的税种对奥斯曼帝国早期报刊业造成的消极影响是不言而喻的。仅印花税执行的头半年,就有 11 家报纸相继倒闭或关停。1877 年,漫画杂志《想象》和《鹰》的关停给了帝国漫画业致命一击,在此后的 30 余年里漫画杂志在奥斯曼帝国销声匿迹。

坦齐马特时代的报刊催生了大众舆论的形成,为一批具有先进理念和改革思潮的时代先锋提供了发声的渠道和平台,为推进帝国的现代化改革提供了强有力的舆论阵地。

第三节　近代报刊业的开端

一、阿卜杜勒·哈米德二世时期(1876—1908):新闻审查的登峰造极期

阿卜杜勒·哈米德二世是奥斯曼帝国的第 34 任苏丹,是 18 世纪以来帝国执政时间最长的苏丹,也是奥斯曼帝国晚期少有的改革派苏丹之一。[①] 在他统治的 30 多年里,帝国对新闻舆论的管制手段可谓登峰造极,无所不用。阿卜杜勒·哈米德二世继位时境内和境外舆论的批判质疑声一浪高过一浪,为了守住江山,阿卜杜勒·哈米德二世采取了对内"严惩不贷",对外"收买优待"的灵活的新闻政策。对内,阿卜杜勒·哈米德二世一继位就着手修改 1865 年的《新闻管制法》,修改后的版本里不但增加了更严苛的条款,而且设立了专门的舆论监管部门,对所有报道的新闻和出版的图书进行审查。根据修订后的法律,苏丹个人生活和健康状况、无官方依据的批文、政府官员的腐败作风等内容都被列入禁止报道的范畴;此外,修订后的法律还禁止连载形式,禁止使用"自由""秩序""残暴""专政"等词汇。管控措施加深了民众对官报的抵触情绪,刺激了民众对外界事物和信息的渴求,境外走私的图书在这一时期走入人们的视野。对外,为了营造良好的境外舆论环境,阿卜杜勒·哈米德二世通过给欧洲国家的报刊提供资金支持或直接收购的方式,制造有利于帝国统治的舆论。这样一来,拿钱办事的主编即便对奥斯曼帝国一无所知,也十分乐于杜撰新闻,营造气氛,蒙蔽民众了。同时,他还鼓励境外办报,并给境外报刊提供资助。然而,阿

---

① 帕特里克·贝尔福在其著作《奥斯曼帝国六百年:土耳其帝国的兴衰》的第三十六章这样写道:"在文化领域,报纸、期刊、书籍等印刷媒体获得了迅速发展,促进了土耳其的现代化进程。不过,所有这些印刷媒体都在严格的审查制度监管之下。这里的报纸经常成了'被阉割的报纸',里面没有任何重要的政治内容。不过,这些刊物的发行范围很广,它们在与政治无关的领域,比如文学、科学和其他学科方面,扩展着新兴读者群体的视野。"

卜杜勒·哈米德二世千算万算，也没算到最终推翻帝国统治的青年土耳其党人正是借他之力实现了办报的愿望。为了筹措资金，维持运营，当时活跃在欧洲的青年土耳其党人利用政策利好，向帝国申请办报经费。这个成员普遍受过西方现代教育的青年团体摇身一变，成为办报人，周旋于欧洲和奥斯曼帝国之间，并很快获得了建立舆论阵地的经费。

阿卜杜勒·哈米德二世对舆论的管控远不止于此。1870 年 3 月成立的出版局(Matbuat Müdürlügü)原本隶属外务部。阿卜杜勒·哈米德二世继位后不久将该局划归内务部，名义上属于内务部管理，实质上直接对统治者负责，听从君主的指令。出版局不但对帝国境内的报道进行严格的审查，而且通过支付"封嘴费"收买境内和境外的新闻从业人员。遇到违禁消息被刊发的情况，负责审查的官员会被革职严办，刊发消息的报纸也会被全部销毁，因此焚书烧报在当时时有发生。很多深受老百姓喜爱的文学作品也被列入焚烧的书目。据不完全统计，这一时期被销毁的图书多达 3 万本。出版局的权力在阿卜杜勒·哈米德二世时期极度膨胀，该局任职人员的人数和薪资均达到峰值。

二、第二次立宪时期(1908—1919)：绝地反击期

1908 年 7 月，阿卜杜勒·哈米德二世在各方的压力下恢复宪法，帝国进入第二次立宪时期。《宪法》第 12 条规定："在法律的框架下舆论是自由的。任何形式的新闻审查都是违宪的。"1909 年 4 月 13 日，伊斯坦布尔爆发大规模暴动，帝国统治者阿卜杜勒·哈米德二世被迫退位。青年土耳其党人成立的统一与进步委员会顺势而为，扛起舆论大旗，长期以来受到压制的舆论瞬间沸腾。被高压控制的舆论迎来了触底反弹的反击期，舆论在短暂的"蜜月期"内得到了全面的释放。各自为政的舆论阵地掀起了一场又一场思潮的交锋。[①] 这一时期是土耳其近代史上的思想大解放时期，有关国家命运和前途的议题经常刊登在报

① 苏闻宇.浅谈"奥斯曼主义"思潮变异及衰亡的原因[J].世界民族，2011(1)：15.

刊上，并引发民众的激烈讨论。这一时期新报刊和新书籍大量涌现，这些新生事物中有对宗教和民族问题的思考，有关于现代化国家中自由和忠诚问题的阐述。第二次立宪时期的头 7 年迎来了报刊业的春天。这一时期报刊的发行量一路攀升，发文质量明显提高；印刷技术的进步也带动了报刊印刷质量的提升；关注妇女和儿童的期刊涌现，女权主义思潮得到传播；经济领域的专业刊物出现；漫画期刊重新回归历史舞台，仅在 1908 年一年，漫画期刊就新增了 34 家，占这一时期期刊总数的三分之一。可惜好景不长在。1914 年一战的爆发使得墨水、纸张等原材料成本大涨，众多报刊资金链断裂，不得不停止运营，土耳其近代新闻传播业再次遭到重击。

三、民族独立战争时期(1919—1923)：舆论反围剿期

1911 年，奥斯曼帝国失去了欧洲和巴尔干地区的几乎全部疆域，伊斯坦布尔陷入西方列强的包围之中。1918 年 10 月，战败的奥斯曼政府被迫签订穆德罗斯停战协定，缴械投降，并对协约国开放博斯普鲁斯海峡等军事要地，帝国的港口、铁路、通讯等多条命脉被协约国把持，帝国名存实亡。穆斯塔法·凯末尔领导的民族独立运动举起“要么独立，要么灭亡”的大旗，在舆论沦陷的伊斯坦布尔吹响了独立战争的号角。凯末尔转战南北，并选择从阿纳多卢地区发动总攻。埃尔祖鲁姆(Erzurum)、锡瓦斯(Sivas)、科尼亚(Konya)等阿纳多卢腹地的舆论在战争一开始就对凯末尔领导的民族独立运动给予了极大的声援，阿纳多卢地区成为民族独立战争舆论宣传的主战场。1920 年，被协约国和帝国政府控制的伊斯坦布尔反战阵营与凯末尔领导的阿纳多卢地区主战阵营之间展开了针锋相对的舆论较量。为了防止伊斯坦布尔的反战舆论扩散到阿纳多卢地区，凯末尔在特拉布宗(Trabzon)、锡瓦斯、安卡拉、安塔利亚(Antalya)和布尔萨等地建立了新闻审查机构，专门拦截伊斯坦布尔反战区的舆论。1920 年，在凯末尔的倡议下，革命派政府成立了土耳其历史上第一家通讯社——阿纳多卢通讯社。很快地，阿纳多卢通讯社不但为土耳其国内各大报纸提供新闻，还在伦敦、

巴黎、维也纳、纽约等地设立了分支机构，这样一来，独立战争迅速获得了国内和国际舆论的支持和声援。同一年，土耳其大国民议会开始发行《官方消息报》(*Ceride-i Resmîye*)，专门发布官方公告。不到一年时间，舆论开始呈现一边倒的态势，主战舆论压倒了伊斯坦布尔的反战舆论，被禁言的主战舆论也在伊斯坦布尔迅速扩散开来，关于政治、经济、教育等领域的讨论也在民众中展开，反围剿舆论迎来了全面胜利。这场声势浩大的舆论反围剿战激发了民众的斗志，凝聚了民众抵抗外敌的士气，团结了一切可以团结的力量，在土耳其赢得民族独立的战争中发挥了至关重要的作用。可以说，舆论战的胜利既是土耳其独立战争胜利的预兆，也是土耳其政治史和军事史上一次成功的尝试。

第三章　现代土耳其的新闻传播业

本章要点

· 大众传媒业的形成与发展

· 新闻界与政府的关系

· 厄扎尔时期与传媒私有化

自19世纪以来，全球范围内掀起了“西学东渐”之风，土耳其近代报业在全球迈入现代民族国家的历史嬗变过程中，很快与西方传播大国建立了密切的联系。一方面，以英、法为代表的西方国家的办报理念和运营模式对土耳其报业的发生与发展产生了深远的影响；另一方面，行业外资本的涌入在快速推进土耳其报业特别是报业商业化的同时，为土耳其建立现代民族国家吹响了前哨。奥斯曼帝国晚期向土耳其共和国过渡的一个多世纪里，报刊在较短的时间内成为传播信息的重要载体和搭建公共空间的必要力量，为传播西方政治制度和思潮培育了土壤，为“道不同不相为谋”的政治力量之间的交锋提供了角斗场。

第一节　共和国一党制时期(1923—1945)

一、语言改革与党报的诞生

基业初定，沉浸在胜利喜悦中的土耳其共和国第一时间解除了新闻审查，对民族独立战争时期反战阵营的报刊进行了清理，百余名反战阵营的记者被流放。战争硝烟虽然渐渐散去，但是从帝制到共和制现代民族国家的转型是这个新生国家面临的重要挑战。新闻业和政府在经历了一段短暂"无审查"的蜜月期后，很快便进入了关系紧张期。1923 年年底，一封写有"哈里发制度很快将被取消"的密函被呈送到总理伊斯迈特帕夏手中。同时，一些报纸也刊载了这封密函的相关消息。很快地，政府"以干涉国家内政言论罪"为由，逮捕了刊载消息的记者，并交由独立法院审判。由于指控证据不充分，记者们被无罪释放。这次交恶之后，安卡拉政府和伊斯坦布尔报纸长时间处于冷战中。凯末尔在事后与伊兹密尔地区的报界人士专门举行了座谈，呼吁报界人士做好与旧思想斗争的准备，为共和国的新事业贡献力量。

1924 年 3 月，土耳其废除了哈里发制度，实行政教分离政策，并通过了《教育统一法》(*Öğretim Birliği*)。在该法令实施之前，阿拉伯语、波斯语是学校优先教授的语言，土耳其语处于边缘地位。因此，该法令的宗旨就是要实现语言一体化，即保障土耳其语的优越地位，让土耳其语替代阿拉伯语和波斯语成为优先教授的语言。[①] 1924 年 5 月，作为新政府喉舌的《共和报》正式发行，不久共和人民党成立，《共和报》进而成为该党的党报，也是全力推行语言改革的排头兵。共和人民党是土耳其共和国建国初期唯一的政党，在执政初期对舆论有着绝对的主导权和控制权。1925 年 3 月 4 日出台的《维稳法》(*Takrir-i Sükûn Kanunu*)更是加大了对新闻业的管控。

1928 年 11 月通过并生效的关于"全面实行拉丁化土耳其文"的法律，标志着语言改革势在必行。这一时期的报刊肩负起了推行新文字的历史使命，成为推行语言改革的主要阵地，为语言改革的顺利实施提供了重要助力。为了加快新文字的推广，政府给新闻行业提供了资金、技术、设备等各方面的支持(详见表 3-1)。语言改革进行到第五年，各省级报刊、《共和报》、漫画期刊率先开始改

---

① 王远新.土耳其的语言改革[J].语言与翻译，1992(3)：56-61.

头换面，采用拉丁字母刊发文章（详见图 3-1 和图 3-2）。

表 3-1　语言改革时期政府给报刊下拨的经费

出版物	申请资金（里拉）	实际资助资金（里拉）
共和报	10,000	2250
民族报	9000	2000
时间报（*Vakit*）	8000	850
奋进报（*İkdam*）	8000	1200
卡拉格兹（*Karagöz*）	2000	200
阿克巴巴（*Akbaba*）	400	100

图 3-1　《卡拉格兹》的封面（左图为字母改革前，右图为字母改革后）

Cumhuriyet

Mevkuflar Mees'elsi

Bu sene 250 bin kişi okuma öğrenecek

Ticaret Odası Meclisinin içtimaı

Vehip paşa

Merhamet

Bigünahtır Asmayın!

图 3-2　1928 年 1 月 10 日《共和报》的头版正上方标题写着“今年有 25 万人将学会识字”①

① 图片来源：https://www.atlasdergisi.com/gundem/。

1920 年,继承了《时政要闻》衣钵的《官报》(*Cerîde-i Resmiyye*)正式创刊。1925 年之前,《官报》的发行次数不稳定,有时是每周一次,或三天一次,有时是每月一次。1925 年到 1929 年,《官报》改为每月发行 20 期。1928 年 12 月,随着字母改革法案的颁布,《官报》革新换面,开始全面使用拉丁字母。1929 年开始,《官报》的发行次数趋于稳定,除国家法定节假日、公共假期和星期天外都有发行。此后,《官报》的发行频次又经历了一些调整。比如 1970 年出台的法律,要求《官报》每周 7 天都要发行。[①]

二、广播的首秀

土耳其共和国成立的第三年,政府颁布了《无线电设备法》。根据该法,土耳其国家邮政局(PTT)下设的委员会负责在伊斯坦布尔和安卡拉各建一个无线电站。同时,各地无线电站的建立和经营业务交由无线电话股份有限公司(TTTAŞ) 运营,合同期限为 10 年。此外,该公司还被特许经营广播台。无线电话股份有限公司的股份由实业银行(İş Bankası)持股 40%、阿纳多卢通讯社持股 30%,剩下 30%的股份由当时有名望的记者法利赫 · 乐福柯 · 阿塔伊(Falih Rıfkı Atay)、杰马尔 · 胡斯努 · 塔拉伊(Cemal Hüsnü Taray) 和赛达特 · 努里 · 伊莱利(Sedat Nuri İleri)共同持有。

1927 年,政府颁布《鼓励工业发展条例》,这部旨在为工业企业提供政府扶持的法律是土耳其建国初期工业领域的一项重要举措。土耳其广播业头 10 年(1927—1936)的起步正是得益于国家鼓励工业的政策。1933 年,土耳其与英国马可尼无线电公司签订合作协议,建立广播发射站,合同约定 1936 年合同到期后将该广播发射站和广播业务收归土耳其政府。

---

① 2009 年颁布的法案规定,在必要的情况下,法定节假日、公共假期也可以发行《官报》,甚至同一天内可以多次发行。《官报》的主要职责是发布包括总统令、公报、国际协议在内的所有法律法规,同时刊登立法、行政、司法等政府部门的公告。自创办以来,《官报》始终是土耳其政府发布官方公告和官方消息的唯一渠道,也是土耳其迄今为止存在时间最长的报纸。2000 年,《官报》开启网络版面时代,并实行订阅制。2018 年 7 月,埃尔多安签发总统令,《官报》划归总统府管辖,本由总理府负责发行的《官报》网页版改由总统府负责,纸质版《官报》寿终正寝。

1927 年 3 月，无线电话股份有限公司在伊斯坦布尔进行了广播节目的试播。同年 5 月，在位于伊斯坦布尔最繁忙的码头埃米诺努的邮政大楼顶层的两个小房间里，土耳其广播完成了历史首秀。无线电话股份有限公司早期的收入来源主要有两种，一是来自广播经营者每年缴纳的执照费，二是来自广播节目订购用户支付的印花税。因此，为了扩大影响力，赢得广泛的客户群体，无线电话股份有限公司开展了各类促销活动，还为介绍广播节目刊印了名为《无线》的杂志。然而，节目的收听效果始终不尽如人意，负债运营的公司走到了无法支付员工薪酬和电费的地步。在政府的扶持下，无线电话股份有限公司好不容易把伊斯坦布尔和安卡拉的广播活动坚持到了 1936 年。

1936—1940 年是土耳其广播业的发展期。土耳其国家邮政局接管了无线电话股份有限公司的广播业务。该局对广播行业进行整顿，并在 1937 年出台《无线电法》，严罚非法广播接收器的使用者。二战时期，国家邮政局对前线战况的广播，迅速赢得了广大的听众，广播行业收入大幅提升。1938 年，安卡拉广播站实现了 120 千瓦的发射功率，成为当时世界上发射功率最大的广播台之一。

这一时期广播业的各项基础设施进一步完善，安卡拉建立了新的发射台和广播站。到了 1940 年，广播节目的内容也实现了量的积累和质的飞跃。新闻资讯类、教育类、文化艺术类、妇女儿童类、家庭生活类等丰富多样的节目层出不穷，广播的影响力进一步提升，听众人数迅速增加。

三、土耳其共和国早期的报纸

为了提高报纸的销量，提升报纸的知名度，各大报社可谓是使尽浑身解数来讨好消费者。最早的纸媒促销发生在 1928 年，当时正逢语言文字改革，政府要求报刊把之前的阿拉伯字母统一换成现代土耳其语的拉丁字母。为了响应政府号召，一些报纸开始改用拉丁字母，一时间无法适应新版文字的老百姓纷纷放弃购买报纸，很多报纸一时间没有了销量。然而《共和报》的销量仍保持了

1万到1.5万的发行量，并未因此受到太大影响。该报的主编尤努斯·纳迪(Yunus Nadi)主张通过一切办法获得新用户群，于是就有了土耳其共和国历史上第一例报纸和购物票绑定销售的案例。1928年，《共和报》捆绑分发了价值7000里拉的小票，凡购买该报的读者都可以剪下报纸上的购物券冲抵商店的购物额度。1929年，《共和报》进一步完善了销售策略，明确了购物券专门使用的商店，凡持有购物券的人可以在指定的商店享受10%的折扣。各大报纸的推销招数可谓五花八门，名目繁多。有的赠送小说，有的赠送小礼品，有的免收订阅费。比如《时间报》通过连载当时的热门小说《叶落归根》，并在排版时设置文字错误，凡找出错误的读者都可以免费获赠《叶落归根》的方法进行捆绑销售。

1931年7月，土耳其大国民议会通过了土耳其共和国历史上首部新闻方面的专门法律《新闻法》。该法案第36条规定，“禁止报刊与促销捆绑的发行模式，对违反规定的报刊将处以200到1000里拉不等的罚款”。该法案第50条规定，泄露国家政治机密的出版物，内阁有权关停，出版机构负责人在关停期间不得以其他名义创办报刊。这项法律中的多项条款指向了新闻审查制度，政府对新闻的审查进一步升级。除了通过法律加强对新闻出版机构的管制之外，政府在纸张、印刷必需品、广告收入等方面也进行了限制。20世纪30年代，一半以上的国家级报纸以及70%的杂志和图书都在伊斯坦布尔印刷出版。在偏远地区，伊斯坦布尔报纸的销售量仅为当地报纸的三分之一。以距离伊斯坦布尔200公里左右的布尔萨为例，拥有7万人口的布尔萨仅有5家周报，没有日报。伊斯坦布尔早上印刷好的报纸到傍晚时分才能送达200公里外的布尔萨，第二天早上才能送达500公里外的安卡拉，可想而知，要送到更远的地区，新闻几乎都是旧闻了。地区间识字率的极度不平衡也是阻碍伊斯坦布尔之外很多地区新闻业发展的因素。

这一时期，新入行的记者月收入仅15里拉，有经验的记者月入50—75里拉，行业内部从业人员的收入差距较大。[①] 除总编、社长和首席记者之外，普通记者的收入是十分微薄的。1935年5月，由总理、内政部长、新闻出版总局局长等高级官员以及私营和国有报刊所有者共同参与的新闻代表大会召开。大会专门讨论了“如何加强新闻机构与政府的合作”“解决新闻从业人员职业困境”“提升新闻从业人员教育水平”等若干问题。1938年6月，政府专门成立了旨在通过设立各省代表处以加强各省和中央政府的信息互通的新闻联盟。这一时期，以办报人或者记者身份入主议会的议员人数多达40位，占到了议会席位的十分之一。[②] 这种“媒”而优则仕的上升路径正是现代土耳其媒体与政治权力互动关系的真实写照。

二战给新政府的国家治理带来了不小的挑战。为了免受战争的侵扰，维护国内的和平统一，共和人民党政府不断出台新闻条例，严格限制报纸的版面数量，对舆论的管控进一步升级。除党报之外，其他报纸的版面一律不得超过6页。同时，受战争的影响，支持德国的舆论开始见诸党报《共和报》的版面，关于“政府主张加入德国阵营”的言论传播开来。在报纸之间关于参战和不参战的论战一浪高过一浪的情势下，政府被迫关停《共和报》，并把原先隶属大国民议会的新闻出版总局划归总理府直接管辖。1939年，为了严控舆论造势，政府把各大报刊的版面控制到4页以内。然而，在大国民议会内部，关于参战和不参战的争论并没有因为报纸的关停或页面内容的减少而消停。一些议员以战争时期政府控制言论、土耳其没有新闻自由等为由，公然挑战伊斯迈特领导的共和人民党政府，要求成立多党政府。

20世纪三四十年代是土耳其主流舆论场从伊斯坦布尔转移到安卡拉的时期。作为土耳其的政治中心和文化中心，安卡拉成为报刊和广播宣传的最前沿阵地。

---

① 2011年独立媒体组织bianet的报告显示，土耳其新闻从业人员的月薪为1250里拉。79%的新闻工作者的资历不足5年。在同一家新闻机构，从业6—10年的人员比例为13%，从业11年以上的人员比例仅为8%。在教育背景相同的情况下，广告从业者的薪资待遇是其他从业人员的4倍，这也加剧了新闻从业人员的流动性。

② 参见https://tr.wikipedia.org/wiki/TBMM_5._dönem_milletvekilleri_listesi。

四、漫画期刊

土耳其共和国成立后不久，销声匿迹30多年的漫画期刊终于告别寒冬，迎来春天。1928年开始的字母拉丁化改革提高了国民的识字率，以言简意赅的文字和风趣简洁的画风为鲜明特点的漫画期刊很快便受到民众的追捧。在语言改革初期，以《阿克巴巴》、《卡拉格兹》、《阔尔奥卢》(*Köroğlu*)为代表的漫画期刊获得了政府的资助（详见表3-1），迅速成长起来。共和国初期，在对待新生国家的问题上，漫画期刊的办刊风格从帝国晚期的讽刺批判统治阶层转向更轻松愉悦、温和宽容的表达方式。到20世纪40年代末期，漫画期刊的“讽刺”成分更多地被“幽他一默”的婉转风格所替代，因此，这一时期的漫画获得了全新的表达形式。1923—1945年漫画创作、漫画小说、漫画图册、漫画展等丰富多样的表达形式为日后戒严时期无文字的纯漫画表达形式的传播埋好了伏笔。

第二节　多党制时期(1946—1960)

一、媒体与政党

1946年民主党(DP)的成立对土耳其的政治生活产生了深远的影响。支持共和人民党的舆论严厉地指责民主党企图分裂国家的行径，而支持民主党的舆论责难共和人民党对新闻业实施的专制和高压政策。在政治生活陷入僵局之时，1946年，支持民主党的伊斯坦布尔记者协会和人权协会成立。虽然协会很快被共和人民党解散，但是两党的频繁交恶加剧了执政党和新闻界的紧张关系，全国各地越来越多的新闻机构对共和人民党政府的新闻独裁表示不满，纷纷倒戈，民主党的阵营逐步扩大。1948年5月，记者协会创始人之一赛达特·希玛威(Sedat Simavi)创办《自由报》，与以往其他报纸办报风格不同的是，赛达特·希玛威并没有选择知名作家为报纸撰文，而是用简洁明了的语言对大众关心的事件进行点评。这种短小精悍的语言风格比以往长篇累牍的文章更易于传播,一时间声名鹊起,大受好评。

1950 年 5 月,阿里·纳吉·卡拉江(Ali Naci Karacan)创办《民族报》,并借助自家报纸的影响力为民主党站台,使民主党如虎添翼般赢得大选。最终,民主党在大选中以 396∶68 票的绝对压倒性优势赢得议会的多数席位,成为土耳其多党制历史上的第一个成功案例,结束了共和人民党一党执政的时期,开启了土耳其建国以来的政治新格局。在新闻教育方面,民主党上台后不久便在伊斯坦布尔经济学院成立了新闻学院,这也成为土耳其现代新闻业走向专业化人才培养模式的开端。1950 年 7 月,民主党取消新闻审查制度,成立新闻法院,专门审理各类冤假错案。1952 年 6 月,民主党出台法令,明确了雇主和雇员的关系,要求雇主与雇员签订劳动合同,允许雇员成立工会。这些法令的制定营造了较为宽松的舆论环境,缓和了政府和新闻界的关系,在一定程度上保障了记者的合法权益,也是土耳其新闻传播史上首次把记者群体的权益纳入法律框架的举措。

1955 年"九六事件"爆发,希腊和土耳其当局对塞浦路斯的主权问题各持己见,双方僵持不下。希腊族塞浦路斯人以示威游行的方式要求并入希腊,土耳其与希腊之间的冲突不断升级。1955 年 9 月 6 日,伊斯坦布尔的一家报纸在当日用巨幅标题报道了阿塔图尔克故居遭袭的消息。这一消息极大地激怒了土耳其民众,民众走上伊斯坦布尔街头游行,大面积毁坏希腊人的店铺,宣泄对希腊人的愤怒。在事态失控的情势下,军方宣布戒严,才平息了这场影响恶劣的打砸抢烧事件。该事件后,军方颁布《戒严法》,该法律规定,"禁止报道带有煽动民众倾向的新闻、禁止报道含有批评政府言论的新闻"。

1957 年大选,民主党再次获得多数票,但与之前的绝对压倒性票数相比,这次属于险胜。共和人民党强势上涨的票数让民主党感到岌岌可危,为了保全执政党地位,此时的民主党对舆论格外警惕和戒备。1954 年到 1960 年间,新闻界的官司不计其数,仅 1957—1960 年间就有上千名记者被检方逮捕,两百余名记者被判刑。漫画期刊《阿克巴巴》1954 年 7 月 1 日的封面反映了当时民主党和反对党的关系(见图 3-3)。

图 3-3 1954 年 7 月 1 日《阿克巴巴》封面

图 3-3 中,站在掌心的小矮人代表反对党,手贴右耳的人代表民主党。民主党问:"你是什么人?"反对党回答:"我是反对党。"民主党提高嗓门说:"我听不见你在说什么!"

1960 年 4 月 27 日,为了应对东山再起的共和人民党,民主党政府专门成立调查委员会,严把新闻审查关,严查各类违背执政党意志的言论,一经发现,该委员会就会迅速出手，直接关停新闻机构。这一时期，只有获得该委员会批复的报刊文章才能被印刷和出版，很多报刊由于不能在印刷前一夜收到批复，只能通过留白的方式印刷次日的报纸。报纸大面积留白的现象也打下了 60 年代的烙印。1960 年 5 月 27 日，37 名军官发动政变，推翻了民主党政府，土耳其共和国建国以来的第一次军事政变上演。政变后，宪法被废除，议会被关停，取而代之的是由军方组成的全国统一委员会。大批政府官员和军人被捕，总理阿德南·曼德列斯于 1961 年 9 月被处决。《民族报》在政变第二天头版的新闻如图 3-4 至图 3-7[①]。

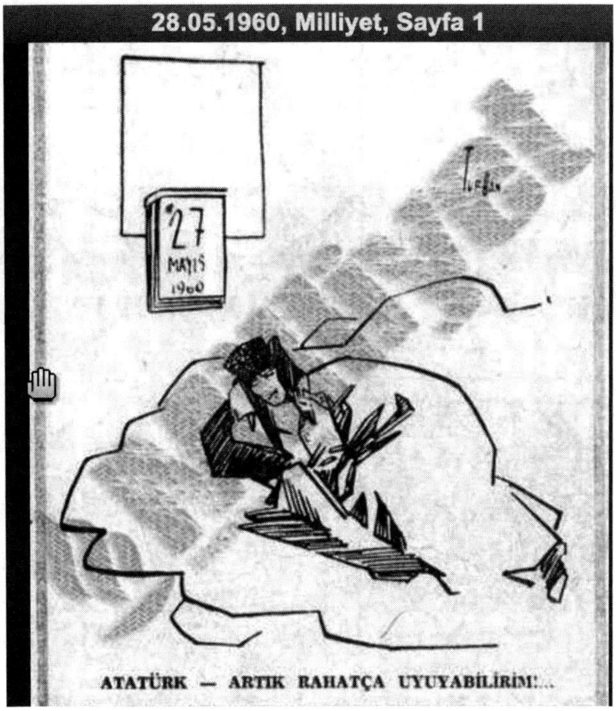

图 3-4　1960 年 5 月 28 日《民族报》头版题为《阿塔图尔克说：我终于可以安息了》的漫画

① 图片均来自 gazetearsivi.milliyet.com.tr。

28.05.1960, Milliyet, Sayfa 1

Menderes, Kütahya yolunda yakalandı

Reisicumhur, Meclis Reisi ve sâbık hükûmet erkânı muhafaza altına alındı. Menderes de Ankara'ya getirildi

SÂBIK Başvekil Adnan Menderes ile Maliye Vekili Ha-

图 3-5　1960 年 5 月 28 日《民族报》头版发布题为《曼德列斯在去往屈塔希亚的途中被捕》的报道

28.05.1960, Milliyet, Sayfa 1

Gürsel "Diktatör olmıyacağım,, dedi

Millî Birlik Komitesi Başkanı millete hitab ederek dürüst bir demokratik nizamın kurulacağını bildirdi

Orgeneral Cemal Gürsel, politika ihtirası ile şuuru bozulanları vaktiyle ikaz ettiğini açıkladı

TÜRKİYE Millî Birlik Komitesi Başkanı ve Türk Silâhlı Kuvvetler Başkumandanı Orgeneral Cemal Gürsel dün saat 16 da radyolarla millete hitab etmiştir. Orgeneral Cemal Gürsel'in kendi sesiyle yayınlanan beyanatı şöyledir:

«Büyük Türk milleti,

Bir aydanberi memlekette cereyan eden ve milleti süratle korkunç buhranlara sürükleyen hâdiseleri biliyorsunuz. Bu gidişin memleketi kanlı bir kardeş kavgasına da götürmekte olduğunu her aklı başında vatandaşın takdir ettiğine kaniim.

«Dünya ahvali her gün biraz daha kötüye doğru giderken usulsüz politika yüzünden vatanımızın mad-

Devamı Sa. 5, Sü. 3 de

图 3-6　1960 年 5 月 28 日《民族报》头版发布题为《土耳其总参谋长古尔塞勒表示，"我不会是一个专制者"》的报道

28.05.1960, Milliyet, Sayfa 1

Meclis Feshedildi

Yeni Anayasa hazırlanana kadar siyasi faaliyet durdu

Hapisteki gazeteciler, subaylar ve talebeler tahliye olunuyor. Kapatılan gazeteler açıldı

Üniversite ve Yüksek Okullar açılıyor

"NE MUTLU TÜRKÜM DİYENE..."

图 3-7　1960 年 5 月 28 日《民族报》头版发布题为《议会休会：在新宪法出台之前停止一切政治活动》的报道

二、分庭抗礼的左翼刊物与右翼刊物

20 世纪 60 年代，因发表“不当”言论被捕入狱已经不是什么新鲜事了。紧张高压的政治环境下，和执政党站在同一阵营的右翼出版物的数量迅速增加。同时，左翼出版物也开始显现。1961 年 12 月，左派期刊《方向》(*Yön*)刊登了一篇题为《知识分子宣言》的文章。这篇由 160 名知识分子署名的文章中阐述了阿塔图尔克民主制度的发展、国民生产力的增强、国家治理能力的提升、封建制度的终结、合作公社模式下的土地改革等问题。左派知识分子认为，左的路径才能代表真正的民主，才能主张社会的正义。1963 年他们还出版了名为《社会正义》的杂志，主张在新的社会语境下重新诠释阿塔图尔克主义，建立尊重知识、尊重劳动、尊重人权、爱好和平、崇尚世俗主义的社会。在左翼报刊大声疾呼国家治理之道的同时，右翼报刊也很快形成了自己的舆论阵营，其中尤其以保守伊斯兰团体发展最为迅速。内吉普·法泽尔(Necip Fazıl)在名为《大东方》(*Büyük Doğu*)的政治伊斯兰期刊中指出,“自由”和“民主”不过是企图独裁的一小撮人玩的文字游戏而已,“自由”和“民主”的概念完全是西方的产物,眼下的当务之急是避免盲目照搬西方,回到“伊斯兰”这一核心要义才是解决问题的重中之重。舆论场上的“左”与“右”之争很快在学生群体中间传播开来。各持己见的学生从激烈的口头争执升级到聚众斗殴。伊斯坦布尔的7000名学生以“教育机会均等将成泡影”为由,组织集会,抗议政府允许创办私立学校。为了防止事态升级,政府起草了《保护基本权利和自由》的法案。知识分子群体和媒体认为该草案无异于“反恐条例”,且有违宪之嫌,在舆论和知识界的压力下,政府最终放弃了上述草案。

三、土耳其国家广播电视公司(TRT)的亮相

1952年7月,伊斯坦布尔科技大学用飞利浦公司提供的发射器开展了电视试播实验。试播成功后伊斯坦布尔科技大学成立校电视台,每15天在17:00到18:00时段播出电视节目。播出的节目不但包括健康、文化等话题,而且还放送电影、话剧、西方古典音乐、传统艺术、民俗歌会等艺术作品。虽然由于各种原因,校电视台曾一度停摆,但断断续续持续了近20年,直到1971年校电视台把发射器的使用权转交给已有两年经验的土耳其广电,才算完成了历史使命。

1963年12月,土耳其颁布359号《国家广播电视机构法》,正式成立国家公共广播电视机构土耳其广电。359号法令明确了土耳其广电自治法人实体的属性。1965年,土耳其广电的广播频道正式开播。1968年1月,土耳其广电首次通过安卡拉电视台播出电视节目。[①] 土耳其广电自1968年全面运营到20世纪

---

① 实际上与此相关的准备工作早在1963年就开始了。1963年,一批广播从业人员被送往德国接受电视业务的培训。1964年土耳其广电成立时得到了德国的技术援助,工作室的第一批设备由德方提供,因此土耳其采用的是PAL电视广播制式。

90 年代初期，一直保持着其在土耳其广播电视行业一枝独秀的地位。在运营早期，土耳其广电的电视节目每天播出的时长为 2 小时，播放的内容则是以教化大众、普及知识为主要宗旨的文化及教育类节目。

土耳其广电独领风骚的时期，各地方电台的力量进一步整合，广播节目的播出时间延长，内容更加丰富，制作团队也更专业。到了 20 世纪 70 年代，土耳其广电除最早的广播频道 TRT1 之外，又新增了 TRT2 和 TRT3 频道。同时，地方电台的部分节目与土耳其广电展开合作，节目的影响力进一步扩大。此外，土耳其广电还十分重视国际化传播。1964 年，土耳其广电开设了塞浦路斯之声电台，70 年代，又增设了阿拉伯语、罗马尼亚语、希腊语、保加利亚语、塞尔维亚-克罗地亚语、德语、法语、英语等多语种的广播频道。到了 80 年代，土耳其广电对外传播的语种数目超过 15 种，传播范围覆盖了欧洲、美洲、中东、北非和远东等地区。

第三节　大众传媒业的形成与发展期（1960—1980）

一、大众传媒业的形成期

20 世纪 50 年代民主党上台之后，改变了共和人民党执政以来的国家主义经济政策，奉行自由主义经济政策，一定程度上减少了国家对经济的干预。到了 60 年代，土耳其的私人企业迅速发展，从业人数和行业规模显著增长。然而激进和过度放任的经济改革把土耳其推向了另一个深渊，国内通货膨胀率持续攀升，债务居高不下，民不聊生，社会动荡。1960 年陆军总司令发动政变，推翻民主党政府，土耳其进入了长达 15 年的第二个战后经济复苏期。共和人民党和正义党联合执政的政府制定了较为温和的经济政策和发展计划，谋划具体实施步骤，让经济的航船能平稳行驶。然而，打铁还需自身硬，以进口替代发展的政策带来的隐患和 70 年代初全球石油危机同时降临，给本就不堪一击的土耳其经济以致命一击。土耳其外贸赤字居高不下，失业率攀升，通胀加速。1980年1月24日，在时任总理首席经济顾问厄扎尔的领导下，政府出台了包括进出口贸易自由化、鼓励出口导向的工业化、逐渐放松外汇限制等在内的一揽子政策以降低通胀率和失业率，吸引境外投资，实现高增长和收支平衡。德米雷尔政府时期，政府鼓励有国际竞争力的私人企业引入外国资本，经济发展模式由进口主导型向出口主导型转变。这一时期，私营企业获得了跨越式发展，大量外资流入土耳其市场，国家主导的计划经济向市场主导的自由经济过渡。在对外政策方面，土耳其一改之前西方倒的单边主义，积极施展多边主义外交策略，特别是重视发展同中东伊斯兰国家的关系，以工业相对发达国家的姿态加入中东伊斯兰国家的大贸易圈，在获得了工业品和食品贸易大额订单的同时，还从伊朗和伊拉克等国获得了价格较低、条件优惠的石油资源。①

20世纪80年代之前，土耳其传媒业没有出现大规模的垄断或商业并购案。捷足先登的多安集团在1979年从卡拉江(Karacan)家族买下了《民族报》，开启了其在传媒行业的新天地，这也预示着土耳其的传媒业将面临重大改革。

二、大众化报刊的问世

1950年出台的《新闻法》对之前报刊与促销捆绑的条款语焉不详，这样一来，一些报刊纷纷钻起政策的空子，打起了抽奖的主意。50年代末期，各大报刊开启了争夺读者的“抽奖”大战，大大小小的赠品琳琅满目，刺激买报人的不是报纸内容本身，而是那些通过买报获得积分来抽取的奖品。1966年，哈尔顿·希玛威创办的《实时报》(*Son Gazetesi*)名声大噪。大篇幅的彩色图片、耸人听闻的标题、短小精悍的文章使这家报纸很快就获得了35万份的发行量。为了进一步扩大市场，该报一改之前通过“小恩小惠”收买读者的惯用套路，而是脑洞大开地为买报人提供房子、车子之类价值不菲的超豪华礼包。但是丰满的理

① 赵增泉.土耳其经济是怎样起死回生的:评厄扎尔的发展战略[J].西亚非洲,1989(4):31.

想总拗不过骨感的现实，这样赔本赚吆喝的买卖终究难以持续。

1968年，《自由报》的创办人希玛威兄弟分道扬镳，哥哥哈尔顿·希玛威(Haldun Simavi)另立门户。哈尔顿·希玛威也是把胶版印刷的技术引入土耳其的第一人。哈尔顿·希玛威带着他的胶版印刷团队创办了《早报》(*Günaydın*)，开启了土耳其的彩色印刷时代。《早报》没有沿袭昔日报纸报道大事件的严肃文风，而是从猎奇的视角，采用大篇幅的彩色图片报道奇闻逸事。色彩缤纷的版面、耸人听闻的文字让《早报》在短时间内俘获了众多读者，发行量很快达到35万份。不久，《共和报》、《晚报》(*Akşam*)、《自由报》等大报也跟随其后，采用胶版印刷技术对报纸进行改良，同样获得了良好的传播效果，三家报纸的发行量分别上升到16万份、15万份和20万份。

拥有广泛读者群的这种低廉的街头彩报预示着技术进步带来的报刊业革命，荒诞无厘头的言论迎合了当时社会人们的阅读兴趣，为乌云密布的高压社会涂上了一抹亮色，也为土耳其报业注入了新的活力。20世纪60年代末70年代初，土耳其步入报刊大众化时代，过去政治家或文人主导的办报传统一去不复返。在技术的不断推动下，土耳其形成了以希玛威家族、卡拉江家族为首的报业家族，文人办报转为企业家办报，办报主体的转变也为日后报刊的私有化和资本的聚集吹响了前哨。

虽然历经坎坷和动荡，但总体上来看，民主党时期，土耳其报刊业进入了快速上升期，报纸遍地开花，几乎每个城市甚至县镇都有自己的报纸。这一时期创办的报纸逆转了以往短命的运势，《自由报》开创的新模式走出了一条初创型报纸的成功道路，为后起之秀提供了经验，开启了一个全新的办报时代。时至今日，赛达特·希玛威创办的《自由报》和阿里·纳吉·卡拉江创办的《民族报》仍是土耳其拥有广泛影响力的主流报纸。也是在这一时期，报纸成为执政党和反对党争夺政治、经济权利的工具，土耳其新闻界比以往任何时候都更接近国家权力的中心。

三、军人干政时期的新闻传播业

1971年3月12日，土耳其再次发生军人干政。政变第二天，《共和报》头版头条刊载了题为《德米雷尔接军方最后通牒引咎辞职》的新闻，副标题写着“军方称，如条件不能兑现，将全面干政”。《民族报》也在第二天的头版头条用特大字号刊登了题为《德米雷尔辞职》的消息，副标题写着“德米雷尔和四名部长通过电台收听了武装部队的声明并召开了内阁会议”。详见图3-8。

Cumhuriyet

Ordu, şartları uygulanmazsa yönetime el koymaya kararlı olduğunu bildirdi

Komutanların ültimatomu üzerine Demirel istifa etti

Demirel: "Muhtıra ile Anayasa ve hukuk devleti anlayışını bağdaştırmak mümkün değildir"

MUHTIRANIN TAM METNİ

Yeni Başbakan partiler dışından olacak

13.03.1971, Milliyet, Sayfa 1

DEMİREL İSTİFA ETTİ

Silâhlı Kuvvetler muhtırasını Demirel, radyodan dört bakanla beraber duydu ve Kabineyi topladı

Demirel, Cumhurbaşkanı Sunay'a gönderdiği istifa mektubunda şöyle dedi: "Muhtıra ile anayasa ve hukuk devleti anlayışını bağdaştırmak mümkün değil"

图3-8　1971年3月13日《共和报》(左)和《民族报》头版头条

1972年2月，359号《国家广播电视机构法》的部分表述被修订，土耳其广电由之前的自治法人改为中立的公立组织。1974年7月到8月，土耳其广电对塞浦路斯和平运动进行了电视转播。电视媒体对和平运动的报道让长时间习惯于纸质媒体的民众有了眼前一亮的感觉。为了吸引更多的观众，土耳其广电开始邀请知名导演拍摄电视剧，电视剧的播出时间从5天变成7天，一周播出时长超过45小时。20世纪80年代，土耳其电视告别黑白时代，跨入彩色时代。

动荡的政局、无休止的左翼与右翼之间的论战催生了多元化表达和具有包容性的舆论环境。根据官方统计的数据，截止到1975年，土耳其发行报纸的机构有1595家，杂志有1252家，希玛威家族经营的报业以59%的市场份额坐拥土耳其报刊业的半壁江山。然而20世纪30年代建立的以农业经济为主的国家主导和保护主义发展模式的弊端在这一时期逐渐显露，土耳其政坛暗潮汹涌，一场更猛烈的暴风雨呼之欲出。70年代的最后几年，土耳其经济再度陷入衰退，前所未有的街头政治暴力屡现，以新闻从业人员、政治家、学者为主要袭击对象的暴力恐怖事件频发。知名记者阿比迪·伊佩克奇(Abdi İpekçi)、菲达伊杂志社社长菲达伊·卓诗库内尔(Fedai Coşkuner)都是这一时期为新闻事业献身的媒体人士。

1980年9月6日，科尼亚省发生大规模示威游行，当地陷入一片混乱。1980年9月12日，武装部队总参谋长埃夫伦发动武装政变，逮捕主要政党领袖，禁止政党活动，宣布解散议会和内阁，并成立国家安全委员会，接管国家权力。政变第二天，《民族报》在头版头条刊登了题为《埃夫伦呼吁各界参与到建设新政府的队伍中来》的消息，《共和报》在头版头条刊登了题为《阿塔图尔克主义是首要目标》的消息，副标题写着"埃夫伦总参谋长宣读了国家安全委员会的章程"。详见图3-9。

"9·12"政变后，军方对媒体采取的管制措施进一步升级。左翼人士、昔日的政坛人物被禁言，《民族报》《共和报》等主流报纸一度关停。1983年，图尔古特·厄扎尔(Turgut Özal)创立祖国党，该党在当年的大选中获得了45.14%的选票，成功组建第45届政府。厄扎尔政府上台后要求媒体服务于新时期国家发展的需要，做好公众服务。80年代后期，媒体再次获得相对宽松的发展环境，一些总部设在伊斯坦布尔或者安卡拉的国家级报纸开始在阿纳多卢腹地发行。

20世纪80年代以后，土耳其纸张行业的原材料和技术对国外市场的依赖

13.09.1980, Milliyet, Sayfa 1

Yeni hükümet ve yasama organı kuruluncaya kadar muvakkat bir zaman için yasama ve yürütme yetkileri, Evren'in başkanlığında Kara, Deniz ve Hava kuvvetleri komutanlarıyla, Jandarma Genel Komutanı'ndan oluşan Millî Güvenlik Konseyi tarafından kullanılacak

«AP, CHP, MSP ve MHP liderleri şimdilik can güvenliklerinin sağlanması amacıyla Silahlı Kuvvetler'in koruma ve gözetiminde belirli yerlerde ikamete tâbi tutulmuşlardır, durum müsait olunca serbest bırakılacaklardır»

«Faaliyetleri durdurulan siyasî partilerin, yeniden hazırlanacak Anayasa'daki düzenlemeler ve yeni seçim ve partiler kanununa göre zamanı, koşulları ilân edilecek seçimlerden yeterince önce faaliyete geçmesine izin verilecektir»

EVREN: «YENİ YÖNETİME HERKES YARDIMCI OLMALI»

Ordunun yönetime gelmesi dışta olumlu karşılandı

SIKIYÖNETİM KOMUTANLARI

Cumhuriyet

BAŞAR

ANA HEDEF ATATÜRKÇÜLÜK

Sınır kapıları açıldı, bankalar pazartesi açılıyor

Org. Evren, MGK'nın ilkelerini açıkladı

İstanbul'da sokağa çıkma yasağı 24-05 arasında uygulanacak

Türkiye ile ilgili haberler yabancı ajans ve radyolarda ilk sıradaydı

图 3-9　1980 年 9 月 13 日《民族报》(左)和《共和报》头版头条

度极高。生产成本增加和发行量低等原因使得报纸的价格迅速上涨,各大报纸不可避免地加入促销卖报的行列。1985 年,《民族报》的抽奖礼品中出现了冰箱、洗衣机、烤箱等大宗家用电器。同时,一些报刊开始尝试通过电视打广告,以提升报纸的销量。1989 年,《早报》和《自由报》硬是把汽车弄进了促销的礼包。1989 年各大报刊全年的抽奖礼包,名目繁多到令人咋舌。据不完全统计,按照赠送的频次从多到少依次排序,旅游券、汽车、电视机、自行车、枕头、彩票、洗碗机、乐器、包、海报、玩具、现金、烤箱、化妆品、洗衣机、洋娃娃、百科全书、录像机、床上用品、家用火炉等都榜上有名。

第四节　厄扎尔时期的新闻传播业

一、小报的风靡

20 世纪八九十年代铺天盖地的抽奖捆绑销售模式为报纸赢得了可观的销量，《晨报》的发行量接近百万，《民族报》和《自由报》也突破了 60 万，后起的《早报》发行量也达到近 20 万。同期没有采用捆绑销售模式的《共和报》的发行量不到 15 万。捆绑销售对发行量的促进作用让报纸之间的竞争白热化。1993 年，《自由报》捆绑牙膏、《晨报》捆绑洗衣液的策略使得两家报纸的发行量再次创下新高，而不捆绑销售的《共和报》的发行量则不及这两家的十分之一。然而这些赠品的成本逐渐超出了发行量所带来的利润，入不敷出的情况时有发生。1994—1995 年，这种恶性竞争导致报纸之间的口水战不断，报纸的公信力几乎无从谈起。多年来买报对于大众的意义早已不再是读报本身，而是获取比报纸更有价值的各种生活必需品。报纸的发行量不再取决于报纸的公信力和品质，而是与之捆绑销售的其他商品。

厄扎尔时期最常见的是把百科全书和报纸捆绑销售的促销方式。1996 年 9 月，土耳其工业部和大国民议会相继出台法律，禁止报纸捆绑销售其他商品。记者协会也在《工作与预算报告》中声援了政府的决议。1997 年 1 月，政府进一步加强了对报纸恶性促销的打击力度，严厉查处和惩戒违反相关规定的行为。1998 年 1 月，《晚报》和《早报》因未能向读者兑现促销品被读者告上法庭。

从图 3-10 中不难看出，在 20 世纪 90 年代的报纸促销战期间，除《晨报》《自由报》《民族报》《土耳其报》等为数不多的报纸获得了一定的销量增长之外，大部分报纸的销量不涨反降了。

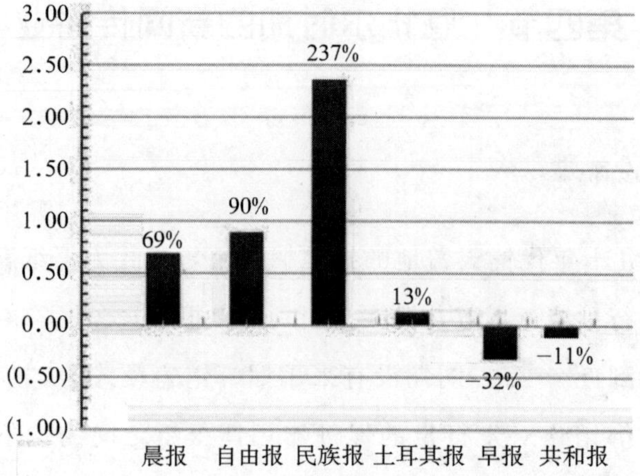

图 3-10　20 世纪 90 年代百科全书促销战前后各大报纸销量涨跌比率①

二、行业外资本的涌入

1983 年厄扎尔担任总理后，土耳其时隔 20 年开启了第三个战后经济复苏期，步入厄扎尔的“黄金十年”。政府大力推行新自由主义经济政策，鼓励自由竞争和私有化，土耳其经济开始出现复苏迹象，体现在传媒行业更是立竿见影，大量的行业外资金涌入媒体。20 世纪 80 年代媒体私有化以来，土耳其传媒行业进入深刻的转型期。要想在新的游戏规则中占据有利地位，没有大资本的支持就如同天方夜谭。这一时期进场的玩家要么是银行家，要么是承包商，更常见的是兼而有之。只有宗教团体和基金会支持的媒体组织能和这些玩家竞争。

厄扎尔执政的十年（1983—1989 年任总理；1989—1993 年任总统）虽算不上太长，但对当代土耳其社会的各个方面产生了深远的影响。几乎与中国改革开放同步的厄扎尔时代既是土耳其内政发生重要变化的时期，也是其对外战略调整的过渡时期，尤其是厄扎尔担任总统期间，正逢冷战结束，国际局势的剧变

① BERKSOY T. Basın ekonomisi ve promosyon[J]. Marmara İletişim Dergisi，1993(3)：224.

也为土耳其对外战略的调整提供了前所未有的机遇。[①] 厄扎尔进取且冒险的自由经济政策初见成效，土耳其国内私人企业的财富通过国际贸易实现了几何式增长。手握现金流的财团盯上了传媒行业，通过并购因印刷成本暴涨、难以实现技术迭代等问题面临倒闭的中小规模传媒企业跨界到传媒行业。土耳其传媒业的大旗很快被移交到行业外的财团手中，传媒业产业化发展的步伐逐步加快，兼并和重组成为不可逆转的时代潮流。

厄扎尔政府一方面消解军人干政时期的恐怖气氛，允许此前被禁言的人物在公开场合发表言论；另一方面通过上调纸张、邮政、交通等行业的价格，严格管控传媒业的发展规模，鼓励行业外资本流入传媒业。建筑业起家的奥梅尔·恰乌什奥卢（Ömer Çavuşoğlu）和艾哈迈德·可赞奥卢（Ahmet Kozanoğlu）于1982年率先创办《太阳报》，成为土耳其传媒产业化以来第一批尝到梨子味道的跨界人士。1983年，承包商迈赫迈特·阿里·耶尔马兹（Mehmet Ali Yılmaz）买下《太阳报》。1985年，《新世纪报》（*Yeni Asır*）的东家、传统报业世家比尔金创办《晨报》。厄扎尔政府对反对党媒体的态度也较为缓和，为不同声音提供了发声渠道。1988年7月，土耳其新闻界发生了影响深远的事件。塞浦路斯商人阿瑟·纳迪尔（Asil Nadir）通过收购6家地方报、8家日报和1家国际级周刊打入土耳其传媒业，舆论哗然。这是土耳其新闻史上一次标志性的举动，开了行业外资本进军传媒业的先河。1989年1月，《早报》的发行商力量传播公司（Güçlü Yayıncılığı）和以出版期刊、图书为主业的进步发行公司（Gelişim Yayınları）也被阿瑟·纳迪尔收入囊中，不到一年的时间，阿瑟·纳迪尔成为土耳其新闻界叱咤风云的资本大鳄。具有国际资本背景的阿瑟·纳迪尔的一系列买断行为加速了土耳其传媒业全面进入寡头资本垄断的进程。

20世纪80年代以后，大资本纷纷涉足土耳其传媒行业是国家对公共资源再分配的结果。行业外资本流入土耳其媒体的原因主要有三：一是大众媒介所

① 昝涛.从历史角度看土耳其的多边主义战略[J].阿拉伯世界研究，2015(1)：56.

承载的社会监督功能和舆论引导功能被越来越多的行业外资本看中；二是大资本为了降低在其他行业的资本风险，转而投身到稳赚不赔的媒体买卖中来；三是对“第四权力”的追逐使大资本认为经营媒体是争夺政治资源和提升政治参与度的有效途径。20 世纪 80 年代，土耳其政府通过降低贷款利率、提供政府津贴、降低生产成本等刺激政策加大了对传媒行业和通信行业的扶持力度，对通信行业的投资一度占到公共固定资本总投资额的 38%，跃居全行业首位。

三、私营电视台的登场与传媒寡头的诞生

1987 年大选中，祖国党以 36.31% 的得票率再次组阁成功，厄扎尔获得连任。他倡议的出口导向型和自由化经济发展模式推动了土耳其经济的发展。在他的任期里，国家资本主义逐步转向市场资本主义，巨额私人资本得到释放，中小型企业成为土耳其经济的中流砥柱。经济领域取得的重大成果虽然对政治民主化的影响较为有限，但是随着几何式增长的大资本的流入，始终活跃在土耳其政治舞台中心的传媒业也很快被卷入资本角逐中。1989 年，厄扎尔当选为土耳其第八任总统。

20 世纪 80 年代末，有线电视开始在土耳其各大城市普及，老百姓除了通过卫星电视接收器收看境外的节目之外还可以收看有线电视。1990 年，厄扎尔之子艾哈迈德 · 厄扎尔(Ahmet Özal)和商人杰姆 · 乌赞(Cem Uzan)共同经营的土耳其首家私营电视台星空 1 台(Star 1 TV)通过卫星装置成功完成了境外电视节目传输到国内的测试。① 很快地，星空 1 台在伊斯坦布尔等多个地区建立了地面发射基站，解决了家庭用户使用大型接收器才能收看卫星电视的麻烦。同时，该电视台还花重金从土耳其广电买来足球联赛等重大体育赛事的转播权。星空 1 台的多个首创在很短的时间内打破了土耳其广电的市场垄断地位。

---

① 《宪法》(1982 年版)第 133 条规定“广播台和电视台只能由政府建立，且身份应是中立的公众组织”，因此星空 1 台在成立之初是颇费了一番周折的。该台的节目首先由在土耳其的制作室完成，然后通过卫星传送到德国，之后再由德国传回土耳其。这样做规避了法律上认定的违规行为。

1994年出台的《3984号广播电视机构法》为私营电视台的合法化经营提供了法律依据[①]，同时也规范了私营广播的市场行为。该法案通过了成立国家新闻媒体监管机构——广播电视最高委员会的决议。该委员会的主要职能是分配频率，发放许可证和营业执照。此外，该委员会还有权对违规的传媒机构进行警告、罚款或停播等各类处罚。在这一时期，土耳其私营电视台遍地开花。Star TV、Flash TV、Show TV，Kanal 6、HBB、TGRT、ATV、KANAL D、Cine 5[②]等频道纷纷走入大众视野。

90年代初期，土耳其新闻业进入工业化生产期，土耳其广电一枝独秀的垄断地位成为过去时。土耳其国内政治环境趋于稳定，经济形势向好。经济自由化政策取消了对传媒、通讯和文化产业的诸多限制，大规模的跨行业并购铺天盖地，土耳其传媒跨入了资本为王的时代。行业外资本的大举进军加速了土耳其传媒行业的纵深发展，资本高度集中的垄断格局形成，传媒巨无霸诞生。这些新兴传媒集团的财富分配与流动在某种意义上反映了社会运行的周期性规律。随着传媒技术的不断升级，各大传媒集团为抢占市场份额打起了一轮轮价格战，一系列营销活动更是增加了企业的运行成本。此外，广告的不均衡分配也让传媒行业的生存环境急剧恶化。

从20世纪80年代初期开始，新闻公告署在分配广告时明显向传媒大鳄倾斜，尤其是1994年以后，大部分广告配额被分配给《晨报》《自由报》《民族报》等大型媒体，老牌传统的家族传媒企业和中小型传媒企业的生存空间几乎被完全挤占。政策倾向加剧了传媒行业大鱼吃小鱼的情况，加速了少数传媒集团全面占领市场的步伐。土耳其经济学家、资深媒体人穆斯塔法·松麦孜（Mustafa Sönmez）在评论90年代开始的行业外资本争夺媒体资源时指出[③]，各大财团把传媒视为攻击竞争者的利器，为了谋求在传媒行业的地位拼尽了全力。1994

① 1993年，《宪法》第133条被修订为“在相关法律法规的框架下准许创办广播台和电视台”。这样一来，土耳其对私营电视台和广播台的管制完全放开，私营广播电视机构获得了合法地位。

② Cine 5成立于1993年，是土耳其第一家付费加密电视频道。

③ MUSTAFA S. Medya Kültür Para ve İstanbul İktidarı[M]. İstanbul：Yordam Kitap，2013.

年,多安集团从希玛威家族[①]手中买下《自由报》70%的股份,再次开启“买买买”模式,为其日后缔造的传媒帝国写下了浓墨重彩的一笔。这一时期,传统的四大报业家族[②]全部被行业外的大资本取代,大资本兼并小资本成为土耳其传媒行业的新常态。

1960 年以后,土耳其报纸的分发由统一的分发机构负责。20 世纪 90 年代以后,多安集团和比尔金集团分别创办的亚伊萨特(Yay-Sat)发行公司和联合纸媒发行公司(Birleşik Basın Dağıtım)成为土耳其两家最大的发行机构。1996 年,两家公司合并,土耳其纸媒分销市场的垄断形成,报纸发行的手续费从 17% 上涨到 30%,并且还附加了其他苛刻的条件。政府对传媒集团的扶持力度也相当惊人。1983—1993 年,政府分别向多安集团和比尔金集团提供了 4 亿美元和 2 亿美元的资助。90 年代末,Show TV 创始人艾若尔·阿克索伊(Erol Aksoy)因自家银行破产不得不变卖旗下的传媒产业。此时,土耳其传媒业出现了多安集团、比尔金集团、楚库洛瓦集团、乌赞集团四分天下的格局。这些新兴的媒体巨无霸无一不是在建筑、能源、矿业、旅游等各行各业运作资本的大财团。

表 3-2 2001 年四大传媒集团的广告市场份额[③]

传媒集团	市场份额(%)
多安集团	39
比尔金集团	19
楚库洛瓦集团	9
乌赞集团	6

---

① 希玛威家族是土耳其现代传媒史上的一面旗帜。靠漫画周刊《涵黛》(*Hande*)起家的希玛威家族 1948 年创办的《自由报》成为土耳其报业的行业标杆。直到 20 世纪 80 年代传媒私有化之前,《自由报》始终保持着行业霸主的地位。

② 《自由报》的希玛威家族,《民族报》的卡拉江家族,《共和报》的纳迪尔家族,《思想报》(*Tercüman*)的厄勒加克(Ilıcak)家族是土耳其的四大传统报业家族。

③ MICHAEL K. Türkiye'de medya ekonomisi[M]. İstanbul:ESEN K İTAP, 2012:255.

大量的行业外资本涌入新闻业，旧的格局被打破，新的格局迅速形成，中小型报刊的市场份额进一步缩小，新闻行业寡头垄断的格局初见端倪。在以新自由主义经济政策为主导的厄扎尔时期，为了改变政府和新闻界的关系，厄扎尔通过各种手段收买人心。许多报刊老板和专栏作家加入厄扎尔的阵营，厄扎尔被当时的媒体塑造成“时代圣人”。据统计，在 1980 年到 1997 年政府鼓励服务行业发展的 629 个立项中，仅多安集团一家就拿到了 48 个，位列第二的《晨报》集团也拿下了 26 个。

虽然一些地方保守势力尝试阻止传媒行业的私有化进程，但是传媒行业的发展势头已不可逆转。1993 年，厄扎尔的突然离世使土耳其的政治生活再度陷入迷局，政局的动荡引发了一系列结构性问题。乱世造英雄。1994 年，商业大亨阿伊登·多安(Aydın Doğan)买入土耳其最大的报业集团《自由报》70%的股份，成为该报业集团的新主人。随后，该报业集团的员工被迫解除了与工会的关系，新闻行业用来平衡雇主和雇员关系的天平被打翻，“一切以雇主意志为行动纲领”的新型雇佣关系被建构。2000—2001 年土耳其传媒业受到金融危机的巨大冲击，大批传媒企业破产，大量媒体从业人员失业，媒体资本进入重新洗牌的阶段，传媒行业的所有权结构发生了翻天覆地的变化。

1990 年至 1993 年可谓是私营广播电视机构的无序发展期，“先上车后补票”成了那个时代的代名词。没有成文的法律法规约束的媒体运作用“肆意妄为”来形容恐怕也不为过。直到 1994 年坦苏·奇莱尔上台组建第 50 届政府之后，土耳其的传媒所有权关系才被纳入到法律框架中来。20 世纪 80 年代开始以多安集团、多乌什集团、吉内尔集团、乌赞集团、楚库洛瓦集团、图库瓦孜集团等为代表的行业外资本大举进场，老牌传统的报业家族纷纷退出历史舞台，然而大多数行业外资本难逃昙花一现的命运。特别是涉足金融领域，拥有银行的资本在金融危机中触礁翻船后，旗下的传媒业务被政府没收，而没有金融背景的多安传媒帝国也因和政府“貌合神离”，最终被洗出局。

从传媒私有化至今的 30 多年中，土耳其的传媒业催生了三类巨富。第一类是靠运营赚钱，从技术到管理，纵深发展，力图做大做强传媒业，谋求行业引领者地位的，而创造了土耳其数个传媒行业传奇的多安集团最当之无愧；第二类是通过并购传媒机构迅速占领一席之地，并在短时间内实现资本操纵的投机者，无论是早期的乌赞集团、后来的卡尔勇集团，还是新晋的德米尔沃伦集团都是再典型不过的例子；第三类是靠搭建或运营传媒领域基础设施赚钱的实业家，典型代表是 1994 年创立移动通信公司 Turkcell 和 1999 年创立数字平台 Digiturk[①] 的楚库洛瓦集团。时至今日，无论是下功夫开展精细化和规模化运营的行业先锋多安集团，还是下力气搭建通信平台的楚库洛瓦集团都已经湮没在历史的尘埃中，土耳其传媒业在短时间内很难催生新的巨富，传媒业不过是那些在行业外赚得盆满钵满的大资本财团给政府捧场的舞台。

20 世纪 80 年代开启的传媒私有化进程编织了当今土耳其的权力网络，这些获得入场券，并参与权力角逐的传媒集团有着以下相似之处：

第一，它们几乎无一例外都是行业外部资本充盈的财团。

第二，它们都是资金密集型行业，高度依赖资本的支持，同时也容易受到经济周期和政治力量的影响，进而卷入行业的优胜劣汰，并不得不在资本的推动下进行整合与重塑。

第三，它们都是冒险家的乐园，蜂拥而入的资本和玩家在推动行业繁荣的同时也不可避免地带来了泡沫。

第四，它们都深刻影响了受众生活的方方面面，为政治、社会的剧变起到了推波助澜的作用。

四、外资媒体的进驻

外资媒体进入土耳其始于 20 世纪 90 年代初。80 年代末，厄扎尔总理向以美国新闻集团为代表的跨国传媒巨头伸出橄榄枝，开启了外资媒体进入土耳其

---

① 2016 年 Digiturk 被卡塔尔贝因传媒集团收购。

传媒业的先河。1993年，随着《宪法》第133项条款的修订，外资进入土耳其市场的合法性得到了保障。根据土耳其现行法律，外资在广播电视机构中的比例不得超过50%[①]，外籍自然人和法人最多在两家广电传媒机构中直接持股，同时可在四家广电传媒机构间接持股。媒体机构的董事长、副董事长、半数以上董事、总经理以及股东大会半数以上的股东必须入籍。从20世纪90年代开始，多家全球知名传媒机构在土耳其布局。

(一)时代华纳牵手多安集团

1999年，时代华纳与土耳其多安集团成立CNN TÜRK电视新闻频道，其内容、语言和传播风格等力求贴近当地需求，一开始主要播出由英文编译的节目，之后仅沿用CNN的新闻节目形态，内容则多为本土制作。

(二)NBC与NTV联手

2000年，NBC、微软联合体与土耳其NTV电视台共同出资成立了NTVMSNBC网站。2013年之前，该频道是土耳其最重要的新闻门户网站之一。2013年，因微软与NBC分道扬镳，NTVMSNBC更名为NTV.com。NBC与NTV于2000年共同成立了土耳其第一家财经电视频道CNBC-e，主要播报财经类新闻。2015年，美国探索传播公司全资收购了该频道。

(三)BBC借鸡生蛋

英国广播公司(BBC)早在1939年就开创了土耳其语广播频道，2001年起通过直播连线和租时的方式在NTV电台落地。2008年，BBC与NTV电视台合作推出15分钟的《世界热点》栏目，首次实现了土耳其语节目的落地。2013年，土耳其爆发大规模的反政府示威游行——“加齐公园事件”。事件期间因NTV拒绝播出BBC严厉批评土耳其政府的节目，双方合作宣告结束。目前，NTV仅保留了BBC土耳其文网站及其部分新闻产品。

---

① 土耳其广播电视最高委员会对外资的比例上限最开始设为25%，随着新的《广播电视最高委员会法案》的出台，2011年该比例上调至50%。

(四)热衷收购的新闻集团

2006年,新闻集团收购了伊赫拉斯集团旗下的TGRT新闻台,2007年,该频道更名为福克斯电视台(FOX)。该电视台目前是土耳其收视率最高的电视台之一。近年来,该电视台还增设了“24厨房”“FOX生活”“国家地理”“国家地理狂野世界”“国家地理人文”等多个频道。

(五)本土化模式的俄罗斯之声

1941年就开始了土耳其语广播的俄罗斯之声,2011年通过租赁时段在伊斯坦布尔实现了节目落地。2012年,俄罗斯之声又通过收购和租赁调频台的方式实现了在土耳其六个主要城市的落地。俄罗斯之声秉承“资讯为王”的理念,配备了新闻转播车,打造24小时不间断的新闻节目。2014年,俄罗斯之声成立今日俄罗斯(RT)频道,该频道重点打造新闻通讯社平台,通过俄罗斯卫星网实现对土耳其互联网和移动终端的覆盖。俄罗斯之声打造的“通讯社+网络媒体+广播”的模式大大提高了其在土耳其的影响力。

(六)昙花一现的加拿大加西国际传媒

2005年9月,乌赞传媒集团被政府查封,很快该集团名下的资产被拍卖。加拿大加西国际传媒以3310万美元购入乌赞传媒集团旗下的Süper FM,正式进军土耳其传媒业。随后,加西国际传媒又以2285万美元购入Metro FM。就在加西国际传媒盘算收购星空电视台(Star TV)之时与多安集团狭路相逢。最终多安集团以3.06亿美元成功收购星空电视台。此后,尽管加西国际传媒还陆续收购了Joy FM和Joy Türk两家地方电台,但是其影响力较为有限。2009年,深受经济危机影响的加西国际传媒被迫出售其在土耳其的媒体机构,退出土耳其市场。

大批外资媒体的进驻给土耳其新闻业注入了活力,从节目内容到采编播方式,从报道风格到传播速度,土耳其的新闻业逐渐与西方主流媒体接轨,这些都为当今土耳其媒体的报道风格写下了浓墨重彩的一笔。近十年来,土耳其出台相关政策,鼓励境外资本进驻传媒行业,除上述五家外资传媒机构外,阿拉伯半岛电视台、中国环球时报社等传媒机构也在土耳其一试身手。[①] 同时，各大跨国媒体在传媒新旧交替的浪潮中顺势而为，着力布局新媒体行业。2011 年，BBC 终止了传统的土耳其语广播，全力投入新媒体，其制作的各类音视频土耳其语节目在土耳其主流网站上的转载播放量惊人。中国的新闻资讯 App 瞄准了土耳其的人口红利和科技红利等市场要素，也开始在土耳其谋篇布局。2019 年 1 月，中国智能化新闻资讯 App"一点资讯"与土耳其文化和旅游部的下属机构尤努斯·埃姆雷研究所在伊斯坦布尔签订战略合作协议就是很好的例证。总体而言，外资媒体主要通过两种形式进驻土耳其传媒业。一是通过品牌合作，授权本土媒体使用其品牌，提供管理经验，达到输出节目的目的；二是凭借资金和内容优势开展并购，实现从行政管理到节目制作，从编辑到记者的全方位"本土化"运营。

---

① 刘叶华.中国图书出版企业进入土耳其市场模式调查研究[J].出版参考，2014(34)：6-9.

第四章 正义与发展党时期的传媒业

本章要点

- 当代土耳其大众传媒业
- 主要的传媒集团
- 传媒格局的重塑

自20世纪90年代以来,“拥有媒体即拥有财富”一直是进场玩家的信条。这里所说的财富并非指运作媒体所获得的收益,而是各大资本将媒体作为与政治势力交换利益的工具和利器,作为大资本在媒体外的其他高利润行业谋取利益的砝码。自20世纪90年代自由经济政策推行以来,这一逻辑没有发生根本的变化。历史不重复,却总在押韵。从传媒权力频繁更迭的视角出发,可以洞察一个国家历史和社会发展的蛛丝马迹。一代代的传媒精英们在生活,在创造,在参与改造社会的过程中发挥着各自的作用。如果我们粗略地把早期的传媒大亨划分为实干家、建造者、投机者三类人群的话,那么活跃在当今传媒界的玩家已经变成了思想和技术上的创新者以及被视作“政府化身”的大资本家两大类。前者以视频网站 Onedio 为代表,是技术红利催生的新生力量;后者则当属以德米尔沃伦集团为代表的背靠大树好乘凉的大资本玩家。对于大资本玩家而言,传媒业务完全是副业,在“与政府同呼吸共命运”的底层逻辑下,按部就班地进行内容生产和市场运营,营造对政府有利的舆论环境就是大资本玩家生存的不二法则了。

繁荣党执政时期，政府大力扶持“伊斯兰主义”倾向的媒体，这些媒体可以从银行获得低息贷款，可以获得政府高层的采访机会，可以掌握其他渠道难以获取的信息，可以获得源源不断的广告。埃尔多安领导的正义与发展党延续了繁荣党对新闻传播业的管理风格，十分重视政府和媒体的关系，十分注意培植自己的媒体力量。2003 年 3 月，埃尔多安出任总理。同年，埃尔多安出席了在安卡拉召开的新闻传播大会，并发表开幕致辞，体现新政府对传媒行业的高度重视。正义与发展党在站稳脚跟之后展开了对媒体的整顿和清洗。多安集团旗下的报纸在一段时间内曾频繁报道正义与发展党的党内腐败、埃尔多安谋取巨额财富的事件，还对正义与发展党的“伊斯兰保守势力”倾向评头论足。最终，多安集团因财务问题陷入危机，传媒业务被肢解。特殊时期，埃尔多安政府实施了“宁误杀不放过”的围剿政策。2016 年“7 · 15”未遂政变以来，正义与发展党大面积关闭传媒机构，土耳其的传媒格局被重塑，一边倒的局面基本形成。电视台、电台、报刊、通讯社等大量新闻机构被关停或易主，传媒行业经历了一场大洗牌。2017 年 4 月，土耳其通过修宪公投，转向总统制。同年，政府出台 703 号法令，撤销总理府的新闻出版与信息总局，其职能全部划归到新成立的总统府信息局。

从多个私营传媒企业的迅速崛起到少数寡头集团的垄断，从家族作坊式经营到跨行业集团的纵深发展，从执政党媒体和反对党媒体的多渠道发声到一边倒的单渠道发声，土耳其传媒业面临着新闻与言论自由、意识形态、所有权结构调整、政府与媒体的关系等诸多挑战。[①]

---

① DILEK K，CEREN S. İktidarın çarkında medya：türkiye' de medya bağımsızlığı ve özgürlüğü önündeki siyasi，yasal ve ekonomik engeller[R]，2012，S.10.

第一节 正义与发展党时期的传媒业概况

一、行业规模

根据土耳其广告商协会的统计，2015—2016 年，传媒行业的广告收入增长了 10.96%，除报刊的广告市场份额有所下降外，其他行业的广告市场份额均保持了较平稳的增长，其中新媒体的增速最快。国家级电视台、地区级电视台和地方级电视台是广告收入的亮点。

2017—2018 年土耳其传媒行业的投资规模达 25 亿里拉，数字媒体、电视和户外媒体的投资规模稳中有升，广播和电影的投资规模基本持平，报纸的投资规模下滑明显，跌破 10 亿里拉。详见图 4-1。

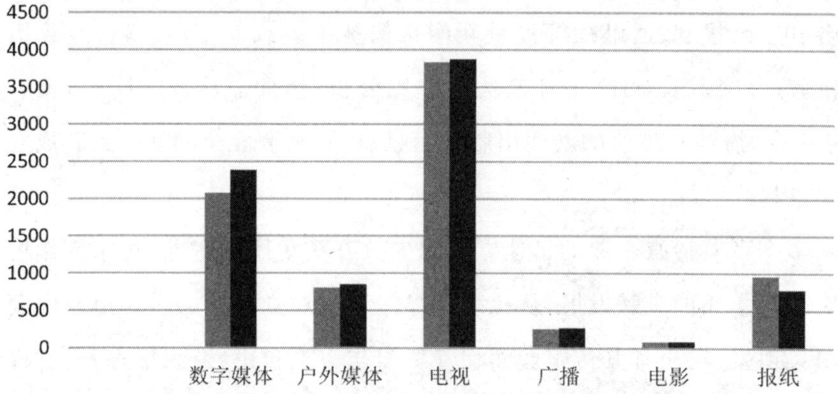

图 4-1 2017 年(浅色条柱)和 2018 年土耳其传媒各行业投资额(单位:百万里拉)

2018 年土耳其传媒行业与 2017 年相比，总收入从 17.04 亿美元上升至 22.03亿美元，纸媒收入比例从 12%跌至 9.5%，首次跌破 10%，新媒体的比例则从 25.9%上升至 28.9%。电视、户外媒体、电影、广播等媒体的收入比例较 2017 年没有明显的波动。广告商协会的数据显示，2006 年，报纸的广告市场份额出现拐点，十年来持续下跌，2018 年跌至历史最低点。

再来看一下各级广播电视机构的收益情况。以广播电视最高委员会的数据为例，2011—2013 年，有线电视收入呈断崖式下降趋势，其他各级别广播和电视机构的年收入及广播电视行业的总收入基本呈稳步增长的趋势。国家级电视台的收入占据了广播电视行业总收入的半壁江山，卫星广播台的收入在 2012 年经历急剧下滑后在 2013 年出现明显反弹。详见表 4-1。

表 4-1　2011—2013 年各级广播电视机构的收入对比[①]（单位：千里拉）

年代	电视	收入	广播	收入
2011	国家级	2,045,685	国家级	93,461
	地区级	4,517	地区级	19,049
	地方级	17,428	地方级	19,776
	有线电视	102,584	有线广播	无
	卫星电视	157,636	卫星广播	67
	电视总收入	2,327,852	广播总收入	132,354
2012	国家级	2,125,911	国家级	116,810
	地区级	8,496	地区级	22,860
	地方级	30,486	地方级	25,109
	有线电视	1,010	有线广播	无
	卫星电视	339,035	卫星广播	26
	电视总收入	2,504,940	广播总收入	164,806
2013	国家级	2,498,014	国家级	133,741
	地区级	10,680	地区级	26,290
	地方级	31,376	地方级	25,696
	有线电视	349	有线广播	无
	卫星电视	441,836	卫星广播	172
	电视总收入	2,982,257	广播总收入	185,900

① 数据来源于土耳其广播电视最高委员会 2014 年行业报告，按照四舍五入的原则做了适当调整。

二、纸质媒体

(一)报纸和杂志

土耳其国家统计局 2020 年 7 月发布的《2010—2019 年土耳其纸媒报告》显示,2014 年以来,报纸和杂志的数量呈逐年下降的趋势。详见图 4-2。

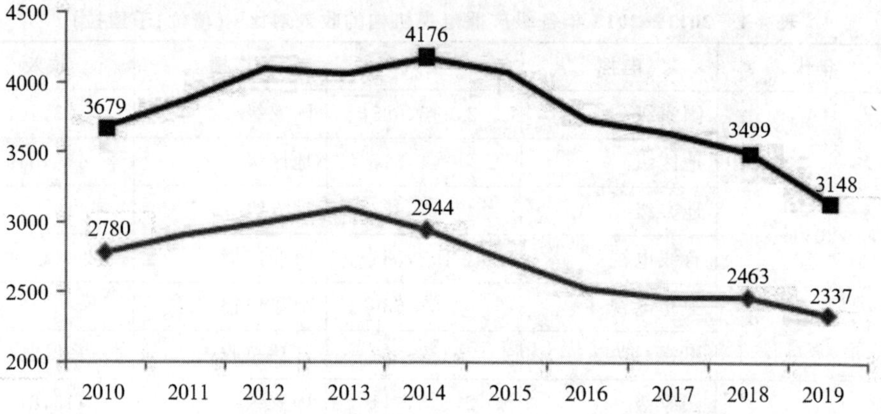

图 4-2　2010—2019 年土耳其报纸和杂志的数量(浅色为报纸,深色为杂志)

2019 年土耳其报纸和杂志的总数量为 5485 种,比 2018 年下降了 8%,其中杂志占比 57.4%。

2019 年土耳其报纸和杂志的全年总发行量约为 12.6 亿张,与 2018 年相比下降了 8%,其中报纸占比 94.2%。9.8%和 7.2%的报纸和杂志发行增刊。详见图 4-3。

2019 年出版的报纸中,90.8%是地方级报纸,7.3%是国家级报纸,1.9%是地区级报纸;出版的杂志中,国家级杂志占 65.9%,地方级杂志占 29.5%,地区级杂志占 4.6%。国家级报纸占总发行量的 83.6%,地方级报纸占 15.7%,地区级报纸占 0.7%;国家级杂志占总发行量的 83.7%,地方级杂志占 12.9%,地区级杂志占 3.4%。

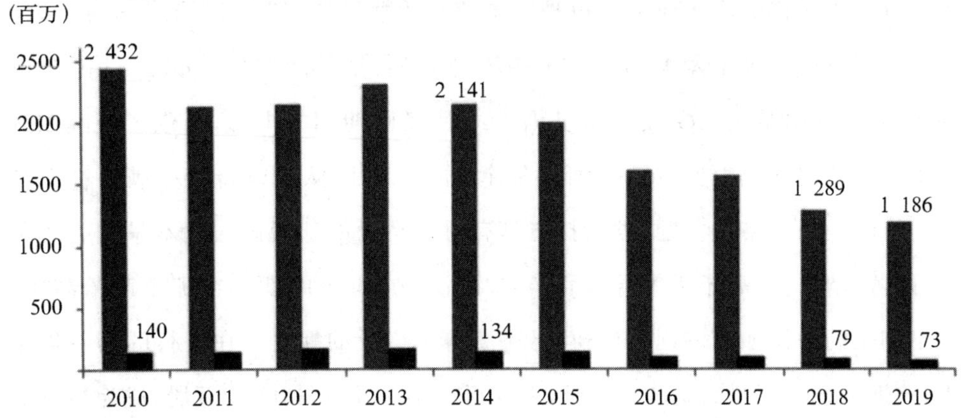

图 4-3　2010—2019 年土耳其报纸和杂志的发行量(浅色为报纸,深色为杂志)

随着报纸原材料成本上涨、广告大量流入新媒体和电视的趋势加剧,一些主流报业不得不对业务布局做出调整。《土耳其消息报》就是一个典型的例子。这家报纸因原材料市场支出大涨,发行量遭遇滑铁卢,在 2018 年 6 月大选后,曾经位列发行量前列的《土耳其消息报》终止了其纸媒业务。该报业董事会主席指出,"在过去的五年,打印报纸的成本已经涨到无法忍受的地步,广告收入大量流向新媒体和电视媒体,纸媒的生存空间被严重挤占。我们不得不调整战略方向,终止纸媒业务,把发展重心放在旗下的在线媒体 Haberturk.com 和新媒体的运营上"。《2018 年路透社报告》指出,《自由报》和《发言人报》是目前土耳其受众群最大的报纸。2018 年,《晨报》、土耳其广电等新闻机构因表现出明显的亲政府立场,其媒体公信力走低,而秉持批判路线的 FOX 频道、《共和报》、《发言人报》等新闻机构的公信力明显提升。电视和网络媒体是民众最常用的获取消息的渠道。在抽取的调研样本中,48%的民众通过电视,39%的民众通过网络媒体(含社交媒体),7%的民众通过广播,6%的民众通过纸媒获取消息。

(二)漫画期刊

五六十年代的高压政治期也是漫画期刊的禁言期,到了 70 年代末期,漫画期刊终于再度迎来了发展的春天。1972 年,奥古斯·阿拉尔(Oğuz Aral)创办的漫画期刊《哈哈笑》(*Gırgır*)是土耳其现代漫画期刊的丰碑,开创了漫画期刊历史上的新纪录。由奥古斯·阿拉尔牵头的主创团队一改传统的满足社会精英需求的漫画风格和主题,尝试打造具有时代特征的新漫画。这本早期关注生计、困苦、情伤、夫妻矛盾等寻常百姓和“小人物”世界的期刊在那个政治高压、民不聊生的时代如同一剂止痛药,迅速获得了广泛的拥趸。在发行的第一年年末,该期刊的发行量就达 4.5 万册,在发行 5 年后发行量达 28 万册,成为当时最受欢迎的刊物之一。1981—1983 年,《哈哈笑》的发行量突破 50 万,不但成为土耳其最畅销的漫画期刊,也成为当时世界上发行量第三的漫画期刊。虽然 1989 年以后《哈哈笑》杂志主创团队分道扬镳,但是这本期刊奠定了现代土耳其漫画期刊的基石,为《乐芒》(*Leman*)、《企鹅》(*Penguen*)和《迷糊》(*Uykusuz*)等现代漫画期刊的形成和发展发挥了引航作用。

《乐芒》于 1991 年正式创刊,创办人麦哈迈特·恰切(Mehmet Çağçağ)和通佳伊·阿克昆(Tuncay Akgün)曾是《哈哈笑》的团队成员,也是土耳其少数不依赖于传媒集团而独立存在的漫画期刊。这种独立创刊的理念为日后漫画期刊的发展模式提供了可供借鉴的经验。2000 年,该期刊部分主创人员单飞,期刊在新千年的头十年发行量开始走低,漫画期刊行业内部的竞争进入白热化阶段。

2019 年 12 月 6 日,《乐芒》在 Facebook 官方公众号上推送了年度最后一期的封面图(见图 4-4),大标题用红色字体写着“支持女性”,副标题用黑体写着“2019 年 422 名女性被杀害,其中 72%的女性在家中被害,95%的杀人犯是伴侣或亲属”。

《乐芒》期刊团队成员单飞后,创办了以“企鹅”形象为标志的《企鹅》漫画期刊。这本在土耳其境内和北塞浦路斯同步发行的漫画周刊创刊后不久发行量就一路走高,这也进一步增加了行业内部的竞争压力。2007 年,《企鹅》也没能

图 4-4 《乐芒》2019 年最后一期

逃脱主创团队单飞的命运，单飞的团队迅速创办了《迷糊》。2013 年轰动土耳其的加齐公园抗议事件中，《企鹅》在封面刊登了一名女性游行者勇敢无畏抗击政府暴力执法的照片，封面左下角写着“抗争的土耳其最美”。2017 年，无力应对市场骤变的《企鹅》因财务问题终止发行，最后一期的封面上刊登了一只朝着太阳展翅高飞的企鹅，并配有“在此谢过”的字样。详见图 4-5。

图 4-6 为 2012 年 10 月 25 日《企鹅》的封面漫画，漫画中一只羊拿着一份报纸怯怯地问埃尔多安：“我也办了一份报纸，还不错吧？”羊手中的报纸封面大标题赫然写着：“埃尔多安绝对正确！”而正文部分写着：“从我做羊以来，从来没见过这么有本事有能耐的总理！”而期刊封面企鹅图标下方的几行小字写着：“国际记者保护协会发布的报告中指出，土耳其正在经历监禁记者、判处反对派的黑暗岁月”。通过这幅封面漫画可以一窥当时报业的生存环境。土耳其的幽默期刊擅长用富含寓意的漫画吸引公众的注意力，传递敏感信息。

图 4-5　2013 年加齐公园抗议事件时期《企鹅》封面(左);2017 年《企鹅》最后一期封面(右)

图 4-6　2012 年 10 月 25 日《企鹅》封面

尽管《企鹅》告别了历史舞台，但是2007年《企鹅》主创人员创办的《迷糊》继续书写了土耳其漫画期刊的新辉煌。同《企鹅》一样，《迷糊》也是在土耳其和北塞浦路斯同步发行的周刊。与此前的漫画期刊有所不同的是，《迷糊》十分注重运用社交媒体扩大影响力，从Facebook和Twitter订阅用户数来看，《迷糊》的订阅数分别为283.8万和57.3万，而《乐芒》的订阅数仅为12.9万和35.8万，因此从社交媒体人群的关注度来看，《乐芒》远低于《迷糊》。就职于《迷糊》，入行快30年的漫画家艾姆拉赫·阿坝拉克(Emrah Ablak)认为，"漫画是一种流行文化，有其内在的生命周期。在一个特定的时期，漫画有其自身的语言系统。漫画只能反映当下群体的特征，与当下同在。《企鹅》没有结束，只是换了一种更适合当下的方式继续存在"。

三、广播

自1920年首秀以来，广播一直发挥着重要作用。作为传统的大众媒介，在20世纪90年代以后，随着技术的发展、私人资本的入场和汽车工业化时代的到来，土耳其广播业步入了现代化进程。土耳其广播业的发展大致可以分为三个历史时期。第一个时期是20世纪20年代广播首秀到80年代私有化大幕开启之前的半个多世纪，第二个时期是20世纪90年代广播私有化到21世纪的头十年，第三个时期是近十年来新媒体迅速发展背景下广播与社交媒体的融合发展期。

从20世纪90年代广播行业开始私营化至今，土耳其开播的电台有上千个，其中国家公立的电台仅为个位数，私营电台占绝对主导地位。《土耳其媒体所有权调研报告》显示，截止到2017年，土耳其有36家国家级电台，102家地区级电台，953家地方级电台。尼尔森《2018年度媒体观察报告》按照12—24、25—34、35—44、45—54、55岁以上五个年龄段对听众人群比率进行了统计，数据显示，35—44岁的听众比率最高，达64.2%，12—24岁听众比率最低，为49.4%。从社会阶层来看，高收入人群的听众比率达67.1%，听众比率随着收入的减少而递减，低收入人群的听众比率为 52.4%。从收听工具来看，通过汽车收音机收听广播的听众比率最高，用收音机收听广播的听众比率次之。

土耳其广播电视最高委员会的数据显示，截止到 2018 年，土耳其的有线广播机构有 8 家，卫星广播机构有 100 家。广播电视机构职业联盟（RATEM）2018 年 12 月的报告显示，土耳其共有 858 家调频广播台，每周收听人次达 3700 万，平均每天的收听时长为 3 小时 10 分钟。

1992 年开始，土耳其各大城市陆续开办私营电台，出现了三种不同资本运作的方式，详见表 4-2。

表 4-2　土耳其广播机构的不同运作模式[①]

资本特点	代表电台
报纸或电视台业务拓展模式	Radyo D，Show Radyo，Süper Fm，Kral Fm
民众集资的非营利性运作模式	Burç Fm，Dünya Fm，Akra Fm，Mesaj，Moral Fm
政治资本运作模式	Üsküdar Fm，Marmara Fm，Radyo Mozaik
个体或组织的营利性运作模式	Metropol Fm，İstanbul Fm，Radyo Enerji，Best Fm

从广播频道的大区分布来看，马尔马拉地区最多，阿纳多卢腹地地区次之，爱琴海地区排第三，东阿纳多卢地区的广播频道最少。从节目类型来看，音乐节目、宗教节目和新闻节目是最常见的类型。音乐节目占据了土耳其广播电台节目的半壁江山。

值得注意的是，在商业电台和国家电台盛行的今天，土耳其给一些独立电台也保留了一定的生存空间。这些不以赢利为目的、没有广告来源、独立于利益集团之外的非主流电台主要在伊斯坦布尔及其周边地区传播，属于地区性电台。这些电台中有关注妇女问题的 Radyo Pink，有关注库尔德人和同性恋问题的 Radyo Direniş，有中东科技大学校广播台 Radyo ODTÜ。这类电

① ÇANKAYA Ö. Dünden bugüne radyo televizyon[M]. İstanbul：Beta Yayınları，1997：110.

台的参与者以普通民众为主，由社会集资或企业资助，在网站公开财务情况。以 Açık Radyo 为例，该电台是由 91 个合伙人共同创建的有限责任公司，公司不以赢利为目的，并把“不以赢利为目的的公益性组织”写入公司章程。该电台不隶属任何资本集团，节目制作人是来自社会各界的非专业人士，资金由听众自发筹集，或通过和银行、能源公司、尼尔森等机构开展节目合作的方式获取。Açık Radyo 每周一到周五从早 6 点半到第二天凌晨 1 点播放节目，音乐节目和对话节目平分秋色，对话节目主要关注社会热点话题，鼓励听众积极参与讨论。

以 2011—2013 年的数据为例，收入最高的十家广播机构的广告收入分别占到该年广播行业广告收入的 43.95%、47.24%和 51.22%，收入最高的十家电视机构的广告收入分别占到该年电视行业广告收入的 76.76%、74.94%和 73.56%。收入最高的十家广播机构的广告收入分别占到该年广电行业广告收入的 2.36%、2.91%和 3%，而收入最高的十家电视机构的广告收入分别占到该年广电行业广告收入的 72.63%、70.31%和 69.24%。

四、电视

电视，是土耳其最具影响力的传统媒体。即便在新媒体大行其道的今天，电视媒体的主流地位仍不可动摇。根据土耳其广播电视最高委员会的数据，截止到 2018 年，土耳其的有线电视机构有 159 家，卫星电视机构 373 家。

从 2014 年开始，土耳其人均收看电视的时长呈现逐年递减的趋势，第三方媒体调研机构凯度(Kantar Media)的数据显示，55 岁以上人群和低收入群体看电视的时长最长，高收入群体看电视的时长最短。土耳其广播电视最高委员会《2018 年电视收看倾向报告》显示，64%的家庭通过电视，54%的家庭通过笔记本电脑，40%的家庭通过智能手机，36%的家庭通过平板电脑收看电视节目。信息技术和通信管理局(BTK)2016 年的数据显示，土耳其最主要的卫星数字平台 Digiturk 拥有近 300 万用户，D-Smart 拥有近 100 万用户，Tivibu 拥有 12

万用户，Filbox 拥有 2 万用户。土耳其有线电视主要有 Türksat、Teledünya、TTNet 三家，其中 Türksat 的用户数约 120 万，TTNet 约 35 万。

土耳其广播电视最高委员会发布的《2018 年电视收看倾向报告》称，土耳其人每天平均收看电视的时长为 3 小时 34 分钟，较之 2016 年和 2017 年有所减少。[①] 15—24 岁的人群是使用智能手机观看电视节目最庞大的人群，同时也是凌晨 0 点到 3 点观看电视人数最多的人群。70%的受访者认为，较之互联网和社交媒体，电视传播的信息的可信度更高。凯度对 2013—2018 年观众日均收看电视的时长进行了统计，统计发现，6 年间日均市场的波动很小，介于 4 个小时到 4 个半小时之间。该机构还对 2017—2018 年不同年龄段观众的日均收视时长进行了统计，统计发现，12—19 岁人群收看电视的日均时长最短，为 3 小时 45 分钟和 3 小时 41 分钟，55 岁以上人群收看电视的日均时长最长，为 5 小时 37 分钟和 5 小时 44 分钟。从收看电视的渠道来看，64%的人通过传统电视机，54%的人通过笔记本电脑，40%的人通过智能手机，36%的人通过平板电脑，33%的人通过台式电脑收看电视节目。

（一）土耳其广电

目前，土耳其广电有包括 TRT 1，TRT HABER，TRT SPOR，TRT WORLD，TRT AVAZ，TRT ÇOCUK，TRT BELGESEL，TRT MÜZİK，TRT ARABI，TRT TÜRK，TRT KURDî 在内的 12 个频道。TRT1 以播放家庭生活类节目为主，是土耳其收视率最高的电视频道之一。该电视台不播放广告。TRT3 主要对土耳其大国民议会电视台的节目和 TRT SPOR 体育频道的节目进行转播。TRT HABER 是专门的新闻频道。TRT WORLD 是面向全世界播放的英文频道。2009 年开播的 TRT AVAZ 是主要面向土耳其本土以及乌兹别克斯坦、哈萨克斯坦、吉尔吉斯斯坦、土库曼斯坦、阿塞拜疆、波黑、塞尔维亚、阿尔巴尼亚等国家开设的多语种频道。2009 年 10 月开播的 TRT BELGESEL

① 根据土耳其电视收视调研公司（TİAK）2016 年的统计数据，土耳其人每天平均收看电视的时长为 4 小时 4 分钟，2017 年平均收看时长为 5 小时 30 分钟。

纪录片频道使用英语、德语、法语、俄语、土耳其语五种语言播出。TRT ARABI 频道于 2010 年 4 月开播，是一个专门面向阿拉伯语国家的频道。TRT TÜRK 频道是面向高加索地区和中亚地区的电视频道，节目主要用土耳其语播出。2009 年 1 月开播的 TRT KURDî 库尔德语频道是一个专门播放库尔德语节目的频道。

(二)私营电视台

在新媒体独步天下的今天，私营电视台虽受到了一定的挑战，但其不可取代的行业优势地位仍坚不可摧。土耳其广播电视最高委员会的数据显示，截止到 2020 年，土耳其共有 175 家电视台，其中 16 家国家级电视台、8 家地区级电视台、151 家地方级电视台，卫星电视频道 350 家，有线电视频道 172 家。自 20 世纪 90 年代中期实行自由经济政策以来，私人电视台蓬勃发展，更自由、更灵活的制播结构满足了不同受众群体的多元化需求。如果说土耳其广电的职责更多的是教化民众的话，那么以呈现娱乐节目形态和内容制作创新见长的私营电视台则是推动大众文化传播的重要力量。虽然土耳其私营电视台是 20 世纪 90 年代以后才兴起的事物，但是凭借惊人的发展速度，其在内容和技术方面与欧洲国家相差无几。私营电视台不但有细致入微的受众市场分析，而且始终保持与国外品牌媒体的密切合作关系，在内容输出和技术迭代方面能参与全球竞争。随着私营电视台的不断增加，近年来土耳其电视行业的内容生产出现了简单的重复性活动，内容生产的差异缩小，同质化问题开始显现。

随着公众服务型传播向商业传播的过渡，电视机构的所有权结构、内容制作和组织机构也在市场化的过程中不断转型升级。所有权结构的转型主要包括公有变私营，所有权向极少数集团集中。内容制作的升级主要指通过成立节目制作室把境外节目源引入境内传播机构和制作公司。组织结构的转型主要指制作室增加，内部机构进一步细分，除人事、行政、广告、市场、财务等事务由机构负责管理之外，业务外包已成为当下的一种趋势。在电视传媒庞大的网络里，广告机构、推广方、通讯社和独立制作公司始终处于相互依赖的网络关系中，节目外包成为越来越多电视机构的首选。将娱乐类节目产品外包给制作公司，或直接从大型通讯社获取信息源成为私营电视机构的基本运作方式。

晚7点到8点是新闻节目的黄金时段。土耳其有十余个专门的新闻频道，其中FOX和ATV的新闻节目收视率最高。除新闻频道外，一些综合类电视频道的新闻节目通过利用专业新闻频道的资源，整合平台优势，也获得了较大的影响力。KANAL D和CNN TÜRK的新闻团队创建的新闻共享平台就属于这类尝试。以高质量电视剧引领行业的TRT 1台是收视长虹的电视剧频道。此外，TV 8和KANAL D等频道的娱乐节目也榜上有名。详见表4-3。

表4-3 2020年黄金时段收视率居前列的电视频道①

	全天		黄金时段（20:00—23:00）		黄金时段（18:00—24:00）	
播出平台（%）	收视率（%）	占有率（%）	收视率（%）	占有率（%）	收视率（%）	占有率（%）
ATV	1.99	10.47	4.4	10.46	4.02	10.71
BEYAZ TV	0.35	1.86	0.95	2.27	0.76	2.03
CNN TURK	0.3	1.57	0.62	1.47	0.55	1.46
FOX	1.71	9.03	4.13	9.81	4.06	10.82
HABER TURK	0.25	1.3	0.46	1.08	0.4	1.08
KANAL 7	0.72	3.81	1.53	3.63	1.35	3.61
KANAL D	1.19	6.29	3.09	7.35	2.72	7.25
NTV	0.24	1.24	0.39	0.94	0.36	0.97
SHOW TV	1.28	6.74	3.56	8.45	3.23	8.6
STAR TV	0.94	4.97	2.47	5.87	2.05	5.46
TRT 1	0.76	4.02	2.46	5.85	1.97	5.25
TRT BELGESEL	0.27	1.43	0.46	1.1	0.42	1.11
TRT COCUK	0.53	2.78	0.61	1.44	0.67	1.8
TRT HABER	0.53	2.79	0.81	1.93	0.81	2.16
TV8	1.54	8.09	5.51	13.09	4.18	11.16

① 数据来源：http://tiak.com.tr/。

行业影响力和广告收入是传媒行业追逐的核心目标。收视率是电视行业收入分配不均的源头。1989年以来,尼尔森媒介调研公司(AGB)一直致力于调研土耳其电视收视率的情况。该机构在1992年与电视收视调研公司(TİAK)签署合作协议,为相关机构提供电视收视率方面的情况。2011年开始,凯度取代尼尔森媒介调研公司,与电视收视调研公司签订协议,有效期到2020年。

五、电视剧

2005年之前,土耳其电视剧的内容制作绝大部分来自境外,本土的内容生产极少。近十余年来,土耳其出现了一批具有国际水准的本土制作公司,在内容制作方面成绩斐然。欧洲数据电视全球公司(Eurodata TV Worldwide)发布的2016年《世界电视年报》称,土耳其是继印度、中国、俄罗斯、尼日利亚之后世界上第五大电视内容生产国,也是继美国之后世界上第二大电视剧出口国。2018年在黄金时间播出的本土电视剧数量排名中,土耳其仅次于以色列,位列第二。土耳其电视剧的海外受众达4亿,中东、东欧、南美是其主要的输出地区。2011年土耳其电视剧的海外收入为6000万美元,到了2018年这一数字突破3.5亿美元。

以2017年的本土电视剧《不对等的爱情》(*Kara Sevda*)为例,该剧斩获国际艾美奖最佳肥皂剧奖,成为获此殊荣的首部土耳其电视剧。2017年,土耳其的原创竞技类节目《怎么数得完》(*Say Say Bitmez*)成功亮相法国戛纳秋季电视节(MIPCOM),通过电视节的舞台,该节目获得了向全球电视人展示的机会。

电视剧收视率是决定电视台收视率的重要因素。近年来随着媒体融合的不断深化,土耳其电视剧走出传统的电视台播出渠道,开始在各类新媒体平台播出,很多作品获得了极大的关注。2018年3月,一份题为"社交媒体热议电视节目排名榜单"显示,在社交媒体上被热议的20档电视节目中,除两档脱口秀节目和一档娱乐竞技类节目外,其他热议的节目都是电视剧。从题材来看,上榜的电视剧以历史、战争、警匪、都市爱情等题材为主。以 TRT 1 台热播的历史剧《皇权的中心：阿卜杜勒·哈米德》(*Payitaht Abdülhamid*)为例，自 2017 年开播以来，该剧的收视率一直稳居前列。这部鸿篇巨制讲述了奥斯曼帝国第 34 任苏丹阿卜杜勒·哈米德二世执政最后 13 年的历史，也是继该剧的前戏《辉煌百年》(*Muhteşem Yüzyıl*)之后土耳其古装历史剧的又一力作。

近年来，土耳其电视剧异军突起，在海外输出方面大有作为，2018 年更是一跃成为仅次于美国的海外输出超级大国。与美国、墨西哥等老牌的电视剧输出大国相比，土耳其电视剧的"出海"时间并不算早，却在短短十年内实现了跨越式发展。

(一)海外输出概况

土耳其广电 1975 年播出的电视剧《不伦恋》(*Aşk-ı Memnu*)在 1981 年输出到法国，实现了土耳其电视剧史上的首次"出海"；《疯狂的心》(*Deli Yürek*)2003 年出口到哈萨克斯坦，标志着土耳其电视剧首次进入中亚市场。2005 年电视剧《古穆什》(*Gümüş*)的阿拉伯语配音版在阿拉伯国家传播，引起普遍关注。[①] 该剧塑造了一位追求平等和自由婚姻的女性形象，在沙特阿拉伯 MBC 电视台热播，并一度引发关于"剧情是否违背伊斯兰教义"的热议。2006—2009 年在土耳其国内热播的电视剧《一千零一夜》(*Binbir Gece*)于 2008 年正式在海外投放。截至 2018 年，该剧在包括保加利亚、捷克、克罗地亚、塞尔维亚、科索沃、斯洛文尼亚、斯洛伐克、阿根廷、巴西、秘鲁、哥伦比亚、波兰、俄罗斯、乌拉圭、以色列、印度尼西亚等在内的近 80 个国家和地区上映，在多个输出国创造了收视新高，成为土耳其电视剧走向世界市场的首部"现象级"作品。

2005 年到 2011 年间，共计 35,675 小时的土耳其电视剧被成功输出到 76 个国家和地区。2011 年热播的历史大剧《辉煌百年》不但在土耳其国内获得了一浪高过一浪的好评，更是土耳其电视剧"出海"的里程碑式鸿篇巨制。该剧分

---

① 参见 https://www.cnn türk.com/2008/dunya/07/28/gumus.dizisi.suudi.arabistani.boldu/485852.0/index.html。

四季播出，仅以 2011 年播出的第一季为例，其海外输出与本土放映时间几乎同步。这部以奥斯曼帝国鼎盛时期在位的苏丹苏莱曼一世为题材的历史剧在 2011 年到 2020 年间，共投放到 45 个国家和地区，覆盖人群超过 2 亿，成为土耳其影视剧海外输出的巅峰之作。

土耳其媒体调研公司 PRNet 公布的数据显示，2008 年土耳其电视剧的出口收入仅为 1000 万美元，这一数字到 2013 年底增长至 1.5 亿美元。2013 年，土耳其输出了 70 余部电视剧，并首次进入乌克兰、巴基斯坦、俄罗斯和中国的市场。土耳其文化与旅游部（以下简称文旅部）的数据显示，土耳其电视剧在海外输出初期，每集售价在 35 美元至 50 美元之间，到了 2014 年每集售价涨至 500 美元到 20 万美元。2012 年，共计 11,000 小时的土耳其电视剧出口到 75 个国家和地区，电视剧收入达 1.5 亿美元，2014 年电视剧收入突破 2 亿美元。截至 2018 年，土耳其电视剧出口到 140 多个国家和地区，电视剧收入达 3.5 亿美元（不含网络剧），全世界约四分之一的进口电视剧都来自土耳其，土耳其也一跃成为继美国之后全世界电视剧海外输出的第二大国。土耳其官方通讯社阿纳多卢通讯社报道称，截至 2019 年，共有 150 余部土耳其电视剧实现了海外输出，输出范围包括欧洲、中东、中亚、非洲、南美、北美等在内的 146 个国家和地区。业内人士称，2023 年土耳其共和国百年建国之际，电视剧海外输出收入有望超过 10 亿美元。[①]

（二）电视剧与文化愿景的互动

21 世纪初开始发力的土耳其电视剧市场在短短 20 年间积极参与了土耳其社会阶级与阶层关系的重构和意识形态整合，呈现出日趋明显的女性意识觉醒、中产阶级优先的文化图景。电视剧与文化图景的互动是如何实现的呢？

第一，土耳其的编剧地位高，角色举足轻重，编剧的能力直接决定了电视剧的去或留。伊斯坦布尔注册会计师事务所（İSMMMO）2008 年公布的剧组收入

① 参见 https://www. sozcu. com. tr/2018/ekonomi/turk-dizileri-ihracat-oranlarinda-dunyada-ikinci-2177223/。

分配数据显示，在剧组收入分配中主演的收入最高，导演和编剧的收入持平（见表4-4）。从商业层面考量，如何卖座、赢得高收视率是上星剧的第一要务。流行什么题材、如何贴合观众的情绪需要编剧拿捏，因此只有剧本质量高，收视率才能有所保证。编剧需要配合导演挑选演员、和演员沟通剧本、跟制片方保持步调一致，因此编剧是整个剧组的主心骨和核心人物。

表 4-4　2008 年土耳其电视剧每集收入分配情况

工　种	每集收入(里拉)
导演	5000—15,000
编剧	5000—15,000
音乐人	2000—8000
副导演	500—4000
主演	10000—30,000
配角	5000—10,000
参演	2000—5000
配音演员	50—500

第二，"边写、边制、边播"的制播模式加速了土耳其电视剧行业的优胜劣汰，提升了行业的竞争力。通常，制作公司先提交剧本前三集给电视台，通过审查后与电视台签订播出协议。虽然播出协议里默认的播出集数是 13 集，但很多电视剧会因收视率答卷不尽如人意而被迫"下架"。土耳其电视剧一般是周播，编剧、拍摄、播出的时间间隔很短，因此剧组的工作强度和压力极大。制片方也需要及时追踪剧集的收视表现，并对剧集的投入经费适时做出调整。如果播出的效果很好，制片方可以乘胜追击，编剧也可以根据观众的喜好对剧情进行"改造"，比如"空降"一些角色，架构更复杂的人物关系网和感情线，达到延长剧集播放周期的目的。不论是 20 世纪 80 年代轰动一时的《佩丽汗大姐》(*Perihan Abla*)带动的反映街区文化的一系列电视剧的制播，还是近几年兴起的以医生、警察等为题材的职场剧或警匪剧，以伊斯坦布尔中产阶级生活为蓝

本的浮夸剧和以奥斯曼帝国苏丹或后宫佳丽为题材的历史剧，无一不是在首次尝试获得成功后乘胜追击的例证。然而，这也导致了严重的旱涝不均的局面：有的电视剧投资上百集，拍摄好几季，一直保持高收视率，而有的电视剧拍摄几集后就销声匿迹、无疾而终了。

第三，土耳其大部分热播剧的编剧是女性。女性是看剧的主要人群，而家庭主妇则是看剧群体的绝对主力。因此，为了确保收视率，编剧在创作的时候需要把家庭主妇的喜好摆在第一位，能否充分解读妇女群体，特别是家庭主妇群体的所想所需，是上星剧能否获得高收视率的第一要素。即便是从专业角度来看属于上乘之作的剧本，也极有可能因为不贴合主力看剧群体的心理而收视惨淡。女性编剧艾洁・尤兰洁（Ece Yörenç）和梅莱克・甘切奥卢（Melek Gençoğlu）是编剧行业的最佳搭档，两人多次合作，打造了一系列高收视率的作品。创下收视奇迹的电视剧《不伦恋》、《叶落》（*Yaprak Dökümü*）、《挚爱》（*Dudaktan Kalbe*），都是两人制作的改编自土耳其文学经典作品的剧作，两人担纲编剧的电视剧《梅内克谢和哈里》（*Menekşe ile Halil*）也创下了收视佳绩。此外，海内外热播的古装大剧《辉煌百年》第一季的编剧梅莱尔（Meral Okay）、《一千零一夜》的编剧耶尔德兹（Yıldız Tunç）等热播剧的编剧均为女性。

第四，土耳其电视剧的慢节奏贴合了电视媒体的特点。上星剧遵循电视媒体的核心属性进行生产和创作，和广播、报纸、互联网媒体不同，电视在某种意义上属于家庭媒介，一般会摆放在客厅，适合一家人围坐在一起观看，因此不紧不慢的节奏、温暖抒情的题材、能基本照顾到所有家庭成员感受的剧情更容易俘获观众的心。据不完全统计，土耳其每年推出 50—70 部上星周播剧，剧集时长为 120—150 分钟，如果算上广告时间，一集的时间跨度约 3 个小时。如此一来，拖沓的节奏能使观众的追剧心情变得从容，哪怕是落下几集也不会对理解剧情有什么影响。如果电视剧要投放到海外，则会根据当地受众的观剧习惯进行调整。比如，如果输出国是日播剧，那么原来周播剧的一集会被拆成 3—4 集

图 4-7 《不伦恋》(左)和《叶落》剧照

播放,每集约 40 分钟。

第五,编剧对受众心理的精准捕捉。土耳其学者艾洁(Ece)[①]以 2011—2012 年间的五部热播电视剧作为研究对象,阐述了电视剧角色与受众价值观的相互塑造关系。艾洁认为,在表达守贞问题时,电视剧中社会地位高的女性所面临的社会道德约束明显少于地位低的女性群体。又比如,搞婚外恋的女性应当受到严厉的责罚,而这种责罚几乎都来自家中男性的极端暴力行为,这也使得现实社会中男性采用极端暴力手段惩罚女性的行为“合法化”。再比如,热门剧中被塑造得最多的女性形象是家庭主妇,而男性则大多以商人、警察或从事非法买卖者的形象示人。十年前的热播剧里反映现代、独立、自由的女性形象少之又少,而近五年来的热播电视剧中对两性关系的塑造则出现了明显的变化。剧中淡化了男权主义和贞节观的表达,对女性独立意识和现代化形象的塑造明显增多。如果说十年前,电视剧里宣传的主流价值观里对女性的定位更倾向于家庭主妇或母亲角色的话,那么近几年来,越来越多的热播剧开始塑造职

① ÜNÜR E. Türk televizyon dizilerinde toplumsal kimliklerin temsili[J]. Erciyes iletişim dergisi, 2013 (3):32-42.

场女性在家庭、社会关系中独立和自由的形象。

第六，电视媒体的地位坚不可摧。即便是新媒体大行其道的今天，土耳其受众对电视剧的热情依然有增无减，追剧和刷剧已然成了生活娱乐的一种重要方式。2016 年电视剧的平均观看比例为 11.41%，2017 年该比例增加到 18.85%。[①] 奈飞 2017 年的一份民调显示，77%的土耳其人不仅在家中看剧，平时上下班通勤、搭乘公共交通工具出行或乘飞机旅行时也会在移动设备上看剧。土耳其广播电视最高委员会 2018 年发布的年度报告称，土耳其人每天观看电视的平均时间是 4—4.5 小时，电视剧是收视率最高的节目类型。

（三）海外传播力

土耳其电视剧一直以高产的特点占领国外市场，特别是在巴尔干、拉丁美洲、中东、北非、中亚等国家和地区的市场占有率居高不下。古装剧《辉煌百年》《帝国崛起》，言情剧《不伦恋》《一千零一夜》等现象级作品更是引爆了海外观众的追剧热情。土耳其电视剧不但塑造了良好的品牌形象，在西亚、中东地区形成了极富能量的中心地带，堪称西亚的好莱坞，而且带动了包括文化、旅游、传媒等行业在内的相关行业的改造升级。作为电视剧行业的后起之秀，土耳其电视剧的制胜法宝是什么呢？

第一，本土化改造，精细化运作。以《一千零一夜》为例，该剧是土耳其电视剧走向世界市场的试金石，在电视剧海外出口历史中具有里程碑意义。该剧打开中东市场时也并非一帆风顺。由于标准阿拉伯语和方言阿拉伯语之间的区别很大，配音的效果也大相径庭。在埃及配音的电视剧起初收效甚微，之后土耳其积极寻求与本土大型传媒集团的合作，改用更贴合中东观众语言风格的叙利亚阿拉伯语配音，方取得成功，成为中东国家海外电视剧的最大赢家。土耳其电视剧在阿拉伯语国家的进口电视剧市场中的占有率一度超过 70%，独霸天下；在埃及市场的占有率高达 95%。传播到海外的现实题材电视剧都着眼于家

---

① BULUT E. Dramın ardındaki emek：dizi sektöründe reyting sistemi，çalıma koulları ve sendikalama faaliyetleri[J]. İletişim，2016(24)：79-99.

庭伦理生活，通过家的叙述反映民众的国家文化认同，最终实现了对“国家”的建构。[①] 土耳其电视剧立足本地叙事，审视自身社会文化，通过与其他国家具有相通性的日常生活和宗教文化这一纽带，成功地搭建了与输出目的国的话语沟通平台，也水到渠成地实现了土耳其国家形象的塑造和传播。

第二，演员面容多元化的选择迎合不同国家和地区的审美习惯。土耳其演员很多都是混血儿，演员群体的面部特征多元，欧式、中东血统、北非脸、中亚风等异域风情的面庞在演员群体中比较容易找到。因此，编剧和导演可以结合输出国的审美取向来挑选演员。更有甚者，为了打造更国际化的剧情，获得更宽的输出路径，有些电视剧还特意安排了没有任何违和感的外籍演员出演。比如2020年的热播剧《玛丽亚和穆斯塔法》(*Maria ve Mustafa*)中的女主角玛丽亚由巴西女演员杰西卡·梅伊(Jessica May)扮演，《有事找我经纪人》(*Menajerimi Ara*)里则安排了一家日本公司的戏份，公司代表也由日本人出演。

第三，历史、文化、宗教共性或趋同的特点为土耳其电视剧的海外传播铺平了道路。土耳其电视剧海外输出之路的第一站就是与其文化接近的哈萨克斯坦和阿塞拜疆。作为地跨亚欧非三大洲、延续了600年的奥斯曼帝国的唯一合法继承者，土耳其近十年来耗巨资打造了一系列以奥斯曼帝国为题材的历史剧。以2011年播出的《辉煌百年》为例，该剧串起了土耳其与中东、巴尔干、北非、西亚等多个国家和地区关于16世纪奥斯曼帝国鼎盛时期的共同历史回忆，海外受众和土耳其受众通过回到历史发生的现场，获得了彼此的认同感。同时，《辉煌百年》传达出的民族复兴内涵也映射了现实中土耳其崛起的梦想，在海外引发了广泛而持久的讨论。因此，这部历史大剧不但在中东、巴尔干、北非、西亚等主要输出目的地产生了轰动效应，而且讨论的热度一时间波及远东地区，成为舆论的焦点，也收获了大量粉丝。

---

① 周根红.电视剧的海外传播与国家形象建构[J].中国电视. 2016(1): 101.

第四，青出于蓝而胜于蓝。20 世纪八九十年代，拉美剧曾风靡土耳其，很多电视台从早到晚不间断地播放四五部拉美肥皂剧是常有之事。哥伦比亚电视剧《丑女贝蒂》、墨西哥电视剧《狂野的心》《玛丽亚·梅塞德斯》《摘星》、阿根廷电视剧《真假夫人》等众多拉美剧成为那个年代土耳其各大电视台的宠儿和那一代土耳其人抹不去的记忆。2016 年 BBC 发布了题为《土耳其电视剧为何在拉丁美洲流行》的调研报告，报告称，相同或相近的家庭观和婚恋观是土耳其电视剧在拉美地区大受青睐的重要因素。相较于欧美剧，土剧在两性关系的处理上趋于保守，对忠诚度的诠释、肢体暴力的呈现尺度等方面也更贴近拉美观众。另外，出色的拍摄技术、兼具东西方风情的原创音乐、无与伦比的城市风光、华丽的演员阵容等辅助因素，都为土剧在拉美市场站稳脚跟提供了保障。阿根廷、秘鲁、智利、乌拉圭、墨西哥等都是土剧的重要输出目的地。

2001 年“出海”的土剧单集定价仅 30 美元，现如今已卖到 12 万美元，现象级历史剧《辉煌百年》更是以单集 40 万美元的价格售出，改编自美剧的《绝望主妇》(*Umutsuz Ev Kadınları*)也以单集 10 万美元的价格在中东地区售出，而该剧的原版仅卖到单集 5000 美元。

电视剧的成功“出海”为向世界传达土耳其声音、建构积极正面的国家形象、搭建土耳其与世界的沟通平台起到了推动作用。2010 年，伊斯坦布尔被选为欧洲文化之都；2012 年，被选为欧洲体育之都；2018 年，在 GaWC 发布的《世界城市名册》中，伊斯坦布尔跻身世界一线城市行列。伊斯坦布尔不但是绝大多数土剧的取景地，而且还受到国外制作团队的青睐，《007》《特务迷城》《飓风营救 2》等大片的很多外景都是在土耳其拍摄的。

作为“一带一路”沿线的重要国家，土耳其把软实力输出纳入国家战略的重要一环，下大力气在影视剧的海外输出方面深耕细作，取得了令世界瞩目的成绩，在全球范围树立了积极的品牌形象。影视产品的持续“出海”，不但为土耳其国内影视产业的发展注入了活力，而且为包括旅游业、餐饮业、传媒业、制造业、文化产业等在内的相关行业带来了新的增长点。

图 4-8 《一千零一夜》剧照

(四)流媒体平台对传统格局的挑战

Alexa 调研公司关于网站流量的统计数据显示，土耳其的 Tiktok 的用户人数达 2860 万，排名世界第 3 位；Twitter 的用户人数达 1180 万，排名世界第 6 位。随着 YouTube、奈飞、Puhu 等视频网络平台的兴起，土耳其电视剧的海外输出迈入了全新的发展时期。近几年来，随着流媒体播放平台的投放和原创网络剧的异军突起，传统的电视剧行业面临新的机遇和挑战。2016 年 1 月，多安集团推出基于订阅制的视频点播服务（OTT）平台 Blu TV，这也是多安集团的传媒业务被“肢解”后仅存的少数媒体机构之一。20 世纪 80 年代在土耳其传媒行业叱咤风云的多安集团虽遭遇挫败，但其推出的 Blu TV 仍延续了引领者的风范，开辟了土耳其视频行业的新赛道。2021 年 1 月，Discovery 收购了 Blu TV 35%的股份。2016 年 12 月，传媒巨头多乌什集团推出流媒体平台 Puhu TV。2017 年，Blu TV 推出首部网络原创剧《无辜者》(*Masum*)，这部警匪剧由 Blu TV 出资打造，共 8 集，在互联网电影资料库(IMDB)获得了 8.5 分的好评。无独有偶，2018 年，由土耳其知名制片商月亮制作公司(Ay Yapım)打造的 12 集悬疑剧《人格》(*Şahsiyet*)首次通过 Puhu TV 播出，获得巨大成功。领衔担纲此剧的正是《无辜者》的男主角哈鲁克·比尔金内尔(Haluk Bilginer)。哈鲁克·比尔金内尔凭借在《人格》中的出色表演获得了 2018 年第 47 届国际艾美奖最佳男演员奖。《人格》在流媒体平台的成功是出乎意料的，而当初制片商选择在 Puhu TV 首播，也正是主创团队对传统制播渠道风险谨慎考量后的结果。

在土耳其上线的第一年，奈飞在位于产业链上游的内容制作和发行渠道方面表现平平。虽然奈飞的智能算法可以有针对性地为其订阅者提供影视资源，并通过大数据平台掌握受众的需求变化，及时做出调整，但是在进驻之初，由于播出的内容不接地气的情况比较常见，且大多没有土耳其语配音和字幕，所以游走在产业链下游的奈飞只能通过高频次的内容更新博得眼球，加上与土耳其本地互联网服务商未达成使用配额方面的协议，因此奈飞在进驻土耳其的早期，关注度不高，订阅用户的增量不明显，盈利空间十分有限。为了增强自身竞争力，奈飞加大了对原创内容产品的投资，力图将其身份从单一的播放渠道改造升级为内容制作商。2018 年 12 月，奈飞投资的十集土耳其电视剧《守护者》(*Muhafız*)一次性上线，标志着奈飞正式步入产业链上游。[①] 这部由土耳其当红小生恰阿塔伊·乌鲁索伊(Çağatay Ulusoy)领衔主演的电视剧讲述了一位偶然发现自己拥有超能力的年轻人如何肩负起保护自己的家园伊斯坦布尔不受

① 参见 https://www.bbc.com/turkce/haberler-turkiye-46597316。

邪恶势力摧毁的使命的故事。互联网电影资料库以开局 9.5 的高分迎来开门红,之后是 3000 人参评获得 8.7 的高分,但是在最后 3 万人的参评中该剧仅拿到 6.7 的及格分。虽然超级英雄救世的老套情节最终没能让《守护者》成为奈飞海外剧的成功案例,但是奈飞土耳其保持了其一贯的商业模式,以物美价廉、选择多样的会员订阅价吸引了大量剧迷自掏腰包成为会员,特别是 2020 年里拉暴跌以来,土耳其成为奈飞会员套餐价格最低廉的地区。根据 2020 年的收费标准,奈飞土耳其的基础会员每月会费 17.99 里拉,可以在一台设备上观看标清(SD)视频;标准会员每月会费 29.99 里拉,可以在两台设备上观看高清(HD)视频;优选会员每月会费 41.99 里拉,可以在四台设备上观看 4K 视频。与竞争对手 Blu TV 执行的 22.9 里拉一口价相比,奈飞土耳其的定价逻辑更人性化。[①] 2019 年,奈飞土耳其的订阅用户约 150 万,到 2021 年 3 月,奈飞土耳其的订阅用户数量翻倍增长,突破 350 万。[②]

有学者调研了 2019 年 11 月 10 日到 25 日在奈飞土耳其和 Blu TV 上播放的共计 3902 个影视资源。研究发现,从电视剧类型来看,两大流媒体平台的电视剧类型基本相同,言情剧均占主导地位。从制作方来看,Blu TV 作为一家土耳其本土的纯私人资本运营的流媒体平台,始终以传播土耳其本民族的影视文化为基本出发点,平台播放的土耳其本土片占到 46.7%,而奈飞土耳其作为一家国际化流媒体平台,更讲求内容的全球化属性,平台播放的土耳其本土片仅占到4.4%。从制作年代来看,Blu TV 的怀旧气息更浓一些,在调研的 601 部作品中,4.9%的作品是 20 世纪 80 年代前的作品,3.3%的作品是 80 年代到 90 年代的作品,而在这一方面奈飞土耳其的数据仅为 1.2%和 1.1%。奈飞土耳其播放的电视剧中,80%以上的是 2010 年之后制播的作品,而在 Blu TV,这一比例不到 60%。在投放策略方面,Blu TV 延续了传统的每周播放一集的节奏,而奈

---

① 参见 https://www.mynet.com/turkiye-de-hizmet-veren-dijital-platformlarin-aylik-ucretleri-ne-kadar-190101215245。

② 参见 https://www.webtekno.com/netflix-turkiye-guncel-abone-sayisi-2021-h107231.html。

飞土耳其则采用了一次性全播放的方式，满足了受众“刷剧”的需求。两大平台都通过基于用户数据的算法结果为会员提供推送服务，比如根据用户的兴趣、喜好来投放适合用户的内容。[①]

从总量上看，基于个性化推荐算法的两大平台上，非土耳其本土的影视资源占绝对主导地位，这种数字时代个性化信息服务不断强化的选择性心理将在多大程度上固化受众的信息获取途径，或者说基于算法的流媒体平台营造的信息茧房可能带来的文化帝国主义问题都值得我们进一步探讨。[②]

奈飞把土耳其作为近东地区的第一站，正是看到了这个近东地区头号影视出口大国的潜力，其平台增量“土剧”也是契合其扩张全球市场、扩大会员规模的商业逻辑之举。以 Blu TV 为代表的土耳其本土流媒体大鳄的崛起和以奈飞为代表的国际流媒体巨头的入驻拉开了新平台与旧战场争夺资源的序幕。在流媒体赛道的竞争日趋激烈的当下，影视行业下半场的主角 Blu TV 和奈飞土耳其的博弈是对抗竞争还是同向竞技，有待时间的检验。国际流媒体平台无疑将迅速提升土耳其影视行业的国际化水准，然而令人悲喜交加的是，传统电视频道如何应对流媒体平台对传统影视频道的冲击和挑战，土耳其本土剧如何应对境外网络剧的挤占，奈飞剧大行其道的今天，在以西方审美和价值观为主导的场域里，土耳其本土剧如何摆脱西方理念对其自身思维、语言、习俗等方面的改造，如何避免大量西方意识形态产品的传播中所夹带的文化霸权主义态势，土耳其受众如何有意识地破除大数据杀熟、非理性消费、信息茧房等负面影响，政府如何从法律层面合理规范行业从业行为，使其为土耳其带来影视作品出海红利的同时健康有序地发展，都是值得深思的问题。

---

① SÖĞÜT F. Blu TV Netflix’e karşı：İçeriklere yönelik bir karşılaştırma[J]. The Turkish online journal of design art and communication，2020(10)：408-422.

② DİKKOL S. Türkiye’de Blu TV deneyimini ekonomik ve sembolik sermaye bağlamında okumak[J]. Gümühane üniversitesi iletişim fakültesi elektronik dergisi (e-gifder)，2020，8(1)：478-502.

六、电影

Box Office 2020 年年报显示，2020 年土耳其共发行电影 181 部，其中新上映国产电影 58 部，国产电影总观影数约 1395 万，比 2019 年减少 55.8%，国产电影票房总收入约 2.3 亿里拉，比 2019 年减少 58.7%。虽然在电影院不能正常营业、制片和宣发基本停滞的情况下，总观影数和票房收入双双下滑，但是土耳其国产电影的观影比例达 80.2%，贡献了 78.5%的票房收入，创下历史新高，为国产电影买单的观众数达 1395 万，而为外国电影买单的观众数仅为 350 万。

今天的中东、东欧、北非格局较大程度上缘于土耳其的前身奥斯曼帝国在 20 世纪初期的解体和离析。近年有学者提出“巴尔干电影研究”的分析框架，将斯洛文尼亚、克罗地亚、塞尔维亚、科索沃、黑山、波黑、北马其顿、科索沃、阿尔巴尼亚、希腊、保加利亚、罗马尼亚和土耳其纳入“巴尔干国家”的框架下，打破冷战—后冷战地缘政治结构，强调这些国家与地区在地理、历史与文化上的共性。

表 4-5　2011—2020 年土耳其国产电影概况[①]

年份	总观影数(万)	票房收入(亿里拉)	新电影数	总电影数	平均票价
2020	1395	2.3	58	109	16
2019	3379	5.3	145	201	15
2018	4463	5.4	173	230	12
2017	4032	4.7	151	185	11
2016	3110	3.5	139	175	11
2015	3427	3.6	136	181	10
2014	3577	3.5	110	168	10
2013	2904	2.7	87	142	9
2012	2085	1.8	59	109	8
2011	2122	1.8	75	121	8

① 参见 https://boxofficeturkiye.com/yerli-filmler。

(一)电影业发展简史

1.摸石头过河的萌芽探索期:20 世纪 10—40 年代

1878 年,土耳其和俄国签订停战条约《圣斯特法诺条约》,条约中约定奥斯曼帝国必须在圣斯特法诺小镇为战争中牺牲的俄国士兵建造纪念碑。1914 年 11 月,奥斯曼帝国政府拆除了这座纪念碑,并用胶片记录了这一洗雪国耻的历史时刻,这部胶片也成为土耳其电影史上的第一部影片,记录者福阿特·伍兹克纳伊(Fuat Uzkınay)被载入史册,成为土耳其历史上首位电影人。

一战期间,时任军事大臣的恩维尔在出访德国后,提议按照德国模式,通过在军事管理部门设立电影宣传机构,向境外推广影片。1915 年,在恩维尔的倡议下,奥斯曼帝国成立了土耳其武装部影视中心指挥部,旨在宣传军队形象。中心成立后,主要拍摄反映帝国统治者和军官日常工作、生活的纪录片。中心负责人西格幕德·温贝尔格(Sigmund Weinberg)和民族保卫协会(Milli Müdafaa Cemiyeti)记者赛达特·希玛威(Sedat Simavi)等电影人开启了将小说剧本搬上银幕的时期。西格幕德·温贝尔格拍摄的第一部电影《赫姆梅特老爷的婚姻》(*Himmet Ağanın İzdivacı*)就改编自莫里哀的剧本《强迫的婚姻》;赛达特·希玛威拍摄的《爪牙》(*Pençe*)改编自土耳其作家迈赫迈特·劳夫(Mehmet Rauf)的同名小说。除将小说剧本搬上银幕之外,首批国产电影公司也走上历史舞台。1922 年成立的凯末尔电影公司(Kemal Film)和 1928 年成立的丝绸电影公司(İpek Film)在当时颇具影响力。直到 40 年代初,由戏剧创作家穆赫辛·埃尔图鲁(Muhsin Ertuğrul)创立的丝绸电影公司一路独领风骚,因此这一时期也被称为"穆赫辛时期"。1945 年二战结束后,电影产量增多,这一时期埃及电影、美国冒险电影和喜剧电影、本土文学作品改编的电影备受欢迎。总体来说,20 世纪初的头 40 年是土耳其电影的萌芽探索期,国产电影一方面寻求与国外同行的合作,努力实现自我升级改造;另一方面,由于以美国电影为代表的外国影片几乎占据了整个发行市场,国产电影的发展空间受到了极大的挤占。

2.定义自我的发展成熟期:20 世纪 50—60 年代

二战期间土耳其中立的外交政策引起西方世界的不满。在野党认为,在冷战局势下,土耳其传统的平衡政策已经失效,在以美国为中心的世界格局中,土耳其应该唯美国马首是瞻。为了打破外交孤立的局面,土耳其先是加入北约,接着在 1950 年 6 月派出一个旅的部队前往朝鲜半岛,向美国示好。这一时期,土耳其国内以朝鲜战争为背景的电影登上银幕,1951 年的《朝鲜土地上的土耳其刺刀》、1952 年的《归家》、1954 年的《北极星》是其中的代表作。

50 年代以后,随着电力在全国范围内的普及,电影院数目迅速增加,美国和欧洲电影虽仍占主导地位,但由于土耳其受众的审美取向、文化背景、宗教习俗等与西方世界差异明显,因此与土耳其文化相对接近的埃及电影替代了美国、欧洲大片的地位,成为最受大众追捧的外国片。加之 1948 年电影征收税率下调政策的出台(由 75%下调至 25%),越来越多的年轻导演加入电影行业,一些民间组织和个人创作的电影如雨后春笋般涌现,同时一个打造明星的时代也呼之欲出。

表 4-6　20 世纪 30 年代到 50 年代土耳其电影业概况

	1938—1939	1946—1947	1954—1955	1956—1957	1958—1959
人数(百万)	18	18	18	18	18
影院数目	130	275	450	600	650
座位数(千)	85	175	300	380	400
年观影人次(百万)	12	25	40	50	60
人均购买票数	9.6	1.3	1.7	2	2.3
平均票价(分)	40	50	70	75	100
平均电影成本(千)	15	20—30	60—70	20—80	110—120
年产影片数	3	11	57	53	95

这十余年间,反映家庭关系、浪漫爱情、农村生活等话题的热门小说成了电影创作的灵感源泉,改编自畅销小说的银幕作品大行其道,电影形成了独具民

族特色的叙事风格。国产电影的年产量增多，行业从业人数增加，电影逐渐变成了老百姓茶余饭后的主要消遣之一。1963年土耳其电影跨入彩色时代，不同的电影流派出现，一些影片开始登上国际舞台，最有代表性的是麦丁·埃尔克桑(Metin Erksan)的电影《干涸之夏》(*Susuz Yaz*)，该片一举斩获了1964年柏林电影节金熊奖，成为获得国际大奖的首部土耳其电影。该片还代表土耳其参加了第37届奥斯卡最佳外语片奖的评选。也是在这一时期，土耳其国产电影的市场占有率超过以美国为代表的西方电影，1966年土耳其凭借241部的电影产量一跃成为世界电影产量第四大国。

3.险象环生的动荡停摆期：20世纪70—90年代

20世纪七八十年代的军事干政和政治动乱给这一时期的电影蒙上了阴影，加之电视的普及和彩色时代的到来，观众的观影习惯发生了变化，越来越多的人选择在家中观看电视，大批电影院倒闭，土耳其的电影业发展受阻。1977年土耳其成立电影局，该局隶属文化部，主要职能是制定行业法律法规，在境外组织电影周，制作参展国际电影节的电影字幕等。1978年，随着外资法修正案的颁布，外国人投资土耳其电影的限制条款被废止，这也直接导致90年代土耳其电影发行市场被外资垄断，国产电影几乎面临灭顶之灾。电影主题方面，这一时期的土耳其电影对女性角色的塑造进入了一个“非黑即白”的极端表达期，电影里的女性要么是天真纯洁的天使，要么是放荡狠毒的恶魔。同时，在商业利益的驱使下，黄色电影充斥电影市场，电影业如临大敌，行业发展几乎陷入全面停滞状态。

80年代军事政变后上台的军政府为了给确立的威权政治体系保驾护航，以肃清整顿为由全面打压电影业，电影的创作和表达受到极大的束缚和限制。在这段长达20年的动荡岁月里，美国等西方国家不但垄断了土耳其电影的制作平台，而且利用其强大的发行网络，垄断了几乎所有的发行渠道，土耳其国产电影几乎失去生存的空间。总体而言，这一时期土耳其电影业因恐怖森严的政局而遭受到重创，直到90年代末期，得益于国际基金的投入，深陷绝境的土耳其电影业才逐渐走出阴霾，脱离险境。1996 年，由亚伍兹·图尔古尔（Yavuz Turgul）执导的电影《劫匪》（*Eşkıya*）获得近 260 万人次的观影量，出自导演兼剧作家埃尔特姆·埃伊尔梅兹（Ertem Eğilmez）之手的系列电影《整蛊联盟》（*Hababam Sınıfı*）更是以非凡的成绩创造了土耳其电影史的奇迹，成为土耳其人心目中永不磨灭的记忆。这些史诗般的作品极大地鼓舞了国产电影业，为重振旗鼓掀开新千年大幕的国产电影吹响了前哨。

4.绝处逢生的跨越发展期：2000 年至今

新千年伊始，土耳其政府开始制定一系列法律法规扶持电影行业，最具影响力的是 2004 年 7 月第 5224 号法令的出台。该法令的实施使得政府的电影专项资助项目落地，面向海外市场推广国产电影的平台逐步搭建起来。2005 年土耳其国产电影迎来了硕果累累的一年。2005 年，40％的观影者选择观看国产电影，观影人次达 3000 万。2006 年 1 月，600 万票房收入中近 90％都是国产电影贡献的。2003 年土耳其国产电影制作商共 365 家，到 2008 年增加到 1126 家。新千年的头五年，土耳其电影票房收入持续上涨，数部电影突破百万观影人次，一个求变、求新、商业化的低成本电影时代已经到来。

2003 年到 2013 年，土耳其的观影人次从 2460 万增长至 5040 万，土耳其仅次于俄罗斯成为欧洲电影市场增速最快的国家。2013 年，土耳其一跃成为欧洲第八大电影生产国。同时，土耳其的电影票房迈入亿元时代，土耳其成为继法国、俄罗斯、英国、德国、意大利、西班牙之后，欧洲第七大电影大国。土耳其电影制片人协会（SE-YAP）的研究报告称，国产电影产量的迅速增加主要归因于文化与旅游部对低成本作品的资助和扶持，同时观影群体对国产电影的支持也为票房提供了保障。

土耳其国家统计局数据显示，截止到 2017 年，土耳其的电影院有 2692 家，比上一年增长 8.4％，影院座位数增长 7％，观众容量达 32 万，观影人次增加23.9％，达到 6848 万；国产电影的观影人次增加 31.5％，达到 3790 万，国外电影的观众人数增加 15.7％，达到 3058 万人。目前 81 个省中，除阿尔达罕（Ardahan）、巴伊布尔特(Bayburt)、锡尔纳克(Şırnak)、通杰利(Tunceli)四个省之外,其他省均有电影院。2018 年土耳其共发行 180 部国产电影和 257 部外国电影,观众人数增加了 11%,达 4500 万,票房总收入较上年增长 4%,达 8.98 亿里拉。

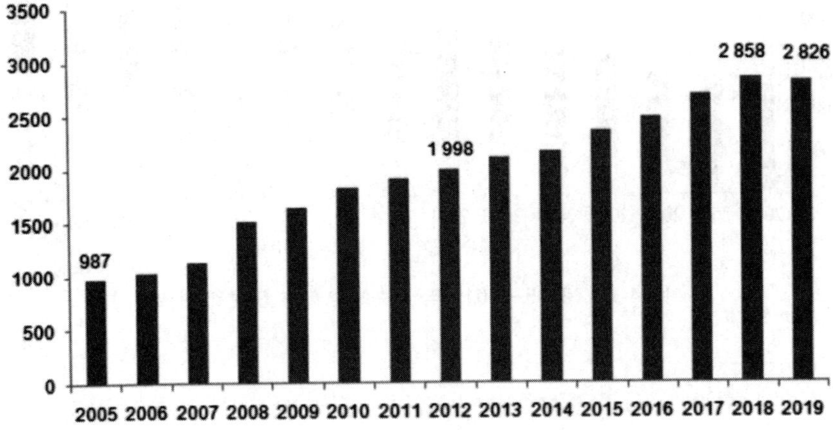

图 4-9　2005—2019 年土耳其影院数量趋势图①

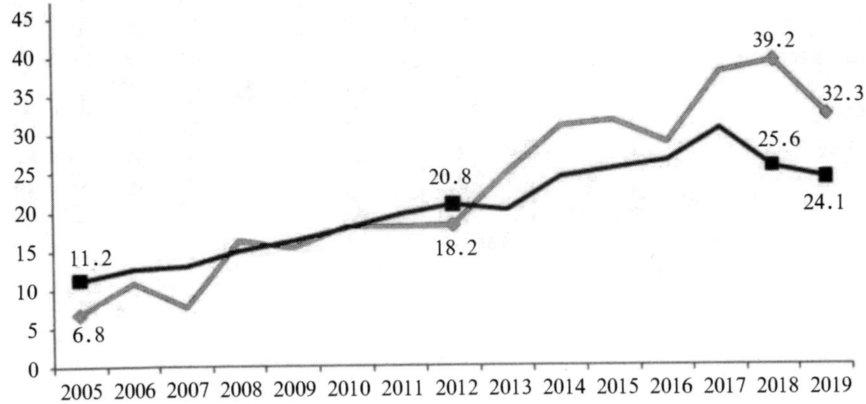

图 4-10　2005—2019 年观影人次趋势图(单位:百万)

① 图 4-9 至图 4-12 均来自土耳其国家统计局。

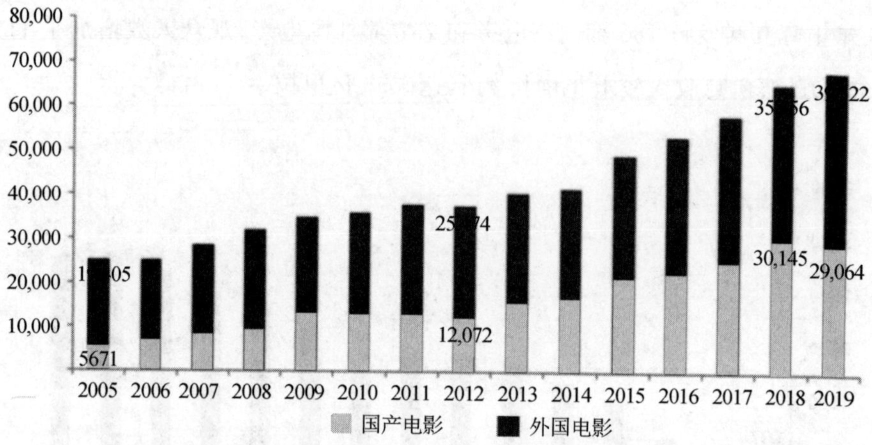

图 4-11　2005—2019 年上映的电影数量对比图

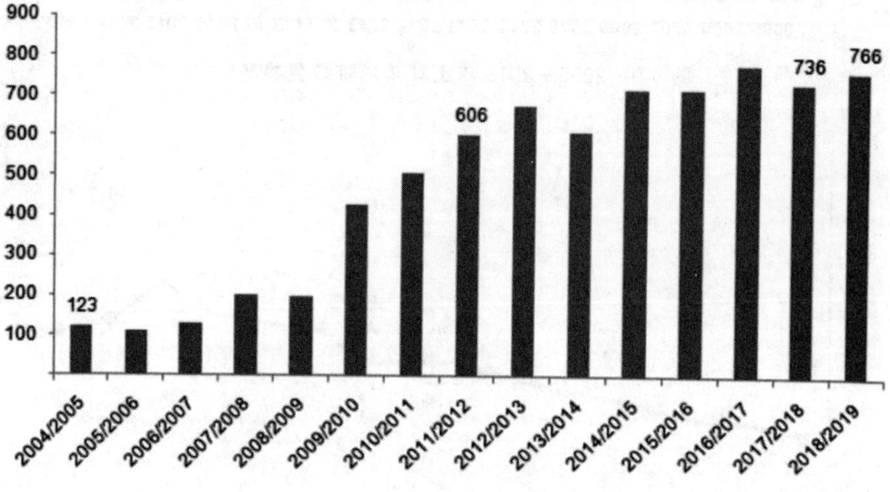

图 4-12　2005—2019 年影院座位数量趋势图

近年来，土耳其政府不断加大对电影行业的扶持力度。自 2005 年以来，文化与旅游部电影局共为 485 部电影提供了资助，累计拨款 1.88 亿里拉。2018 年 180 部国产电影中有 28 部得到了该类资助。2019 年文化与旅游部共资助两批项目，第一批资助 141 个项目，共计资助 552.6 万里拉；第二批资助38个项目，共计资助3235万里拉。2019年上映的国产电影中有20部得到了文化与旅游部的资助。安塔利亚金橙奖10部参赛作品中的4部，阿达纳金茧奖12部参赛作品中的7部，伊斯坦布尔电影节参与角逐的9部电影中的5部，马拉塔雅电影节10部参赛作品中的8部，博斯普鲁斯电影节9部参赛作品中的8部，均获得了电影局的专项资金资助。2020年资助力度进一步加大，分四批资助，第一批资助116个项目，共计338.4万里拉；第二批资助30个项目，共计2317.5万里拉；第三批资助71个项目，共计561.9万里拉；第四批资助17个项目，共计1425万里拉。[①] 除了加大对电影业的扶持，2019年文化与旅游部还发起了“电影走进孩子”的公益项目，2019年该项目为81个省的100万儿童提供了走进影院观影的机会。

文化与旅游部电影局2019年发布的票房收入报告称，2019年共有412部电影上映，其中150部国产电影，262部外国电影，全年观影人次达5940万，国产电影观影比例56%，位列欧洲第一，票房收入再创新高，达9.76亿里拉，其中国产电影贡献率达54%。观影人次最多的10部电影中，有6部为国产电影。动画片的票房收入涨势尤为突出，2019年61部动画片的观影人次达1100万，占到总观影人次的18%，其中本土动画片6部，观影人次达340万。改编自2013年斩获873亿韩币票房，横扫青龙奖最受欢迎电影奖等10项大奖的《七号房的礼物》的同名电影荣登2019年票房榜首，这部教科书式的改编电影不但在土耳其国内成为现象级的作品，而且还将代表土耳其参与第93届奥斯卡最佳国际故事片奖的角逐。猫眼票房数据显示，自2020年10月15日该片在中国正式上映以来，首日综合票房达163.36万元，上座率3.6%；上映三天，综合票房达377.55万元，上座率8%；首周综合票房1088.6万，累计综合票房1796.2万，总人次54.3万，猫眼口碑分析9.3分。

---

① 参见 https://sinema.ktb.gov.tr/TR-249002/dizi-film-destegi.html。

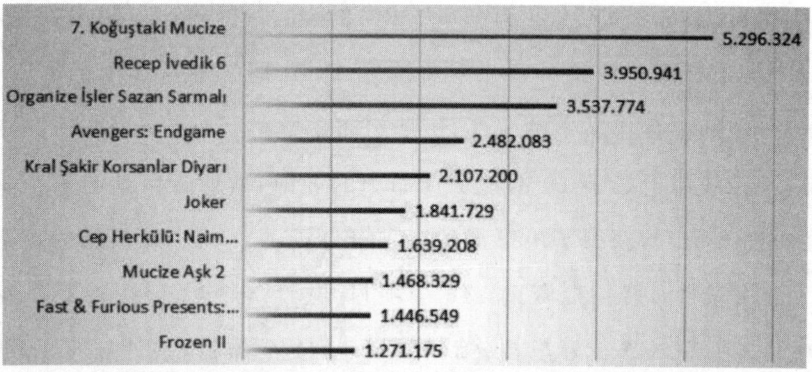

图 4-13　2019 年观影人次居前十位的电影及观影人次[①]

图 4-14　《七号房的礼物》剧照和海报

(二)国家电影政策的演进

电影作为一种重要的艺术形式和传播介质是国家媒介化治理的重要组成部分。随着国家治理需求的不断提升,完善电影的文化服务体系,优化电影资源配置,推动优质电影产品的生产,推进电影走向世界成为国家治理的现实考量。近年来,电影业更是上升为土耳其塑造国家形象的重要组成部分,在引导世界舆论、打造国家品牌方面扮演着不可或缺的角色。自 20 世纪初诞生以来,土耳其电影从长期坐冷板凳不受待见的状态到现如今写入国家五年发展大计,

① 图片来源:Box Office Turkey。

经历了大致五个阶段。

1.一党制时期

共和国成立之初，共和人民党作为唯一的政党登上历史舞台，土耳其进入一党执政时期。这一时期的电影不但没有获得任何形式的国家扶持，反而因受到严苛的新闻审查制度而被严重误伤。1932年之前，为了避免电影里出现违规镜头，国家指派军方专员在放映现场监视播放的全过程。变本加厉的是，1932年7月政府出台了《电影管理条例》，成立专门的中央审查委员会（该委员会共三人，内政部、国防部和总参谋部各派一人），委员会专门负责监管和审查本土和外国的电影。1939年出台的《审查条例》正是以1934年5月颁布的《印刷总局组织规范和职业规范》及1934年7月颁布的《警察职责和义务条例》为纲制定的国家审查制度。《审查条例》明确规定"境内外的电影活动必须得到警察专员的许可"。这一审查制度一直延续到20世纪80年代末。

在全面实施审查制度的同时，1930年出台的《市政管理条例》算是政策层面不多见的利好。根据该条例，政府取消了对电影院征收的各种税费，电影的运营成本明显减少。影院的门票价格下调，投资电影的资金增多，电影数量逐年增加，越来越多的人加入到电影行业，为土耳其电影业的发展赢得了时间。

2.多党制初期

20世纪50年代土耳其迈入多党制时期，此后的30年间，国家对电影业的审查更趋严格，而在政策层面，虽然出台了一些相关的法律法规，但无论从提出的口号本身还是最终落实情况来看都不尽如人意，从《第二个五年计划》（1968—1972）[①]中就可窥见一斑。政府对电影的定位和认知仅停留在"电影应当参与到改造国民的过程中来，应当努力实现其教化民众的价值"这一层面。频繁更替的执政党和蠢蠢欲动的在野党对电影业何去何从的问题无法达成共识，对于如何具体实践更是缺乏统一的步调和连贯的主张。在《第三个五年计

① 参见 https://resmigazete.gov.tr/arsiv/12679.pdf。

划》(1973—1977)[①]中,政府提出“电影应参与到改造国民的过程中来,肩负起教化民众的重任”,要求建立奖励机制,培养优质电影作品。这一时期,以受众观影旨趣为本的电影人前赴后继,众志成城,闯出了一条基于“制片人—区域经营商—发行商—影院经营人—高利贷者”的路径,这种集制作、发行、放映、投资于一体的民间组织结构,为展开大规模的、高重复度的电影生产创造了条件。为了降低成本,这一时期的很多电影都选在同一地点拍摄或由同一剧组原班人马拍摄不同的作品。贴合受众审美情趣的选题,节约成本的规模化生产让越来越多的民众接触到国产电影。这一时期的电影人大多把工作室选址在伊斯坦布尔贝伊奥卢区一条名为“绿松树”的大街上,因此“绿松树”也成为这一代土耳其电影人的代名词。

3.军事政变时期

1960 年至 1997 年间,平均每十年一次的军方干政如魔咒一般笼罩着土耳其政坛。1980 年土耳其选举期间双方势均力敌,选举旷日持久,经济形势每况愈下。同年 9 月,总参谋长埃夫伦发动武装政变,宣布解散议会和内阁,成立国家安全委员会,接管国家。埃夫伦建立军政府后实施铁血手腕,展开大规模肃清行动,土耳其进入全面戒严期。高压政策和禁令的密集出台,使得既没有专项资金可用也没有行业协会可靠的电影行业几乎陷入绝境。1986 年以自由主义经济为纲的图尔古特·厄扎尔政府为吸引外国资本进入电影市场出台第 3257 号法令,这一法令直接导致外国电影大肆吞噬土耳其电影发行市场,影院数量急剧下降,国产电影的产量和放映量一落千丈。1987 年,政府颁布电影法修正案,废除了自 20 世纪 30 年代以来警察对电影的审查权,此后有关电影的各项权限统一划归文化与旅游部管辖。90 年代政府在《第六个五年计划》(1990—1994)[②]中明确提出“提高国产电影质量,建立电影生产激励机制”的目

① 参见:https://www.sbb.gov.tr/kalkinma-planlari/。

② 参见 https://www.sbb.gov.tr/wp-content/uploads/2018/11/Altıncı-Beş-Yıllık-Kalkınma-Planı-1990-1994%E2%80%8B.pdf。

标。在这一方针指引下，土耳其加入欧洲影像基金会(Eurimages)，长时间缺乏充裕资金的土耳其电影业绝地突围，迎来触底反弹期。

4.新千年的头二十年

这一时期最具划时代意义的举措是 2004 年第 5224 号条例的出台。该项名为《电影评估评级与扶持》的条例，终结了 20 世纪 30 年代以来的审查制度，取而代之的是电影评估评级和预警机制。2007 年《第九个五年计划》(2007—2013)[①]中明确提出“鼓励电影和纪录片等文化产品的生产，增加文化产业的国民收入和出口份额”的目标，土耳其国产电影终于迎来了春天。2007 年到 2009 年间，作为最主要的政府电影基金来源，文化与旅游部对国产电影的财政扶持力度保持在年均 1330 万欧元左右，这一数据虽然远低于欧洲国家 5360 欧元的平均水平，但也不能低估土耳其政府持续扶持电影业的决心。近年来，在谋求全球影响力，塑造和宣传国家形象方面，土耳其政府积极推进影视产品国际化步伐，并在《第十个五年计划》(2014—2018)[②]和《第十一个五年计划》(2019—2023)中[③]相继提出了“制作具有世界水准的国产电影，扩大行业出口规模”和“打造享誉世界的土耳其电影品牌，推进电影业发展，提高国际竞争力”的愿景。

近年来，土耳其政府对国产电影质量和国际竞争力的重视加快了土耳其国产电影走向世界的步伐，土耳其电影人不负众望，在国际大赛中频频亮相，受到国际社会的广泛关注。塞伦·尤斯(Seren Yüce)执导的《大多数》获第 67 届威尼斯国际电影节最佳处女作奖。导演努里·比格·锡兰(Nuri Bilge Ceylan)更是多部作品斩获大奖，其执导的影片《远方》获第 56 届戛纳国际电影节最佳男演员奖，《蜂蜜》获第 60 届柏林国际电影节金熊奖，《三只猴子》获第 61 届戛纳国际电影节最佳导演奖，《安纳托利亚往事》获第 64 届戛纳国际电影节评委会大奖，《冬眠》获第 67 届戛纳国际电影节金棕榈奖。锡兰导演还出任了 2019 年

① 参见 https://www.sbb.gov.tr/wp-content/uploads/2018/11/Dokuzuncu-Kalkınma-Planı-2007-2013%E2%80%8B.pdf。

② 参见 https://www.sbb.gov.tr/wp-content/uploads/2018/11/Onuncu-Kalkınma-Planı-2014-2018.pdf。

③ 参见 https://www.sbb.gov.tr/wp-content/uploads/2019/07/OnbirinciKalkinmaPlani.pdf。

第22届上海国际电影节金爵奖评委会主席一职。土耳其文化与旅游部2018年的统计数据显示,2018年共有28部电影(约占总电影片数的15.5%)获得国家资助,其中最受关注的是努里·比格·锡兰执导的电影《野梨树》。该片入围了戛纳国际电影节主竞赛单元和北京国际电影节天坛奖,还被选为2019年奥斯卡最佳外语片奖的参赛影片。

表4-7 2016年票房排行前六的电影获得土耳其文化与旅游部的资助额度及观影人次

排名	电影名[①]	资助年代	资助类型	资助金额(里拉)	上映时间	观影人次
1	山2(Dağ 2)	2016	电影制作	450,000	2016年11月	3,588,959
2	六十一天(İftarlık Gazoz)	2013	电影制作	624,033	2016年1月	1,030,581
3	爱的真谛(Somuncu Baba: Aşkın Sırrı)	2015	电影制作	300,000	2016年4月	163,088
4	离别的夏日(Ankara Yazı:Veda Mektubu)	2016	后期制作	150,000	2016年5月	88,915
5	若即若离(Çok Uzak Fazla Yakın)	2014	电影制作	300,000	2016年9月	81,644
6	苦修者(Kalandar Soğuğu)	2010	电影制作	300,000	2016年9月	21,793

土耳其的电影发行完全由市场引导,既没有特别的专项扶持也没有配额限制。2017年韩国娱乐传媒集团CJ Entertainment进入土耳其电影发行市场,在短时间内就获得了超过10%的市场占有率。截止到2019年,CJ Entertainment的市场占有率跃居第一位,占比34.8%,上映47部影片;CGV Mars占有率下滑到第三位,占比14%,上映60部影片,影片数位列榜首。最新数据显示,2020年土耳其共有18家电影发行公司,排行前三的CJ Entertainment、UIP、CGV Mars就占到了市场总份额的87.89%。

① 译文名一部分取自百度百科、豆瓣电影。

表 4-8　2021 年土耳其收入排行前五的电影发行公司数据

排名	发行公司	总收入(里拉)	市场份额	上映影片数	观影人次
1	UIP Türkiye	105,765,949	37.04%	29	4,497,891
2	Warner Bros. Türkiye	105,294,086	36.87%	15	4,228,705
3	CJ Entertainment	32,308,225	11.31%	37	1,424,773
4	CGV Mars D.	29,924,336	10.48%	32	1,765,240
5	Bir Film	6,827,458	2.39%	21	305,792

来源:Box Office Turkey

表 4-9　2010—2020 年土耳其电影票房冠军

年份	票房总收入(万里拉)	年度观影人次最多的影片
2020	6343	妯娌大战(Eltilerin Savaşı)
2019	9012	七号房的礼物(7. Koğuştaki Mucize)
2018	8460	慕斯理姆(Müslüm)
2017	8598	莱杰普・伊瓦迪凯 5(Recepivedik 5)
2016	4069	山 2(Dağ 2)
2015	6942	婚礼俱乐部 2:割礼(Düğün Dernek 2: Sünnet)
2014	7210	莱杰普・伊瓦迪凯 4(Recepivedik 4)
2013	6891	婚礼俱乐部(Düğün Dernek)
2012	5574	征服 1453Fetih 1453)
2011	3667	呜呼哀哉 2(Eyvah Eyvah 2)
2010	3164	纽约五尖塔(New York'ta Beş Minare)

来源:Box Office Turkey

与其他艺术形态相比,电影无法规避烧钱无止境的现实处境。而时至今日,土耳其电影行业也没有形成有组织的行业协会,进行统一的资源调度和整合。《2016 年土耳其电影市场报告》称,相较于其他欧洲国家,土耳其的电影行业协会没有形成组织规模,缺乏行业运作的规范,只能从事一些零散的电影制作、电影演员联盟等方面的活动。在影片发行方面,土耳其尚无专门的组织机构，在影片放映方面也仅有一家 2014 年成立的电影院投资人协会（SİSAY），因此，土耳其电影业要建立成熟完善的发行制度和分销体系还需时日。

七、图书出版

“7·15”未遂政变后土耳其宣布国家进入紧急状态，两年间，30 家出版社和 116 家印刷机构关停，近 13 万学者和教育工作者被开除公职。2017 年 4 月 16 日通过了宪法修正案，国家政体从总理制转型为总统制。一夜之间，成千上万的图书成为禁书，拘禁从业人员的事件层出不穷。数十年前印刷出版的图书被翻旧账，列入禁书名单，相关负责人吃起了官司。① 东南部库尔德人活动较为集中地区的出版社成为被清理的重点，出版过有关库尔德问题的图书的出版社也难逃一劫。此外，教育部还开展专项行动对图书市场进行监管，并联手高校对教材进行审核。2016 年 8 月至 2017 年 6 月，该行动共计审核了 1522 种图书，书中的 3.2 万处表述被修订，清理了 188 种与居伦组织有关的图书，关闭了与该组织有关的 73 家出版社。

土耳其出版商协会（TÜRKYAYB İR）《2018 年图书市场调研报告》显示，2018 年土耳其共发行图书 4.1 亿本，图书总量同比增长 0.71%，但总体增速明显放缓，一些细分市场出现明显下滑，人均年增图书仅 7 本。教辅类和备考类图书的发行量同比增长 2.8%，达到 2.15 亿余册，占据了图书行业的半壁江山。研究类、文学类、儿童类图书同比下降 2.83%，仅占图书总量的 34.2%。宗教类图书同比增长 5.21%，占图书总量的 10.8%，是图书市场增速最快的图书类别。2018 年，土耳其图书零售市场和批发市场规模分别达 13.86 亿美元和 9.28 亿美元，其中教育类图书分别占比 46.11% 和 48.90%，双居榜首；备考类、教辅类图书分别占比 37.43% 和 36.22%；文化类图书分别占比 44.22% 和 40.97%，其中

① 2017 年开始，有 23 年库尔德语和土耳其语图书出版经验的 Avesta 出版社的 13 种图书以“煽动仇恨和敌意”以及“有组织地造势”两项罪名被三家地方法院起诉。该出版社 2003 年到 2015 年间图书出版业务的负责人被问责。

研究类图书占比高达24.96%和23.29%(见表4-10、表4-11)。根据文旅部国际标准书号局的统计,2018年新增图书6.7万册,同比增长11.3%,在国际图书商协会全球排名中位列第六。

表4-10　2018年土耳其图书零售市场销售额及市场份额

行业	销售额(单位:百万美元)	市场份额(%)
教科书	118	8.68
教辅/备考资料	516	37.43
文学类	98	7.17
研究类	346	24.96
宗教类	109	7.18
儿童和青少年图书	68	4.91
学术类	25	1.80
进口类	106	7.87

表4-11　2018年土耳其图书批发市场销售额及市场份额

行业	销售额(单位:百万美元)	市场份额(%)
教科书	118	12.67
教辅/备考资料	336	36.22
文学类	61	6.58
研究类	216	23.29
宗教类	66	7.12
学术类	20	2.16
进口类	74	7.98

2019年一季度,土耳其图书市场的童书和文学类图书占总发行量的53.07%,发行量同期减少18.86%;宗教类图书占比11.23%,同期减少40.69%;学术类图书占比1.32%,同期减少20.13%;教育类图书占比33.40%,同期增长1.31%。总体上看,2019年第一季度的总发行量比上一年同期减少16.41%。

普华永道发布的《2020—2024年全球传媒与娱乐业报告》称,2020年的土耳其图书市场总收入约为3.86亿美元。未来五年,土耳其图书市场的年收入增长率将为−1%。纸质图书的市场份额继续下滑的同时,电子图书的市场份额将持续增加。预计未来五年，土耳其电子图书市场的收入将实现11%左右的年增长率。

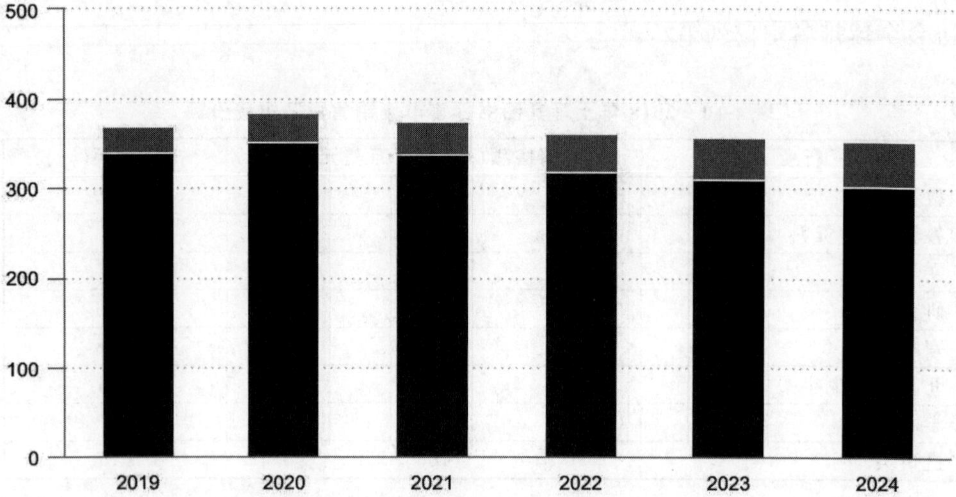

图 4-15　普华永道《2020—2024 年全球传媒与娱乐业报告》(单位：百万美元)

注：浅色部分为电子图书市场收入，深色部分为纸质图书和有声图书市场收入

八、新媒体

1993 年 4 月 12 日，中东科技大学实现了土耳其历史上首次网络连接。1995 年 7 月，由海峡大学学生编辑的《今日》杂志(*Aktüel*)亮相网络，成为土耳其首个通过网络传播的媒体。两年后，第一份互联网报纸 XN 诞生。这份由《共和报》的编辑们创办的网络报纸没有纸质版。1995 年 12 月上线的《时代报》(*Zaman*)是第一份与纸质版内容同步的网络报纸。这一时期，土耳其的传统媒体开启了数字化升级，1995 年到 1998 年，《土耳其日报》《民族报》《自由报》《晨报》《共和报》等发行量较大的报纸纷纷拥抱互联网，实现了线下纸媒和线上网站的同步传播。2000 年 4 月，《共和报》推出土耳其第一个线上订阅系统，订阅用户可以凭借个人密码进入网站阅读当日的新闻。随着报纸网络化的普及，越来越多的地方级报纸也办起了自己的网站。纸质媒体中最有影响力的《民族

报》《自由报》在数字化进程中继续保持领先地位，网页点击率始终居于前列。到了90年代末期，土耳其全面实现了Web1.0时代的产业升级。

纸媒进军互联网后不久，电视和广播机构也紧跟时代潮流，纷纷投身到线上平台的内容开发中来。一些电视媒体借助资源优势发布视频新闻，一些广播台也开始通过网络播出节目。此外，独立新闻网站也成为这一时期一道亮丽的风景线。实现内容原创和独立发布的第一个网站是由记者艾哈迈德·泰孜江(Ahmet Tezcan)创建的名为"第四力量媒体"的网站。① 该网站从1998年5月开始发布新闻，不附属于任何政府机构或组织团体，是土耳其独立新闻的先驱。20世纪末，大批新生力量也加入到独立新闻的队伍中来，为许多在传统媒体领域受到排挤或打压的从业人员提供了继续实现新闻理想和人生价值的平台与机会。

从民众的政治倾向来看，网络媒体是左翼群体获取消息的首选渠道，电视则是右翼群体的首选。从民众选择获取消息的门户网站来看，cnnturk.com，hurriyet.com.tr 和 mynet.com 是民众首选的三家门户网站，紧随其后的是 ntv.com.tr，sozcu.com.tr，sondakika.com，milliyet.com.tr，haberler.com，haberturk.com，internethaber.com。以"世俗的精英阶层"为主要受众的《共和报》网站、以"政府喉舌"为己任的阿纳多卢通讯社网站以及土耳其广电网站、贴有明显执政党自家媒体标签的《晨报》网站均未能跻身十大在线门户网站的行列。

20世纪90年代到21世纪的头十年，娱乐行业里那些掌握了丰富资源的大公司通过不断并购小公司，壮大了自己的规模。这些传媒新贵不但有充足的资金开发和制作新产品，而且具备同时开展多个项目共担风险的实力。就算有的产品失败了，也会由通过成功案例获得的巨大收益来弥补损失。然而，小资本运作的公司就没有这么幸运了。这些公司通常只能孤注一掷，一旦"下注"失败，就可能随时破产。在互联网、新技术的共同作用下，无论是上游的金融和技术，还是下游的宣传和发行，行业价值链上的各个环节都发生了深刻的变化。

---

① 该网站的网址是 www.dorduncukuvvetmedya.com。《第四力量媒体》原本是一档电视节目，该节目被禁播后，制作人把节目搬到了网络上。

正如迈克尔·D.史密斯和拉胡尔·特朗在《流媒体时代:新媒体与娱乐行业的未来》中所指出的,现如今对消费者需求的理解,以及获得并管理消费者注意力的能力是娱乐行业竞争的关键。对娱乐产品的筛选权,也从传统巨头公司手中转交到消费者手中。曾经,传统巨头决定了观众能消费哪些娱乐产品,而在注意力稀缺的当下,谁能把握消费者的偏好,精准服务消费人群,谁就有可能获取生存空间和竞争实力。而这也是近十年来土耳其娱乐业黑马公司的特质。

2012 年 8 月正式上线运营的视频网站 Onedio 异军突起,在资本高度垄断和内容生产高度集中的传媒行业中标新立异,短短几年间就成为最受民众青睐的视频网站和土耳其新媒体行业的标杆。

美国知名的互联网统计公司、互联网流量跟踪分析公司和市场调研公司 comScore2017 年 7—8 月的数据显示,排名靠前的网站中绝大多数都是传统纸媒和电视媒体的数字化平台,如《自由报》、《民族报》、CNN TÜRK 和 Habertürk。以 Onedio 为代表的视频类网站在短时间内成为点击量前十的网站,成为土耳其民众获取新闻信息的重要渠道。电脑端和手机端访问次数最多的新闻类网站如表 4-12 和表 4-13 所示。

表 4-12　电脑端访问量最大的新闻类网站

排序	网站	2017 年 7 月 17 日	2017 年 8 月 7 日
1	hurriyet.com.tr	10,255	10,667
2	milliyet.com.tr	9,398	9,754
3	haber 7.com	3,902	4,935
4	sozcu.com.tr	4,337	4,803
5	sabah.com.tr	4,280	4,233
6	haberler.com	4,233	4,112
7	haberturk.com①	3,723	3,963
8	onedio.com	3,721	3,653
9	cnnturk.com	3,642	3,536
10	gazetevatan.com	2,330	2,458

① 《土耳其消息报》于 2018 年 7 月 5 日终止了纸媒业务,只保留了网站业务。

表 4-13　手机端访问量最大的新闻类网站

排序	网站	2017 年 7 月 17 日	2017 年 8 月 7 日
1	sozcu.com.tr	14,408	17,182
2	milliyet.com.tr	15,472	16,557
3	hurriyet.com.tr	12,516	13,988
4	haberturk.com	10,038	12,248
5	cnnturk.com	10,872	12,173
6	onedio.com	6,890	7,646
7	gazetevatan.com	4,131	4,545
8	aksam.com.tr	3,653	2,985
9	posta.com.tr	2,833	2,933
10	star.com.tr	2,606	2,321

信息技术和通信管理局 2018 年第二季度发布的电子通信行业市场数据显示，2018 年上半年宽带互联网用户数量增加了 290 万，达 7180 万，其中有 1270 万是固定用户，5910 万是移动用户；光纤用户达 120 万，同比增长38.7%；手机移动用户超过 7950 万。自 2016 年 4 月 4.5G 业务推广以来，两年时间内土耳其的 4.5G 用户超过 6800 万，仅 2018 年上半年，4.5G 用户就增加了 350 万。从用户手机每月使用的流量看，28.9%的移动用户月平均流量为 1G 到 4G，19.1%的移动用户月平均流量为 4G 到 8G，18.3%的移动用户月流量超过 8G。

根据 1998—2018 年的统计数据，土耳其的固话用户数在 2004 年达到峰值后呈现较明显的下降趋势，手机用户数和互联网用户数在 2004 年后成倍增长，截止到 2018 年，手机用户数占到总人口数的 98.3%，互联网用户数占到近 90%。土耳其国家统计局发布的《2018 年土耳其网络用户习惯》调查报告[①]称，16—74 岁年龄段的个人网络用户比例达到 72.9%，电脑使用比例达到 59.6%，

① 参见 https://www.guvenliweb.org.tr/haber-detay/turkiyenin-internet-kullanim-aliskanliklari-tuik-2018。

男性和女性的网络使用比例分别为80.4%和65.5%，家庭网络用户比例达到83.8%，比2017年上涨了3%，家庭固定宽带比例达到44.5%，手机移动宽带比例达到79.4%。智能手机的使用比例高达96.9%，82.4%的网民使用社交媒体，69.5%的网民通过互联网阅读新闻。截止到2018年，土耳其的网络入户率超过80%，16—74岁人群的电脑使用率接近60%，互联网使用率接近70%。

表4-14 土耳其信息社会建设相关数据对比[①]

	2006	2012	2013	2018
宽带订阅比例(%)	3.8	26.5	45	70
宽带费用/人均GSYH(%)	—	2	1.8	1
互联网用户比例(%)	30.1	47.4	50	75
信息市场(十亿美元)	5.1	10.5	11.6	23
信息出口(十亿美元)	0.1	0.5	0.8	2
电子商务交易额(十亿里拉)	2.4	30.7	40	170
网上购物人群比例(%)	—	14.3	20	70

随着移动互联网技术的飞速发展，智能手机的不断升级改造，进入新千年后，土耳其迈入Web2.0时代。Web2.0技术给以YouTube为代表的视频类网站带来了"自媒体视频时代"的繁荣，而Facebook、Twitter等社交媒体则带来了土耳其社交媒体的高度繁荣。土耳其的社交媒体大致经历了从早期论坛到博客到SNS社交网站的发展历程。20世纪90年代后期，随着互联网的逐渐普及，BBS论坛在网络上出现。90年代末，以自娱自乐为目的创立的网站"Ekşi Sözlük"进入大众视野，该网站另辟蹊径，利用开放式的信息输入通道，鼓励网民参与内容生产，实现了借助网民之力的"众包式内容生产"(Crowdsource Information)。经过20多年的发展，该网站目前已经成为土耳其最重要的自媒体和社交媒体平台，也是土耳其首个全民参与式的内容生产平台。

① 2006年和2012年的数据来自土耳其信息技术通信管理局、国家统计局，部分数据缺失；2013年和2018年的数据来自土耳其《第十个五年计划》(2014—2018)。

WeAreSocial 2020 年全球互联网数据报告显示,[①]截止到 2020 年 1 月,土耳其互联网用户数实现 4.6%的增长,位列全球第 15 位。Facebook 广告覆盖人数为 3700 万,位列全球第 10 位;Instagram 广告覆盖人数为 3800 万,位列全球第 6 位;Twitter 广告覆盖人数为 1180 万,位列全球第 6 位;Linkedin 广告覆盖人数为 840 万,位列全球第 15 位;Snapchat 广告覆盖人数为 770 万,位列全球第 11 位。该报告还针对土耳其 16—64 岁网民做了专项调研,结果显示,该年龄段的网民使用互联网的日均时长为 7 小时 29 分钟,使用移动互联网的日均时长为 4 小时,使用社交媒体的日均时长为 2 小时 24 分钟,人均社交媒体账户为 9.1 个,上网玩游戏的日均时长为 58 分钟。此外,62%的互联网用户选择通过互联网观看电视节目。Alexa 调研公司 2020 年的监测数据显示,从网页浏览的时长来看,在土耳其,网民日均浏览时间最长的网站是 YouTube,长达 19 分 33 秒,其次是 Facebook,长达 17 分 44 秒。Twitter 和 Instagram 的日均浏览时间分别是 12 分 35 秒和 9 分 03 秒。WeAreSocial 的最新数据显示,截止到 2021 年 1 月,土耳其总人口为 8469 万,较 2020 年增加了 80.6 万,总人口中 50.6%为女性,49.4% 为男性;76.3%的人口居住在城市,23.7%的人口居住在农村。土耳其的互联网用户数为 6580 万,社交媒体用户数为 6000 万,手机终端连接数达 7689 万。2020 年至 2021 年,土耳其互联网用户数增加了 370 万,互联网渗透率提高了 13 个百分点,达到 77.7%;社交媒体用户数增加了 600 万,社交媒体用户数约占总人口数的 70.8%;手机终端连接数增加了 200 万,约占总人口的 90.8%。

土耳其卡迪尔哈斯(Kadir Has)大学研究团队基于对在伊斯坦布尔居住的 870 名个体进行的问卷调查发布的《新媒体用户习惯》报告称,在土耳其,95.6%的网民使用智能手机,几乎所有的智能手机用户都通过手机上网。80.6%的智能手机用户选择在线聊天、发送实时信息,仅有 6.9%的智能手机用户使用传统

---

① 参见 https://datareportal.com/reports/digital-2021-turkey。

运营商的短信、彩信业务。三分之一的网民早上起来第一件事是上网，70%的网民在晚上睡前1小时使用网络。67.9%的网民有明显的网络依赖倾向。83%的网民有自己的社交媒体账号，其中82.3%的人注册了Facebook，68.3%的人注册了Instagram，55%的人注册了Twitter，使用Instagram和Twitter的用户群体以年轻人为主。

普华永道发布的《2020—2024年全球传媒与娱乐业报告》称，2020年土耳其的数据使用量将达到35.7万亿MB，其中智能手机和平板电脑将贡献61%的数据使用量。预计未来五年，数据使用量的年复合增长率将为19.3%，智能手机、平板电脑以及其他便携式设备将贡献更多的数据使用量。土耳其互联网接入业务收入约51.07亿美元，其中82%的接入业务收入来自移动互联网。未来五年，土耳其移动互联网接入业务收入年复合增长率有望达到7.7%，固定宽带接入业务收入年复合增长率预计为2%。2020年，土耳其互联网广告收入的一半以上来自移动互联网广告，未来五年，移动互联网广告收入年复合增长率有望达到8%。2019年，土耳其的音乐、广播和播客行业收入为1.84亿美元，2020年下降至1.415亿美元。未来五年，音乐、广播和播客行业的总收入将实现5%的年复合增长率，到2024年有望达到2.441亿美元，其中播客行业的广告收入在未来五年的年复合增长率有望达到27.2%。2020年，土耳其电影行业因受全球新冠肺炎疫情冲击，与2019年相比，票房收入下降51.6%，尽管如此，未来五年土耳其电影票房收入的年复合增长率仍有望达到2.6%。未来五年，由于发行量减少，土耳其报刊业的收入将持续下降，2020年收入下降12%，预计未来五年的年复合增长率为－3.8%。电视行业方面，2020年，土耳其电视广告收入约7.044亿美元，其中83%的收入来自传统电视广告。随着电视行业数字化转型的加速，数字电视行业的广告收入将不断增加，预计到2024年，电视行业广告收入将达到8.731亿美元，其中77%仍来自传统电视广告。同时，OTT视频收入的年复合增长率有望达到9.7%，到2024年实现2.835亿美元。2020年，土耳其的付费电视订阅收入达到4.02亿美元，未来五年的年复合增长率有望达到 3.8%。

总体来说，5G 在土耳其的市场前景广阔，大有可为。下一阶段，智能音箱、人工智能、无人驾驶、播客、地面数字广播等领域的发展将给土耳其的传媒行业带来新的机遇和挑战。

第二节　主要的传媒集团

一、多安传媒集团：昔日的帝国

成立于 1959 年的、以汽车销售为主业的多安集团在短短的 30 年间，发展成为一家涉足电信、工业、旅游业、能源、传媒等行业和领域的巨无霸企业。20 世纪 80 年代多安传媒集团极速扩张，一方面通过横向收购竞争对手扩大覆盖面，提升市场竞争力，集中市场，整合资源，以获得更大的利润；另一方面实现了包括报纸、通讯社、图书、杂志、分销商、广告商、广播台、电视台、影视剧制作等在内的产业链不同环节间的纵向发展，并通过打通生产、分发、零售、数字平台、互联网、出版商和代理公司等渠道实现了内容和传播渠道的无缝衔接。

1979 年，多安传媒集团收购《民族报》，开始布局传媒业，1995 年成立了自由报业集团，同年还创办了 KANAL D 频道。1999 年，成立 CNN TÜRK 频道。多安传媒集团纵深发展，实现了全媒体平台传播模式。鼎盛时期坐拥多安通讯社(DHA)、5 家报社、27 家杂志社、5 家电视台、4 家电台、2 家出版社、1 家音乐公司(DMC)、1 家互联网公司、1 家音乐和图书连锁店(D&R)、1 家印刷厂、2 家分销公司(YAY-SAT 和 DPP)、1 个数字平台(D-Smart)、1 家跨国广告公司(TME)的多安传媒集团经过十几年的发展打造了土耳其第一个现代传媒帝国品牌。该集团旗下的《自由报》、多安报业和“这里是多安”上市后，市场占有率一度高达 40%，同时，该集团旗下的《邮报》和《自由报》也是当时发行量最大的报纸。

多安传媒集团的业务涉及报纸、杂志、图书、电视、广播、出版、印刷、发行、内容制作、互联网、数字平台等多条产业链。该公司旗下的《自由报》多年来都是土耳其发行量之冠，旗下的 CNN TÜRK 则是土耳其第一个与外国资本共同经营的电视频道。

表 4-15　多安传媒集团的产业布局①

电视频道		
媒体品牌	创立年份	网址
Kanal D	1995	www.kanald.com.tr
CNN Türk	1999(与特纳广播电视网合作)	www.cnnturk.com
Teve2	2012	www.teve2.com.tr
Dream TV	2003	www.dreamtv.com.tr
Dream Türk	2004	www.dreamturk.com.tr
Kanal D Romanya	2007	www.kanald.ro
Euro D	1996	eurod.kanald.com.tr
广播台		
媒体品牌	创立年份	网址
Radyo D	1994	www.radyod.com
Slow Türk	2005	www.slowturk.com.tr
CNN Türk Radyo	2001	www.radyonom.com/radyo/cnnturk
radyonom.com	2014	www.radyonom.com
出版物		
媒体品牌	创立年份	网址
Hürriyet	1948(1994 年并入多安传媒集团)	www.hurriyet.com.tr
Posta	1995	www.posta.com.tr
Fanatik	1995	www.fanatik.com.tr

① 参见 http://www.doganholding.com.tr/en/business-areas/media.aspx。

续表

出版物		
媒体品牌	创立年份	网址
Hürriyet Daily News	1961(2000 年并入多安传媒集团)	www.hurriyetdailynews.com
TME①	2005(2007 年购入其 67.3%的股份)	www.tmeast.com
Burda Dergi	1988	www.doganburda.com
Egmont	1996	doganegmont.com.tr
Kitap	1999	www.dogankitap.com.tr
Dergi Pazarlama ve Planla-ma	2002	www.dpp.com.tr
在线平台		
媒体品牌	创立年份	网址
hurriyet.com.tr	1997	http://www. hurriyet.com.tr
posta.com.tr	2009	http://www. posta.com.tr
fanatik.com.tr	—	http://www. fanatik.com.tr
hurriyetdailynews.com	—	http://www. hurriyetdailynews.com
İ nternet Yayıncılığı ve Yatırım A.Ş. (MedyaNet)	2002(2013 年并入多安传媒集团)	http://www.medyanet.net
hurriyetemlak.com	2006	https://www.hurriyetemlak.com
hurriyetoto.com	—	https://www.hurriyetoto.com
yenibiris.com	2000	https://www.yenibiris.com
ekolay.net	2014	www.ekolay.net
hurriyetaile.com	—	http://www.hurriyetaile.com
mahmure.com	2009(2016 年并入多安传媒集团)	http://mahmure.hurriyet.com.tr

① Trader Media East Limited(TME)是中东欧最大的广告公司，成立于 2005 年，2006 年在伦敦证券交易所上市。公司在俄罗斯、波罗的海地区、独联体国家和中东欧国家开展业务，拥有 28 个互联网平台、191 种报刊。

续表

在线平台		
媒体品牌	创立年份	网址
yakala.co	2010	https://www.yakala.co/istanbul
bigpara.com	2015	http://bigpara.hurriyet.com.tr
印刷、发行和外贸		
媒体品牌	创立年份	网址
Dağıtım	1992	http://www.yaysat.com.tr
Printing Center	—	—
Media International	1999	—
Dış Ticaret	—	http://www.ddt.com.tr
通讯社		
媒体品牌	创立年份	网址
Haber Ajansı (DHA)	1999	https://www.dha.com.tr
电视及音乐制作		
媒体品牌	创立年份	网址
D Productions	1992(1998年并入多安传媒集团)	http://www.dproductions.com.tr
Music Company (DMC)	2000	http://www.dmc.com.tr
数字媒体平台		
D-Smart	2007	https://www.dsmart.com.tr
BluTV	2015	https://www.blutv.com.tr

多安传媒集团有近8000名国内员工和5000名国际员工，其中28%的国内员工负责纸媒和视听媒体方面的内容制作，18%的国内员工在销售和营销部门工作。[①] 多安传媒集团旗下的《自由报》、《邮报》、《激进报》(*Radikal*)、《狂热报》(*Fanatik*)、《自由日报》[②]的发行量占到行业总量的21%，杂志的发行量占到行

① SÖNMEZ M. Medya, kültür, para ve İstanbul İktidarı[M]. İstanbul: Yordam Kitap, 2008:20-21.

② 《自由日报》是土耳其办报时间最长的英文报纸。

业总量的37%，均位列行业首位。多安发行公司是土耳其最大的纸媒发行公司之一，负责发行23家全国性报纸、11家地区性报纸、10家日报、21家周刊、5家半月刊、135家月刊、313家外文刊物。

1999年，多安传媒集团首次进军图书市场，经过十年的耕耘，发展成为土耳其最大的图书出版商，旗下的多安图书出版社是土耳其首家与境外出版集团合作的出版社。2005年，丹麦的Egmont集团买入多安图书出版社51%的股份。[①] 在图书出版行业，多安传媒集团多年来保持了行业领导者的地位，2013年，其市场份额达32%。多安传媒集团长期致力于0—14岁儿童刊物的出版。1996年到2013年，多安传媒集团共发行千余种儿童类图书和19种儿童类杂志。

在数字新媒体方面，多安传媒集团旗下的《自由报》、《邮报》、CNN TÜRK等近十个网站均位列土耳其点击量最高的网站排行榜之中。2013年5月，旗下的音像制作公司D&R进军在线销售市场，以1004万里拉购得土耳其最大的在线销售平台Idexfix ve Prefix及其所属公司的全部股份。2007年2月，多安传媒集团推出的全新数字媒体网络平台D-Smart提供包括PPV（按次付费观看）在内的多个境内和境外广播电台和电视台的节目。D-Smart搭建的"互联网+"平台也是土耳其数字媒体平台的引领者，其订阅户和市场份额始终位居前列。

在广播和电视方面，多安传媒集团旗下的广播台Radyo D、CNN TÜRK Radyo和Slow Türk多年来保持行业先锋的地位；旗下的电视频道KANAL D是土耳其收视率最高的电视频道之一，CNN TÜRK是多安传媒集团和时代华纳合作的电视频道，也是土耳其首个和境外资本共同创办的电视频道。1999年，多安传媒集团成立了名为"多安传媒国际"（DMI）的机构，开始向欧洲扩展业务。2007年2月，多安传媒集团的KANAL D频道在罗马尼亚开播，很快该电视台在罗马尼亚的40家电视台中脱颖而出，一跃成为罗马尼亚的第五大电

① 张林初.独具一格的土耳其图书业[J].出版参考，2009(6)：34-35.

视台。尽管2009年罗马尼亚电视广告行业的总投资额减少了25%，但是KANAL D在广告市场的份额增长了5.6%，收视率也增长了4.4%，成为罗马尼亚电视行业的标杆。此外，多安传媒集团还为在欧洲生活的土耳其观众创办了Euro D频道，该频道在欧洲也广受关注。在报业方面，多安传媒集团旗下的《自由报》借助TME，在俄罗斯和东欧国家通过日报、周报、期刊和网站的渠道发放行业类广告。截止到2009年年底，该机构在俄罗斯、乌克兰、白俄罗斯、匈牙利、克罗地亚、斯洛文尼亚等地建立了28个互联网平台，并在俄罗斯、白俄罗斯、哈萨克斯坦、乌克兰、匈牙利、克罗地亚等地发行了近两百种报刊。

多安传媒集团主业突出，并且重视探索传媒产业链上的新增长点。多安传媒集团在产业链提升上下足了功夫，长期致力于一体化和多元化发展战略。一体化战略包括纵向一体化，即集团业务向上游和下游价值链拓展，如涉足印刷、发行领域，确保供给和需求畅通，节约交易成本。同时，多安集团还通过并购同类产品迅速获得市场份额的方式扩张业务，加速资源整合，升级资源配置，减少行业内部的市场竞争。多安传媒集团积极推进多元化战略，通过创新媒介产品、增加新服务等方式，最大限度地开发媒体资源。

进入新千年以来，多安传媒集团打造了一个所向披靡、无人匹敌的传媒帝国。2008年和2009年，多安传媒集团占有的广播电视市场份额分别为43.72%和41.02%。在2011年出台6112号法令之前，该集团在土耳其传媒业的寡头地位一直无人可以撼动。6112号法令对传媒集团的市场份额进行了调整，该法令规定，任何一家传媒集团的市场份额上限为30%。2012年多安传媒集团旗下的星空电视台转让给多乌什集团之后，多安传媒集团失去了在传媒行业的垄断地位，传媒业务的发展面临困境。2018年多安传媒集团基本完成了主要传媒业务的转卖，仅保留了音乐视频数字平台（Net D Müzik）、多安音乐制作贸易有限公司（DMC）、数字服务市场营销贸易有限公司（Hürriyet Emlak）、Radyonom广播电视公司和KANAL D罗马尼亚频道的媒体业务。2018年多安传媒集团年报数据显示，与2017年相比，该集团的大众传媒娱乐业综合收入增长27.0%，达 3.37 亿里拉，毛利润增长 28.9%，达 1.53 亿里拉。2018 年广告收入增长 89.5%，达 1.9 亿里拉，订户用户收入增长 33.6%，达到 6800 万里拉。[①]

二、多乌什传媒集团：不败的王者

多乌什传媒集团成立于 1951 年，拥有三百余家子公司，员工近 4 万人，涉足包括银行、汽车、建筑、能源、不动产、旅游、服务、食品及传媒等在内的多个领域。1999 年，该集团收购 NTV 电视频道和 Kanal E 电视频道，成立多乌什传媒集团，正式踏入传媒领域。NTV 电视频道与 MSNBC、CNBC、NBA、Billboard、Virgin、National Geographic 和 Conde Nast 等多家国际传媒机构合作，推出了一系列优质节目。NTV 电视频道是土耳其第一个 24 小时全天候播出的新闻类频道。该集团旗下的 CNBC-e 电视频道是土耳其第一个财经类频道，Kral TV 电视频道则是一个集音乐、体育、娱乐等于一体的文娱类频道。此外，多乌什传媒集团还在电台、杂志、数字技术等多个领域创立了自己的品牌。

2011 年，多乌什传媒集团收购了多安传媒集团的星空电视台，稳固了其在传媒行业的优势地位。多乌什传媒集团 2015 年和 2016 年的财务报表显示，该集团传媒行业的年收入分别为 65 万里拉、102 万里拉。2020 年上半年的财务报表显示，2020 年 1 月到 6 月，传媒行业的收入为 53.5 万里拉，比 2019 年同期增长 1.02%(2019 年同期为 52.3 万里拉)。

多乌什传媒集团旗下的音乐频道 Kral TV、体育频道 NTV Spor 提供的多种视听节目满足了不同观众的多元化需求。多乌什传媒集团旗下还拥有 NTV Radyo、Kral FM、Kral Pop Radio 和 KRAL World Radio 等多个广播频道。2010 年，多乌什传媒集团与康泰纳仕集团达成合作，将 *Vogue*、*Miss Vogue* 和 *GQ* 等时尚杂志并入其媒体版图。多乌什传媒集团主要的媒体业务如表 4-16 所示。

---

① 参见 https://www.doganholding.com.tr/media/1252/2018_fr_tr.pdf。

表 4-16　多乌什传媒集团的传媒产业布局[①]

电视频道		
媒体品牌	创立年份	网址
NTV	1996(1999 年并入多乌什)	http://www.ntv.com.tr
STAR	1990(2011 年并入多乌什)	http://www.startv.com.tr
NTV Spor	2008	http://www.ntvspor.net
Kral TV	1994(2008 年并入多乌什)	http://www.kraltv.com.tr
Kral Pop TV	2011	http://www.kralpoptv.com.tr
Kral World TV	2013	https://www.kralmuzik.com.tr/tv/kral-world-tv
TV8	1999(2015 年购 30%股份)	https://www.tv8.com.tr
广播频率		
媒体品牌	创立年份	网址
NTV Radyo	2000	http://www.ntvradyo.com.tr
Kral FM	1992(2008 年并入多乌什)	http://www.kralfm.com.tr
Kral Pop Radio	2011	http://www.kralmuzik.com.tr/radyo/kral-pop
Kral World Radio	2015	http://www.kralmuzik.com.tr/radyo/kral-world-radio
出版物		
媒体品牌	创立年份	网址
Vogue Türkiye	2010	http://www.vogue.com.tr
GQ Türkiye	2012	http://www.gq.com.tr
Condé Nast Traveller Türkiye	2015	http://www.cntraveller.com.tr
National Geographic	2001	http://www.nationalgeographic.com.tr

① 来源:多乌什传媒集团 2016 年年报。

续表

出版物		
媒体品牌	创立年份	网址
National Geographic Kids	2004	
Robb Report	2008	http://www.robbreport.com.tr
NTV Publications	2007	
网站		
媒体品牌	创立年份	网址
ntv.com.tr	2000	http://www.ntv.com.tr
ntvspor.net	2006	http://www.ntvspor.net
startv.com.tr	2011	http://www.startv.com.tr
kralmuzik.com.tr	2014	http://www.kralmuzik.com.tr
vogue.com.tr	2010	http://vogue.com.tr
gq.com.tr	2012	http://gq.com.tr
cntraveller.com.tr	2015	http://cntraveller.com.tr

2016 年，多乌什传媒集团搭建了多乌什数字平台，积极开展数字媒体业务，专注探索在线视频业务和版权保护等新领域的增长点。多乌什数字平台 puhutv 于 2016 年年底正式运营，是土耳其首个专注本土电视剧、电影和动画片的在线电视平台。土耳其知名影视制作公司 AyYapım 出品的第一部原创作品 Fi 在该平台播出后引发普遍关注。该平台的 App 在半年内下载量达 230 万次，注册用户达 100 万人。多乌什数字平台针对不同受众需求提供全方位的内容服务。多乌什数字平台还与 YouTube、Dailymotion 和 Facebook 等平台展开合作，拓展在线视频内容业务。该平台已成为 YouTube 在中东和北非地区最大的合作伙伴。近年来，多乌什传媒集团对旗下的媒体业务不断进行资源整合和升级调整，继续保持了传媒业务的竞争优势。详见表 4-17。

表 4-17　多乌什传媒集团旗下的传媒业务布局及机构所在地①

传媒子公司	机构所在地
Doğuş Dijital	土耳其
Doğuş Media	德国
Doğuş Yayın Grubu	土耳其
Kral Müzik Medya	土耳其
Kral Pop Avrupa	土耳其
Kral Pop İnternet Televizyon Yayıncılığı A.Ş.	土耳其
Kral Pop	土耳其
Kral Platform İşletmeciliği A.Ş.	土耳其
NTV Radyo	土耳其
NTVSPOR	土耳其
Sekiz Prodüksiyon	土耳其
Star Avrupa	土耳其
StarTV Medya Hizmetleri A.Ş.	土耳其
合作的传媒机构	机构所在地
MNG Medya	土耳其
MNG Reklam	土耳其
MNG TV	土耳其
Onsekiz Reklam	土耳其
Sekiz Televizyon	土耳其

① 来源：多乌什传媒集团 2020 年年报。

三、图库瓦孜传媒集团：背靠大佬的宠儿

2007年，恰勒克集团以11亿美元收购了被储蓄存款保险基金接管的吉内尔集团旗下的传媒业务，成立了坐拥数家传媒公司的传媒巨无霸——图库瓦孜传媒集团。图库瓦孜传媒集团注册资本8498万里拉，集团董事长是奥梅尔·法鲁克·卡尔勇（Ömer Faruk KALYONCU），副董事长是塞尔哈特·阿尔贝拉克（Serhat ALBAYRAK）。[①] 2013年12月，幕后操盘手卡尔勇集团收购图库瓦孜传媒集团，摇身一变成为后正义与发展党时代传媒行业操控资本的超级赢家，成为新时代的传媒霸主。土耳其独立媒体机构（Bianet）的数据显示，成立于2013年，主要经营建筑、能源和基础设施业务的卡尔勇集团旗下的子公司泽威（Zirve）的股份由恰勒克集团（58%）、恰勒克旅游文化建筑工业贸易公司（25%）、盖普建筑公司（15%）、阿赫迈特·恰勒克（1%）和塞尔哈特·阿尔贝拉克（1%）五位股东共同持有，泽威全资拥有图库瓦孜传媒集团的股份。

图库瓦孜传媒集团的主要业务范围包括电视、广播、报纸、杂志、印刷、发行等多个领域（见图4-16）。[②] 该集团旗下的ATV电视频道是重要的国家级主流媒体之一，同时在欧洲多个国家播出。2011年推出的细分电视频道A Haber和Minika分别主打新闻节目和儿童节目。2014年开播的A Spor频道制作的是纯体育节目。在广播业务方面，该集团旗下的广播台Turkuvaz Radyo积极开辟内容细分市场，拥有包括Turkuvaz Efsane、Turkuvaz Anadolu、Turkuvaz Romantik、Radyo Soft、Radyo Energy、A Para Radyo、A News Radyo、A Spor Radyo、VAV Radyo等在内的众多专业化水平较高的广播频道。在报刊方面，图库瓦孜传媒集团有土耳其主流报业《晨报》，国家级主流报纸《日历报》、《赛事》（*Fotomaç*）以及最畅销的地区级报纸《新世纪报》（*Yeni Asır*）。此外，该集团还出版发行《福布斯》、《时尚》（*Cosmopolitan*）等国际品牌期刊和自创品牌期刊

---

① 参见 http://www.turkuvazmedyayayhiz.com/BilgiToplumuHizmetleri。

② 参见 https://www.tmgrup.com.tr/oryantasyon/tr。

《家居艺术》(*Home Art*)。在数字媒体领域,该集团拥有 sabah.com.tr,takvim.com.tr,fotomac.com.tr 和 dailysabah.com 等门户网站。土耳其国家级的发行网络平台共两个,该集团旗下的图库瓦孜发行市场部(Turkuvaz Dağıtım Pazarlama)正是其中之一。该集团还拥有土耳其最大的连锁书店 D&R,该连锁品牌在土耳其的 51 个省开设了 212 家连锁书店。

图 4-16 图库瓦孜传媒集团的业务范围(2020 年)

2012 年 9 月,图库瓦孜传媒集团与中国外文局牵手,在土耳其正式发行《今日中国》土耳其文版双月刊。该期刊旨在加深双边工业与经贸界的相互了解,为沟通交流搭建平台、建立渠道,为逐步消除两国民众之间的"信息鸿沟"、增进相互了解作出贡献。该杂志的土耳其文版由中方出版单位《今日中国》杂志社提供内容，由图库瓦孜传媒集团的期刊编辑团队负责编辑、出版和发行。通过中土双方的共同努力，《今日中国》土耳其文版已经成为土耳其期刊市场上的重要品牌，成为土耳其读者获得中国信息、中国观点和中国故事的最重要来源。[①]

四、德米尔沃伦集团：坐享其成的传媒巨鳄

德米尔沃伦集团成立于1956年，是一家涉足能源、矿产、建筑、零售、旅游、金融等多个领域的大型企业。2018年3月，该集团以9.16亿美元的价格收购了多安传媒集团的主体业务，一跃成为后正义与发展党时期土耳其传媒行业的新霸主。2018年5月16日，多安传媒集团和多安家族共同持有的、占总资本93.07%的共计97,723,878份股权全部出让给了德米尔沃伦集团。此次收购意味着，德米尔沃伦集团已成为多安传媒集团的主要合作伙伴。

德米尔沃伦家族拥有德米尔沃伦报业的控制权。2018年9月和2017年12月，德米尔沃伦报业的股东构成及各股东的股份持有情况详见表4-18。

表4-18　德米尔沃伦报业的股东构成及各股东的股份持有情况[②]

股份持有人	份额(%)	2018年9月份数	份额(%)	2017年12月份数
德米尔沃伦传媒集团	98.28	103,190,184	—	—
多安传媒集团	—	—	92.81	97,447,743
多安家族	—	—	0.52	546,010
伊斯坦布尔股市交易及其他	1.72	1,809,816	6.67	7,006,247
总计	100.00	105,000,000	100.00	105,000,000

2018年11月，德米尔沃伦集团调整了《祖国报》的发行模式，将其作为《民族报》的周末增刊形式保留。2018年10月，门户网站Odatv.com发布消息称，

---

① 参见 https://www.sohu.com/a/211588667_115239。

② 来源：德米尔沃伦报业2018年前三个季度的财务报表。

德米尔沃伦集团终止了亚伊萨特发行公司（YAY-SAT）的业务，这或将意味着卡尔勇集团旗下的图库瓦孜公司将完全垄断土耳其的分销市场。消息一出，德米尔沃伦集团和卡尔勇集团均未出面证实或否认该消息。2019 年 4 月 13 日，德米尔沃伦集团董事长之女与卡尔勇集团创始人之子成婚，土耳其总统埃尔多安和妻子埃米娜·埃尔多安是婚礼证婚人。因此，有媒体评论，这场联姻预示着土耳其传媒行业寡头格局的到来。

德米尔沃伦集团目前主要经营的业务基本接续了多安传媒集团的主营业务，覆盖了纸媒、视听媒体、数字媒体、出版印刷、通讯社等多个领域。目前，该传媒集团旗下的主要纸媒有《自由报》、《自由日报》（英文）、《民族报》、《邮报》、《狂热报》和《民族艺术》，视听媒体有 KANAL D、CNN TÜRK、TEVE 2、DREAM TV、DREAM TÜRK、Radyo D、CNN TÜRK RADYO、EURO D。数字媒体方面，该集团拥有 21 个数字内容平台，具体见图 4-17。此外，该传媒集团还拥有土耳其领先的数字出版平台、互联网服务提供商 D-Smart 以及土耳其第一家私人通讯社 DHA。

图 4-17　德米尔沃伦集团的数字媒体品牌

第三节 传媒格局的重塑

2000年至2001年，土耳其爆发严重经济危机，不仅导致了经济衰退，还引发了大面积的破产和失业潮。联合政府对经济改革踟蹰不前，民众怨声载道，温和的伊斯兰主义政党——正义与发展党登上历史舞台。2002年11月，正义与发展党在提前举行的议会大选中异军突起，以34.3%的得票率获议会550席中的363席，一举成为土耳其建国79年来第一个在议会占据多数议席并单独组阁、具有伊斯兰宗教背景的政党。正义与发展党上台后接过私有化改革的接力棒，在进一步发展私有经济的同时，为了顺应广大民众呼声，将加入欧盟作为基本国策，加大了旨在入盟的各项改革的力度，放宽了在新闻、言论、宗教信仰等方面的限制，加快与欧盟的接轨进程。正义与发展党上台初期，一方面十分重视与媒体的关系，另一方面通过各种行政措施加强了对媒体的舆论管制，并通过行政手段对传媒集团的重组进行干预。

2001年起，储蓄存款保险基金介入多家传媒集团旗下的银行破产案，媒体所有权出现重大变化，传媒集团的转手案例层出不穷。1993年创办ATV电视台的比尔金家族是曾经叱咤风云的报业大亨。为了获得更多的资本，做大做强传媒老本行，与多安传媒集团狭路相逢的比尔金家族于1997年买下艾蒂银行(Etibank)，进军金融业。2000年，比尔金集团旗下艾蒂银行出现巨额亏损，2001年经济危机爆发后，比尔金家族旗下的银行、《晨报》报业和ATV电视台被储蓄存款保险基金接管，比尔金家族遭遇灭顶之灾。[①] 为了偿还债务，比尔金家族将旗下的Kanal 6电视台转让给乌赞集团，2002年ATV电视台也被转让给吉内尔集团，从此从传统媒体起家的比尔金家族一蹶不振，迅速没落。

---

① 2007年Ahmet Çalık以11亿美元赢得了比尔金集团旗下的Sabah-ATV的拍卖，成为储蓄存款保险基金史上数额最大的一次拍卖。Sabah-ATV除了从银行贷款3.75亿之外，卡塔尔投资局下属的Al Wasaeel国际传媒集团还以3.5亿入股25%，成为Çalık集团的合伙人。这次大手笔的拍卖重塑了土耳其传媒业的格局。

自比尔金集团被清算以来，所有老牌传统媒体大户和从事银行业务的媒体集团都被新进场的玩家赶出了场，[①]旗下拥有银行业务的传媒集团在这次经济危机中几乎无一幸免。2005年，吉内尔集团从储蓄存款保险基金赎回《晨报》报业和ATV电视台；2007年，吉内尔集团因财务危机又将这两家媒体转卖给恰勒克集团控股的图库瓦孜集团；2003年，乌赞集团旗下的发展银行（İmar Bankası）被土耳其银监会（BDDK）取消从业资格，第二年，乌赞集团因银行倒闭无法偿还债务宣布破产，储蓄存款保险基金没收了乌赞集团控股的所有媒体产业，并于2005年开始对没收的这些媒体产业进行拍卖。2005年9月，多安集团以3亿美元收购了乌赞集团旗下的星空电视台，乌赞集团再无东山再起之力。

表4-19　乌赞集团被收购的传媒业务

乌赞集团传媒业务	收购金额	收购公司
Metro FM	22,850,000美元	Can West
Alaturka	190,000美元	Ares Radyove Televizyon
Rock FM	350,000美元	Karma Radyo ve Televizyon
Star（电视台）	306,500,000美元	Doğan Medya Grubu
Süper FM	33,100,000美元	Can West
Telsim	45,500,000,000美元	Vodafone
Ses	37,000美元	Hür Medya
Hayat Resimli Roman ve Dergi Yayınları	110,000 美元	Mustafa Karasu（Akademi Medya）
Sine Klasik ve Yeilçam	230,000里拉	Doğan Medya Grubu
Dizi ve Metro TV	226,000里拉	Doğan Medya Grubu
Joy FM ve Joy Türk FM	5,000,000美元	Can West
Star（报纸）	5,150,000美元	Ali Özmen Safa
Erol Köse	600,000 美元	Pera Müzik

① KAYA A R. İktidar yumağı[M]. Ankara: İmge Kitapevi, 2009:245.

科扎(Koza)集团 2005 年买下吉内尔集团旗下的报业,进入传媒行业,2008 年,该集团又以 4000 万美元买下以批评政府而闻名的 Kanaltürk 电视台。2003 年到 2010 年,科扎集团[①]的市值从 2000 万飙升至 5 亿美元。2008 年,恰勒克集团控股的图库瓦孜传媒集团以 11 亿美元的价格收购了《晨报》和 ATV。

早在共和国初期就在基础设施、工业、贸易、旅游、运输等行业大显身手的楚库洛瓦集团从 20 世纪 80 年代开始在金融、通信、信息技术等领域崭露头角,旗下的建设信贷银行(YapıKredi)是当时土耳其最大的私有制银行。完成了大规模的原始资本积累后,楚库洛瓦集团积极投身传媒业,欲在传媒格局重组中分得一杯羹。截止到 2000 年,该集团 45%的收入来自银行和金融服务,32%的收入来自通信和信息技术,12%的收入来自工业和贸易,4%的收入来自保险业务。该集团旗下的通信公司 Turkcell 是土耳其通信行业的王牌,旗下的互联网服务提供商 Superonline 公司占据了土耳其 40%的市场份额。楚库洛瓦集团在传媒领域的另一个重要投资是入股了数字平台 Digiturk。2000 年 4 月,该集团持有 Digiturk 9%的股份,旗下的建设信贷银行持有 25%的股份。该集团是继多安传媒帝国之后土耳其传媒史上的第二大帝国,旗下有 2 家报纸(《晚报》和《太阳报》)、5 家期刊、1 个数字平台(Digiturk)、6 家电视台、[②]2 家广播电台、1 家广告营销公司(Mepas)、1 家互联网服务提供商(Superonline)、1 家移动电话运营商(Turkcell)和 20 多个提供通信传播技术的公司。[③]

图尔盖伊 · 吉内尔(Turgay Ciner)创立的吉内尔集团在矿产、能源、房地产和旅游等领域均有涉足。2013 年,该集团的净资产估值达 13.6 亿美元,2016 年该集团上榜福布斯亿万富豪榜,排名第 1367 位。20 世纪 90 年代末吉内尔集团

---

① 曾坐拥 20 多个媒体机构的科扎集团因卷入居伦事件于 2016 年被全面关停。

② 6 家电视台是 Lig TV、Showplus、Show Turk、Show Max、Show TV、Sky Turk,其中 Show TV 和 Sky Turk 为国家级电视台。

③ 参见 http://www.cukurova.com.tr/medya_grup.asp 和 http://www.cukurova.com.tr/teknoloji_grup.asp。

通过收购楚库洛瓦集团旗下的《晨报》正式进军传媒行业。2007 年 9 月吉内尔集团正式成立吉内尔传媒公司(Ciner Yayın Holding),2009 年,该集团创办了自己的报纸《土耳其消息报》。2013 年,吉内尔并购了楚库洛瓦集团旗下的 Show TV(土耳其第二家私营电视台),进一步增强了其在传媒领域的话语权。2018 年 7 月,针对纸媒市场持续走低的萎靡局面,吉内尔集团做出战略调整,关闭了《土耳其消息报》的纸媒发行渠道,只保留了该报的网页版。经过十余年的发展,该公司旗下拥有电视频道 Show TV、Habertürk、Bloomberg HT、Show Max、Show Turk,广播台 Habertürk Radyo、Bloomberg HT Radyo,以及网站 Habertürk、Businessht、Hthayat、Bloombergh。

20 世纪 50 年代白手起家的波黑移民家族创办的乌赞集团用 30 年时间完成了在工业、建筑、能源、水利、金融等领域的资本原始积累后,成为 80 年代土耳其最具影响力的企业,也是土耳其早期私有化浪潮中的最大赢家之一。乌赞集团对传媒业的先见之明早在 60 年代就有所体现。早在 60 年代,乌赞集团就收购了《新伊斯坦布尔报》。1990 年,和厄扎尔之子共同成立土耳其第一家私营电视台的正是该集团的董事长杰姆·乌赞。该集团于 1994 年成立的 Telsim 通信公司,除在土耳其开展业务之外,还为约旦、塞浦路斯、阿塞拜疆、哈萨克斯坦等国提供通信服务。2002 年,乌赞集团以 13 亿美元身价跻身福布斯榜第 351 位。2002 年杰姆·乌赞成立的青年党宣布参加大选,然而,仅获得 7.24% 选票的青年党最终未能获得国会入场券。正义与发展党上台后,乌赞集团的运营情况急转直下,日子一天比一天难过。

2007 年,正义与发展党的再次成功单独组阁预示着一场对传媒行业的“清洗”即将拉开帷幕。最震惊业界的“清洗”当属 2009 年正义与发展党给传媒巨头多安集团开出的 25 亿美元天价罚单了。2013 年债务危机缠身的楚库洛瓦集团被迫转让旗下的《晚报》、《太阳报》、数字平台 Digiturk 等 10 家媒体机构,此外,该公司旗下的 Turkcell 电信运营商业务也被储蓄存款保险基金接管;同年 12 月,恰勒克集团将图库瓦孜传媒公司出让给卡尔勇集团。2015 年,土耳其传媒服务业总收入约 25 亿美元，其中排行前四的传媒集团占据了市场份额的 43%。国际媒体主要通过版权合作和资本投入与这四家传媒集团开展合作。[①] 这些传媒集团中有昔日占据半壁江山的多安集团，有老牌的传媒巨头多吾什集团，有稳打稳扎的吉内尔集团，还有善做幕后推手的图库瓦孜集团。

2011 年，德米尔沃伦集团与卡拉江集团联合收购多安传媒集团旗下的《民族报》和《祖国报》，一场对多安传媒集团的“肢解”大戏上演。在随后的几年间，迫于债务危机和政治压力的多安传媒集团陆续抛售旗下的《民族报》、《祖国报》、星空电视台等主要媒体业务，并最终于 2018 年 3 月将旗下所有的媒体产业转让给德米尔沃伦集团。历时 7 年多时间，德米尔沃伦集团以 12 亿美元收购了多安传媒集团的全部媒体产业，活跃了近 40 年的土耳其传媒帝国曲终人散。一场由执政党自导自演的媒体所有权移交“仪式”结束，资本高度集中的寡头传媒新格局形成。至此，土耳其传媒行业的新一轮洗牌告一段落，正义与发展党对媒体的重塑基本完成。

---

① 汤剑昆. CRITURK 品牌在土耳其传播效果分析[J]. 国际传播，2018(1)：57.

第五章　传媒政策

本章要点

- 传媒政策的发展历程
- 重要的传媒法律法规
- 主要的监管机构

第一节　传媒政策的发展历程

一、早期的传媒法律法规：萌芽期(1828—1920)

奥斯曼帝国首部专门的新闻法律规范是1864出台的《新闻条例》(*Matbuat Nizamnamesi*)，而在此前，关于新闻传播活动的规章制度只是以零散的法律条款形式出现在《刑法》(*Ceza Kanunu*)中。如1858年的《刑法》，对办报许可权的获得、对违规办报的惩戒等做了较明确的规定。1858年的《刑法》规定：严禁印刷机构出版针对最高统治者苏丹、统治阶层、奥斯曼帝国任何一个民族的反动言论；严禁印刷伤风败俗的讽刺幽默类文字和配图；严禁通过海报或报纸对他人进行毫无根据的责难，如有违反上述三类规定的，将被判监禁。此外，1858年的《刑法》还规定，所有刊物的印刷活动必须取得行政部门的许可，否则将面临关停的处罚；无证经营的印刷厂即日起关停，且处以 50 里拉罚款；持证经营的印刷厂如发布违背国家意志的言论，一经发现将被临时或永久关停，且处以 10—50 里拉不等的罚款；发表违反伦理道德和危害国家安全言论的记者将被监禁。

尽管一些印刷厂在这些条例出台后被关停，一些从业者被流放，但是帝国统治者意识到这些规定并不能有效地对舆论进行管控，于是在 1864 年帝国政府专门出台了《新闻条例》，进一步升级了对境内办报和境外报纸传播活动的限制。该条例规定，在奥斯曼帝国境内，需获得授权方可开展办报活动，任何攻击奥斯曼帝国或有敌对性质的境外报纸不得在帝国境内发行。在惩戒方面，除了监禁和罚款之外，还包括有限期或无限期的停办处罚。具体条款有：

· 本国办报者和境外办报者须向教育部和外务部同时提出申请；

· 新闻总局负责发放经营许可证；

· 报刊总编须在每期发刊之前签字确认后再上呈至新闻总局审核；偏远地区的报刊须上呈到当地政府部门审核；

· 若报纸中刊登了侵犯国家安全、侵犯苏丹及皇亲国戚个人名誉、侵犯国家利益、侵犯友好往来国家统治者及其政权的言论，该报纸将在一个月之内被关停。

1864 年的《新闻条例》还规定，每份报纸都要有责任编辑，责任编辑有权对报纸内容进行修改。尽管一些临时政令破坏了这一条例，甚至经常导致该条例被中断执行，但它依然是土耳其传媒领域的首部行业规范。1876 年帝国第一部成文《宪法》[①]提出“新闻在法律上是自由的”，“新闻自由”第一次被提到宪法层面。

1876 年，宰相米特哈特成立了一个专门委员会，起草第一部报刊法律。该草案主要在印刷厂的建立和运营、报刊的内容、行政许可与相关违反行为的判

① 在土耳其，宪法既是公法，也是母法，即土耳其的法律是由宪法和许多普通法律共同构成的等级体系，其他法律必须依据宪法制定，宪法是根本大法。

罚认定方面作了规定。1877 年 4 月,该草案正式提交议会,经由议会讨论后,该草案中关于禁止出版讽刺报刊、[1]报纸出版需缴纳保证金的条款被否决。经过修改后,同年 5 月,议会正式通过了该草案。然而由于阿卜杜勒·哈米德二世的反对,最终这部草案流产。

1908 年 7 月 24 日,搁置多时的《宪法》再次被提上议事日程,伊斯坦布尔各大报纸刊登了关于“已重新确立君主立宪政体,修宪通过”的消息。1908 年的《宪法》明确规定废除报刊审查制度,因此 7 月 24 日后来被确立为“新闻日”。在新宪法颁布的头两个月,有两百余家报纸获得了行政审批,报纸发行量从 2000 份飙升到 5 万份。

1909 年 4 月 23 日夜里,一支忠于阿卜杜勒·哈米德二世的军队发起政变,他们与伊斯兰神学家结盟,要求组建新内阁,开除统一与进步委员会的内阁成员,实施伊斯兰教法。由于 24 日在奥斯曼帝国历法中是 3 月 31 日,因而此次政变也被称为“三三一事件”。这场由保守势力发起的“反立宪”事件后,统一与进步委员会废黜了阿卜杜勒·哈米德二世,并通过了“禁止出版激进伊斯兰教法的报刊”的《新闻与印刷法》(*Basın ve Basım Kanunu*)。该法案实施的 22 年间,共通过了 15 次修正案,如 1912 年 3 月 3 日通过的暂时性法令规定,“部门编辑必须持高等教育或七年制高中文凭上岗,政治类报纸需缴纳 500 里拉(伊斯坦布尔)或 200 里拉(外省)的保证金方可获得办报许可,军人禁止在报刊发文”;1913 年 3 月 9 日通过的暂时性法令规定,“议员和参议员禁止经营报刊”,“办报人必须获得国家安全部门的许可”;1913 年 11 月 9 日通过的暂时性法令规定,“内阁会议有权责令关停破坏国家内政外交安全的报刊”;1914 年 8 月 25 日通过的暂时性法令规定,“未征得军事审查委员会的同意不能刊载与军队活

① 自阿卜杜勒·哈米德二世继位以来,漫画杂志就被列入禁止出版发行的刊物之列。逃亡国外的青年土耳其党人在英国、法国、瑞典、埃及、塞浦路斯等地创办了许多漫画杂志,因此这一时期的漫画杂志也被称为“流亡刊物”。阿卜杜勒·哈米德二世是这类杂志讽刺的主要对象。这些被明令禁止的刊物通过境外邮局进入奥斯曼帝国,直到阿卜杜勒·哈米德二世退位,这些杂志才得以在奥斯曼帝国境内继续出版。

动有关的消息”;1919年2月5日通过的法令规定,“未经军事审查委员会的同意,戒严地区不得发行报纸”;1920年8月5日通过的法令规定,“与内政外交事务有关的文件不得出版发行”等。

二、共和国成立初期的法律法规(1921—1945)

1924年,土耳其共和国建国后通过的《宪法》明确规定,“新闻在法律框架内是自由的,出版前不得审查任何出版物”。然而共和国成立不久,哈里发的地位问题被推上舆论的风口浪尖,活跃在伊斯坦布尔报界的自由派代表和维护政治权力中心的安卡拉报界之间的关系紧张起来。伊斯坦布尔律师协会会长卢特菲·菲科理通过报纸公开了一封哈里发写的“拒绝交出职权”的信,同时,一些境外宗教团体写给总理伊斯梅特·伊诺努,要求捍卫哈里发地位的信函也被公之于众。政府把公布信函的三家报纸的总编和卢特菲·菲科理交由独立法院审判。法院判处卢特菲·菲科理五年徒刑,而三家报纸的总编无罪释放。事后,总统阿塔图尔克在伊兹密尔举行的记者见面会上专门谈到新闻界在建立共和人民党政权中的作用,指出新闻界是捍卫共和国政体的坚强后盾,斗争尚未结束,全国上下必须团结一心,继续战斗。新闻界的责任重大,把情况如实反映给民众是新闻界的首要职责。然而,阿塔图尔克的此番讲话并没有给伊斯坦布尔新闻界起到什么警示作用,伊斯坦布尔新闻界反政府的舆论仍甚嚣尘上。1925年2月,偏居一隅的东部大省迪亚巴克发生暴动。1925年3月4日,土耳其政府出台了《维稳法》,根据该项法令,经总统批准,政府有权通过行政决议禁止或取缔任何引发社会倒退或叛乱暴动、威胁社会秩序或社会安定的机构和媒体。同一天,政府还在埃拉泽和安卡拉分别设立了独立法院,专门审理违反条例的案件。

随着《维稳法》的出台,伊斯坦布尔和阿纳多卢内陆地区跟政府唱反调的报刊纷纷被关闭。埃拉泽独立法院也开始大面积审判记者。在埃拉泽独立法院接受长时间审讯的记者大多被无罪释放,而在安卡拉独立法院受审记者则大多被判处不同期限的监禁。《维稳法》在执行4年后被废止。

20世纪30年代土耳其新闻史上最重要的事件是1931年通过的第一部共和国《新闻法》。该部法律在大国民议会引发了争议，经过长时间的讨论后于1931年7月正式生效。《新闻法》第50条规定："内阁有权临时关闭危害国家政治生活的报刊。被关停的报刊负责人在关停期间不得以其他名义发行报刊。"《新闻法》第51条规定："内阁有权禁止境外报刊进入土耳其。"该法律还对办报人的学历提出了要求：申请办报者至少持有高中及以上学历，有"反国家、反民族战争、反共和、反改革"案底的人不得办报。同时，该法律还规定，包括记者、作者、摄影师、作图人员和行政人员在内的所有报刊工作人员的信息都需要上报政府。出版机构禁止发表包含苏丹、哈里发、共产主义和无政府主义思想的内容；禁止刊登奥斯曼王室成员写的文章；禁止报道自杀事件。此外，该部《新闻法》还明令禁止彩票和抽奖等形式的投机活动。

1933年土耳其内政部成立印刷总局，政府对新闻的管控进一步升级。1935年5月，政府召开新闻大会，这次大会旨在明确新闻界应当履行的职责，建立新闻联盟，在政府的管理下有序发展国家新闻事业。然而在后来的40多年里，原定每年召开一次的新闻大会因一次都没能召开而最终自行解散。

1938年修订的《新闻法》发生了根本性的变化。修订后的《新闻法》规定，办报人不但需要从政府获得出版许可证，而且还必须从银行获得1000—5000里拉不等的保证函。此外，还有一条重要的变化是，未经政府和相关机构的允许，不得发布与教育机构相关的新闻。此项规定进一步扩大了新闻审查的范围。

三、共和国多党制时期的法律法规(1946—1981)

1945年12月4日，由律师、大学生、商人组成的人群挥舞着国旗聚集在伊斯坦布尔大学的贝亚泽特校区。很快，聚集了万名示威者的队伍从贝亚泽特广场出发开始了大规模的示威游行。游行队伍先是砸碎了沿路售卖革命图书的书店窗户，之后来到《曙光报》(*Şafak*)的所在地，用斧头、大刀砸碎了摆放在大楼一层的土耳其当时最大的印刷机，然后冲向二楼毁坏了排版工具。当天，示威队伍还袭击了多家报社。

1945 年 8 月，土耳其向多党制政体演变，当时的伊诺努政府批准伊斯坦布尔的大资本家努里·德米拉组建"民族复兴党"，敲响了一党制的丧钟。[①] 为了给 1950 年大选营造宽松的舆论氛围，1946 年共和人民党通过了 1931 年《新闻法》的修正案，废止了其中的第 50 条，废止了政府对报纸的关停权，将关停权划归法院。

自参选以来始终高举"新闻自由"大旗的民主党赢得了 1950 年的大选，成为土耳其共和国建国以来的第二个执政党。大选期间获得了新闻界广泛支持的民主党上台后不久，于 1950 年 7 月通过了新的《新闻法》。1950 年的《新闻法》在很大程度上解除了政府对新闻界的控制，如规定办报人只需向本地区的最高行政长官提交申请即可；报纸实行总编负责制，报纸和杂志出现任何违法内容均由总编负责；由议员组成的代表委员会有权关停违反规定的报纸和杂志。此外，新闻从业人员的地位也在这一时期有了明显提升。1952 年 6 月通过的 5953 号法令第一次把新闻从业人员纳入社会保障体系，并赋予了新闻从业人员建立工会组织、享受社会保险、享受周末和带薪年假等权益；同时，还要求雇主与新闻从业人员签订正式的书面合同，如果雇主违反合同约定，则必须向新闻从业人员支付赔偿。然而政府和新闻界的这段"蜜月期"仅维持了两年。

1955 年开始，土耳其国内的经济形势进一步恶化，尤其是居高不下的通货膨胀率让民众对民主党政府失去了信心。民主党在执政后期对反政府舆论的高压管制，也进一步激化了知识分子和学术群体与政府的对立情绪。1955 年 9 月 6 日至 7 日，伊斯坦布尔发生了针对希腊少数民族群体的大规模袭击，无力控制局面的警方请求军事委员会介入，才平息了冲突。事件的导火索是土耳其新闻界在前一天报道的一条关于国父阿塔图尔克位于希腊境内萨洛尼卡的故

---

① 陈德成.土耳其的多党制半总统制政体[J].西亚非洲，2000(2):46-50,77.

居被当地人炸毁的不实消息。杜撰消息的土耳其官员随后被捕，并承认了他们杜撰消息挑衅土希关系的企图，然而土耳其新闻界对此并不买账，而是坚称希腊人投掷炸弹袭击了阿塔图尔克故居。随后，伊斯坦布尔、安卡拉、伊兹密尔等大城市宣布戒严，戒严期间军事委员会出台了一系列对新闻报道内容进行严格管制的条例，至此，土耳其新闻界与政府的短暂"蜜月期"结束。1956 年开始，政府出台了一系列法令对新闻出版活动进行限制，比如 1957 年报纸和杂志的纸张供应被国家垄断，1958 年官方公告和广告收入由国家统一分配。

这一时期政府把报纸分为三类，第一类是官方报纸，第二类是支持执政党的报纸，第三类是中立报纸。报纸所能获得的广告收入不取决于其发行量和订阅数，拿不到政府广告配额的报纸也不能从其他途径获得私人广告费用。在纸张供应方面也是如此。因此，这一时期的报刊为了能存活下去，必须寻求政府的支持。这一时期的报业也被称为"喂养媒体"(Besleme Basın)①。

1954—1960 年是新闻从业人员的黑暗时期。上千名新闻从业者被警方逮捕审讯，两百余名记者被判有罪。报纸的版面常常大篇幅张贴被逮捕的记者的照片，数家报纸被关停。1960 年 5 月 27 日，军事委员会宣布民主党下台，国家进入军政府时期。军事委员会接管政府后立即出台了两部新闻方面的法令，一部是被称为"思想工作者法"的 212 号法令，该法令对此前的 5953 号法令进行了修订；另一部是 195 号法令，该法令明确了成立新闻公告署的必要性。212 号法令体现了对新闻工作者权益的关注，主要体现为以下几点：

一是对工龄权的认定。根据 5953 号法令，记者的工龄应从他工作的某家具体报刊机构的时间算起。而新法令规定记者工龄应从其入行的时间算起。

二是死亡赔偿的金额。除社会保险外，新法律要求必须按工龄向新闻从业者的家庭支付赔偿。

三是停刊后对从业人员的赔偿问题。根据新法令，如果所在的报社被关

---

① "Besleme Basın"字面义为"被收买的报业"，在民主党执政时期被首次使用，专门用来指得到政府资助的报纸。

停，那么该报社的从业人员应获得两个月的薪资作为补偿。

此外，212号法令还对支付遣散费、现金支付酬劳、允许夜班工作人员每周休假两次等具体福利待遇做了明确的表述。

1961年1月，根据195号法令，新闻公告署成立。1961年的《宪法》修正案对新闻自由的表述做了调整。在捍卫国家统一、维护公共秩序、保卫国家安全和公共道德，在不侵害公民的尊严和权利、不煽动犯罪，在维护司法权威的前提下，1961年《宪法》第22条指出："新闻是自由的，不能被审查。不能禁止出版活动。不能没收报纸和杂志。"第23条指出："不能禁止消息、思想和观点的传播。办报人无须获得许可、无须缴纳保证金即可办报。"第25条指出："不能收缴印刷厂和印刷工具。"第27条指出："不能乱用更正和解释权。"1963年，土耳其广电成立后，关于制定监管视听媒体相关法律的问题也被提上议事日程。

1971年3月12日军事政变后，土耳其再次进入戒严期。《共和报》和《晚报》被关停10天，被无限期关闭的报纸更是不计其数。1973年10月14日大选后，虽然军事委员会把国家管理权交给了政府，但是频繁更迭的政府和动荡不安的局势给80年代的土耳其军事政变埋下了隐患。1980年9月12日，武装部队军官发动军事政变，议会和政府被解散，议员被取消豁免权，国家再次进入戒严状态。国家安全委员会在军事政变后的一周内修改了《戒严法》，戒严司令部掌握了新闻审查权。

四、广播电视私有化初期的法律法规(1982—2001)

1982年9月23日《宪法》修正案通过。1982年的《宪法》第25条阐述了关于新闻自由的概念，即"任何人不得被迫表达自己的思想和信念，也不得因为其思想和观点遭受谴责或控诉"。1983年10月通过的《紧急状态法案》赋予了各个省级行政区新闻管制的权力，比如省级政府有权禁止或没收报纸、杂志、小册子、图书、传单，有权审查或禁止图片、音频和各类音像资料，有权审查出版物，在必要时有权关停舞台剧和电影院，有权判处出于某种特殊目的而制造耸人听闻消息的个人3个月到1年不等的监禁。如果上述违法行为的实施主体是新闻机构的话,则处罚加倍。同年11月,《新闻法》修订案出台,进一步加大了对违法行为的行政判罚力度,提高了违法成本,比如把罚金从5000里拉上调到15万里拉。

1982年的《宪法》第28条规定:"新闻是自由的,不能被审查。建立印刷厂无须取得许可证和提供担保金。政府应采取措施确保新闻自由。"同一条款还提到,"任何威胁国家内外部安全、国家及民族不可分割的完整性,煽动犯罪、叛乱或造反,泄露国家秘密的报道,其作者、印刷责任人、出版发行的人都将依照相关罪行的法律条文承担相应的责任。在法律规定的范围内,在不妨碍法官作出裁决的前提下,任何部门无权禁止对相关事件的报道"。

1980年1月24日出台的《1·24决议》为土耳其开启私有化进程提供了法律依据,特别是对政府补贴的行业进行了明确的限制。根据该决议,除化肥、能源、交通行业之外,其他行业的政府补贴将全部取消。该决议为进一步开放对外贸易、鼓励外商投资、加快利润转移和海外承包服务提供政策红利的同时,还对部分进口商品实行免征关税等奖励机制。

1983年出台的2954号《广播电视机构法》重新明确了土耳其广电的地位。根据该法案,土耳其广电是公有制机构,归政府所有;同时还明确了将成立土耳其广播电视最高委员会(Radyo Televizyon Yüksek Kurulu)。1984年出台的《土耳其广播电视管理条例》明确了广播电视最高委员会对国有和私营的广播电视机构的监管权。

1983年厄扎尔领导的祖国党赢得大选,土耳其进入厄扎尔时代。这一时期既是土耳其内政发生重要变化的时期,也是其对外战略调整的过渡时期,尤其是1989年厄扎尔担任总统时正逢冷战结束,国际局势的剧变也为土耳其对外战略的调整提供了前所未有的机遇。①

① 昝涛.从历史角度看土耳其的多边主义战略[J].阿拉伯世界研究,2015(1):52-66.

厄扎尔时期出版的最有影响力的报纸是比尔金家族从1985年4月开始发行的《晨报》。艳丽的图片、大字号标题、抓人眼球的新闻使《晨报》在很短的时间内俘获了一众拥趸，成为这一时期最畅销的报纸。

组织结构的变化和行业技术的升级也是这一时期的显著特征。传统的新闻家族被行业外资本家取代，新闻的生产从传统的家庭作坊模式转向“工业化”批量生产模式，因此早期以教化民众为主要宗旨的传统新闻理念逐步被市场化的供需机制替代，由此也拉开了媒体产业化的序幕。这种变化催生了新闻传播行业与政府的新型关系，传媒寡头垄断的格局初见雏形。

80年代末，在厄扎尔推行的新自由主义经济政策引导下，大量私人广播电视机构涌现，私营广播电视市场迅速发展壮大。1994年4月13日颁布的3984号《广播电视机构运营和播出条例》首次承认了私营广播电视机构的合法地位，把广播电视行业的营业许可权、监管权、停播权、发放频率执照权等权力直接划归到广播电视高等委员会。1995年，每四个月发放一次频率执照的规定被叫停，同年4月和12月，停止受理电视和广播许可证的申请。该法律把广播电视高等委员会更名为广播电视最高委员会（Radyo Televizyon Üst Kurulu，RTÜK），并对该委员会的组织结构、职能分工、频率分配权、监督管理权、制裁权等作了规定。同时，3984号法令还对私营广播电视机构资本份额的比例作了规定：一家公司最多只能控股1家广播台和1家电视台；如果该公司拥有多家传媒机构的股份，那么其在所有传播机构的总控股额不得超过20%。《广播电视机构运营和播出条例》在一定程度上遏制了媒体机构的过度膨胀，避免了传媒机构一家独大的局面。

五、正义与发展党时期的法律法规（2002年至今）

2002年，奉行温和伊斯兰主义的正义与发展党赢得选举，土耳其进入正义与发展党时期。正义与发展党继承了厄扎尔在20世纪90年代奉行的新自由主义经济政策。[1]在各利益相关方的博弈和游说下，2002 年出台了 4756 号《广播电视机构运营和播出条例》，对 3984 号《广播电视机构运营和播出条例》进行了修订。首先，新的管理条例把发放频率执照的权力划归到电信局，私营的 23 家国家电视台、16 家地区电视台和 212 家地方电视台可启用临时执照继续开展业务。同时，把传播机构的收视率和收听率作为评价考核指标，并对收视率和收听率设置了 20%的上限。然而这一时期，收视率最高的频道仅为 16%，因此 20%的上限对限制媒体的资本集中和垄断并没能起到实质的作用。新的管理条例还取消了对媒体所有者拥有媒体机构数量的限制，媒体所有者还可以参与公开竞标和上市。4756 号《广播电视机构运营和播出条例》的出台加速了土耳其传媒行业的垄断，催生了当代土耳其传媒行业的巨无霸。

加入欧盟是正义与发展党执政以来重要的执政纲领。在 1999 年获得欧盟候选成员国身份后，土耳其于 2005 年正式启动了加入欧盟的谈判。虽然入欧之路没有尽头，但是申请入欧的筹备过程无疑推动了土耳其国内民主政治的改革进程。为了在入欧谈判中获取更多的话语权，土耳其政府尝试了一种以自由主义和公共参与为特征的新政治文化，这一过程中对宪法的修改以及参照入欧标准制定的媒体行业法规就是很好的例证。为了加快入欧进程，土耳其依据欧盟标准制定了媒体行业竞争方面的法律，比如 1994 年出台的 4054 号《媒体行业竞争法》。该法令明确了行业竞争协会的职能，2011 年 4 月 5 日，多安传媒旗下的多家报业因低价收取广告费用，滥用行业主导权，被处以 650 万里拉的罚款就是依据该法令判罚的。

2004 年 6 月 9 日通过的 5187 号《新闻法》旨在对新闻自由及其适用范围进行调整。该法律的第 3 条在表述新闻自由时规定："新闻是自由的，包括获取信息、传播、批评、评论和创作的自由。新闻自由必须与一个民主社会相适应；在涉及他人的名誉和权利，维护社会和谐和稳定，维护国家安全、公共秩序、公共

---

① 刘义.埃尔多安"新土耳其"论与"土耳其模式"的危机[J].阿拉伯世界研究，2017(1)：3-15，118.

安全、领土完整、国家机密、司法权威等方面，新闻自由应受到约束和限制。”

2007 年 5 月 4 日通过的 5651 号《互联网传播规范和打击网络犯罪法》是互联网进入土耳其近十五年后出台的首部关于互联网治理的法律，该法律旨在规范互联网平台传播的行为，也是土耳其首个综合性的互联网内容管理法。该法令出台后引起了广泛的社会争议，主要表现在三个方面：一是要求互联网服务商积极主动限制不良内容，阻碍了国内互联网行业的创新和发展；二是网民大规模使用“翻墙”软件抵制内容管制；三是网民个人上网信息安全受到威胁。[①] 土耳其言论自由协会(İFÖD)发布的《2019 年互联网被禁内容分析报告》[②]称，截至 2019 年年底，土耳其共有 408,494 个网站被限制访问。此外，根据 5651 号法令，共有 130,000 个 URL 地址、7000 个 Twitter 账户、40,000 条推文、10,000 个 YouTube 视频和 6200 条 Facebook 推送内容被阻止访问，50,000 条内容被内容提供商删除。2006—2019 年，被阻止访问的网站数量峰值出现在 2018 年，达 94,233 个。[③]

2011 年通过的 6112 号《广播电视机构运营和播出条例》废止了 3984 号法令，也标志着土耳其广播电视行业迈进了一个新的时代。6112 号《广播电视机构运营和播出条例》的第 19 条，对私营媒体所有者的身份和所持股份比例作出调整。该条例在原有的“任何政党、工会、职业机构、合作社、协会、行政机构等组织不许经营传播机构”的表述下，新增了如下内容：

第一，私营传播机构的运作须公开，资本市场的操作程序须透明。

第二，任何组织或个人直接或间接控股的持有地面接收许可证的传播机构不得超过四家。

同时，为了适应经济快速增长、资本持续活跃的大环境，6112 号法令还给予了境外资本更宽松的投资环境。在该法律出台之前，境外资本最多控股一家传

---

① 赵玉林.协同整合：互联网治理碎片化问题的解决路径分析：整体性治理视角下的国际经验和本土实践[J].电子政务，2017(5)：57.

② 该项目受到荷兰驻土耳其大使馆的资助。

③ 参见 https://ifade.org.tr/basin-bultenleri-ve-duyurular/engelliweb-2019/。

媒机构，其控股比例不得超过 25%。6112 号法令第 19 条对该项限制作出调整，境外资本最多可控股两家传媒机构，境外资本的控股比例上限提高至 50%。

为了营造健康有序的竞争环境，为传媒行业的多元化发展提供助力，6112 号法令同时还增加了“欧盟标准本土化”的条款。一方面，该法令重新定义和调整了 3984 号法令中未涉及的议程设置、信息源、新闻符号等概念，并将广播机构缴纳的税收比例从总广告收入的 5%减至 3%，广播许可期限也从 5 年延长至 10 年。另一方面，6112 号法令再次把频率执照的发放权划归到广播电视最高委员会，同时为了保护投资机构的既得利益，该法案的第 26 条第 4 项增加了“从事广播电视经营活动不少于一年的机构，已履行竞标契约并从广播电视最高委员会取得合格证的机构可以参与频率执照的竞标活动”的条款。然而频率执照的发放权多年来一直是政府部门之间争夺的资源，其权属的频繁变更曾几度造成混乱。

先从 1997 年的许可和频率招标说起。土耳其的地面广播和电视频率很长时间以来处于无招标状态。而实际早在 1995 年广播电视最高委员会成立的第二年，该委员会就开始筹备频率竞标一事，并计划在 1997 年开展招标工作。国家安全委员会认为，为防止广播电视被宗教势力用作宣传工具，应该对广播电视进行管制，因此国家安全委员会督促内阁委员会立即采取行动，关停所有批判世俗主义、违背民主法制理念的传播机构。这样一来，原定于 1997 年 12 月 15 日开展的 15 家国家级电视台频率的招标工作夭折。该事件之后，政府不但终止了涉及 30 个省和 20 个标的的后续许可流程手续，而且对未来的招标出台了新政。新政规定，所有的广播电视机构经营者和其资金网络必须接受审查，且必须获得“国家安全证书”方可进行传播活动。

再到 2001 年的第二次过招。为了将视听媒体的所有权纳入法律框架，2001 年广播电视最高委员会进行了第二次尝试，面向 16 个国家级、15 个地区级和 229 个地方级电视机构以及 36 个国家级、108 个地区级和 1051 个地方级广播机构进行招标。然而这次招标再次被第十行政法庭叫停。2002 年，大国民议会通过了对3984号《广播电视法》的修订案，修订案重新明确了广播电视频率规划和发放的权力，原本属于广播电视最高委员会的频率规划和发放权限被划给电信委员会。[①] 2008年出台的5809号《电子通信法》第36条要求把频率规划和发放权从信息技术和通信管理局剥离出来，直到2011年随着6112号《广播电视机构运营和播出条例》的出台，该项权利才被重新划归到广播电视最高委员会。2011年广播电视最高委员会专门成立了频率规划委员会来开展工作。经过两年的努力，2013年4月，广播电视最高委员会终于再次开展了地面数字电视广播许可等级招标工作。然而这次尝试在同年7月再次被第十行政法庭叫停，第三次招标再次以失败告终。

2018年3月土耳其大国民议会通过的《土耳其广播电视最高委员会监管法》(*RTÜK Denetimi Kanun Tasarısı*)明确了广播电视最高委员会对互联网传播内容的监管权，Netflix、BluTV、Puhu TV等流媒体平台均被列入广播电视最高委员会的监管范围，这样一来，广播电视最高委员会的监管权进一步扩大，成为土耳其传媒行业无所不能的大管家。

第二节　传媒行业的法律法规

一、《宪法》中的相关表述

土耳其共和国《宪法》[②]中关于新闻传播活动的表述基于1982年的《宪法》，1982年的《宪法》中，关于新闻传播活动的条款具体如下：

第26条：人人都有权力以自己单独或集体的方式通过语言、文字、图片或其他形式表达和发表思想和见解。这包括在不受官方机构干预的情况下获取或

① 2008年11月，依照5809号法令，电信委员会(Telekomünikasyon Kurumu)正式更名为"信息技术和通信管理局"。

② 参见 https://www.tbmm.gov.tr/anayasa.htm。

者传递信息的自由。本条款并不妨碍通过广播、电视、电影或其他类似的传播方式服从许可的制度。如出于捍卫国家安全,维护公共秩序和安全,保证共和制政体,承认政府、国家和民族的不可分割性,防止犯罪行为,惩处犯罪分子,保守国家机密,维护他人名誉或权益,保护个人和私生活隐私或法律规定的职业机密,履行正当司法职责等目的,上述自由可受到限制。行使自由表达和传播思想的权利时,使用的形式、条件和程序必须符合法律规范。

第 27 条:在科学和艺术领域,每个人在遵守《宪法》第 1 条①、第 2 条②和第 3 条③的前提下都享有自由学习、讲授、阐释、传播、研究的权力。涉及境外机构的传播和发行活动时,可以根据实际情况对条款进行调整。

第 28 条:新闻是自由的,不能被审查。④ 创办印刷厂无须经事先许可,也无须交纳保证金。不得使用法律禁止的语言。《宪法》第 26 条和第 27 条的规定适用于限制新闻自由。发表或印刷威胁国家内部和外部安全、影响国家和民族不可分割性、煽动犯罪或动乱、泄露国家机密的文章的个人或机构将被追究法律责任。一旦确定防范措施,或被认定防范延迟会造成危害的,可由法律明文规定的职能部门下令停止发行,该职能部门须在 24 小时内将此决定告知主管法官,如主管法官在被告知的 48 小时内对查封未予批准,则查封令视为无效。

在法律规定的范围内,为确保司法部门正常履行司法任务,不得对报道施加禁令。定期或不定期出版物,在违反法律规定被调查或起诉时,可由法院予以查封。

定期或不定期出版物,如存在违法情况被调查或起诉,可由法官决定如何惩处;如出于捍卫国家和民族的不可分割性、保护国家安全、维护公共秩序和道德规范、预防犯罪的目的,如停发出版物存在延迟的风险,那么可由法律明文规

① 《宪法》第 1 条:土耳其为共和国制国家。

② 《宪法》第 2 条:土耳其共和国致力于社会稳定、民族团结、公平正义;尊重人权,忠于阿塔图尔克的民族主义,是以序言中所规定的基本原则为基础建立起来的民主、世俗的法制社会国家。

③ 《宪法》第 3 条:土耳其共和国是不可分割的整体,其语言是土耳其语,其国旗是法律中规定的红底白色星月旗,其国歌是《独立进行曲》,其首都是安卡拉。

④ 2001 年修订版中,此条被改为“国家采取措施确保新闻和信息自由”。

定的职能部门予以查封。作出查封裁定的职能部门在 24 小时内将此决定告知主管法官；如主管法官在被告知的 48 小时内对查封未予批准，则查封令视为无效。

因刑事调查或起诉的需要，可按一般规定没收或扣押定期或不定期出版物。

在土耳其境内出版的定期刊物，如被认定其内容有违背国家和民族的不可分割性、共和国政体的基本原则以及有害于国家安全和公共道德的情况，可由法院暂予查封。被查封的出版物不得以任何形式继续出版发行，如有出版发行的，可由法院扣押。

第 29 条：出版定期刊物和不定期刊物无须经事先许可，也无须交纳保证金。

出版定期刊物须向法定部门提供相关文件和信息。如果提供的文件和信息中有违法行为，法定部门可向法院申请关停出版机构。

根据法律制定与定期刊物的出版活动、出版条件、资金来源和新闻职业操守等内容相关的规范。法律不得在政治、经济、财务和技术上设置障碍，干预消息、思想和观点的自由发表。

根据平等的原则，定期刊物可以使用政府和公共法人机构或其下属机构的设备和资源。

1982 年《宪法》中第 133 条关于开办广播电视机构的主体认定中，规定“政府是唯一开办广播电视机构的主体，广播电视机构的管理部门应为中立的公共法人”。

该条款在 1993 年 7 月的《宪法》中被修订，修订后的条款为：在法律许可的范围内，可以自由建立和经营广播台和电视台。

2005 年 6 月通过的 5370 号法令对《宪法》的此项条款进行了补充。具体内容如下：

广播电视最高委员会是管理和监督广播与电视经营活动的机构，该机构由

9名成员组成。成员将根据每个政党的成员人数比例进行提名，由土耳其大国民议会选举产生。该委员会的设置、职能、成员资格、选举程序和任期依照相关法律进行。政府建立的具有公共法人性质的、唯一的广播电视机构与具有类似公共法人性质的通讯社享有自治权，秉承报道的中立立场。

二、主要的传媒法律法规

(一)《新闻法》(*Basın Kanunu*)

1931年7月25日，土耳其共和国的第一部新闻法获得通过，1864年出台的《新闻条例》和1909年出台的《新闻法》可以说是共和国第一部《新闻法》的前身。这部《新闻法》由70项条款组成，对新闻最严格的限制体现在第50条：

触犯国家法律的出版物可由执行代表委员会(İcra Vekilleri Heyeti)暂时查封。查封期间的出版物不得以更名的方式继续开展出版活动。

1950年7月通过的5680号《新闻法》(共46条)废除了1931年《新闻法》中赋予政府的多项权力。根据该项法令，办报机构只需提交申请即可开展经营活动，无须事先许可。新闻传播活动中的违法行为将统一由新闻法院(Toplu Basın Mahkemeleri)进行审判；报纸的经营者对已发布的新闻和文章无须承担刑事责任。

土耳其现行的《新闻法》是2004年6月通过的5187号《新闻法》，[①]该法令在5680号《新闻法》的基础上进行了修订。5187号《新闻法》[②]旨在以《宪法》精神为框架，指导和规范新闻自由精神下的具体实践。该法律明确了印刷者和发行者的从业活动：年满18周岁、具有行为能力的自然人、法人、公共机构和组织只需向主管部门所在地的检察院提交申请即可。

现行的《新闻法》由32项条款组成，其内容主要包括新闻自由的规范和新闻自由的使用两个方面，主要管辖的范围是印刷品和出版物。2012年7月生效

---

① 参见 https://mevzuat.gov.tr/MevzuatMetin/1.5.5187.pdf。

② 参见 https://www.tbmm.gov.tr/kanunlar/k5187.html。

的 6352 号法令，对 5187 号法令进行了补充和修正，废止了 5187 号法令第 19 条[①]，修订了第 26 条，增补了一条临时条款，具体如下：

1.5187 号法令第 19 条

在开始初步调查到决定不起诉或提起公诉阶段，任何人不得对外公布检察官、法官、法院诉讼内容及其他与调查相关的信息，违反规定的将处以 20 亿里拉至 500 亿里拉的罚金。该处罚额度针对地区级定期出版物不得少于 100 亿里拉，针对普通出版物不得少于 200 亿里拉。在法院正式判决书公布之前，相关信息不得公之于众，违反规定的人员也将处以 20 亿里拉至 500 亿里拉的罚金。

2.5187 号法令第 26 条

修订前：

通过印刷出版物实施犯罪或实施本法令认定的其他犯罪行为的日刊须在两个月内被提起刑事诉讼，其他出版物须在四个月内被提起刑事诉讼。

在是否对犯罪行为提起公诉的界定过程中，执行必要申请程序的过程在起诉期自动停止。停止期限不超过两个月。

修订后：

通过印刷出版物实施犯罪或实施本法令认定的其他犯罪行为的日刊，作为法院判决的依据，须在四个月内被提起刑事诉讼，其他出版物须在六个月内被提起刑事诉讼。

在是否对犯罪行为提起公诉的界定过程中，执行必要申请程序的过程在起诉期自动停止。停止期限不超过四个月。

3.增补的临时条款

2011 年 12 月 31 日前，法院、主管部门和其他相关部门已经作出没收、禁刊、停止发行和销售决议的，自本条例公布之日起六个月内，如主管部门和授权法

---

① 参见 https://resmigazete.gov.tr/eskiler/2004/06/20040626.htm。

院没有对上述决议进行后续裁定,那么决议将自动失效。有关决议的信息和证据将由执法机构在两个月内提交授权的首席检察院。法院判决书的副本将提交内政部。

(二)《广播电视机构运营和播出条例》(*Radyo ve Televizyonların Kuruluş ve Yayın Hizmetleri Hakkında Kanun*)

《广播电视机构运营和播出条例》旨在监督和管理广播、电视及点播服务机构的传播活动,确保言论自由和获取信息的自由;明确媒体服务机构的行政、财务和技术方面的组织运营及相关义务,广播电视最高委员会的成立、组织形式、职责、权力和责任。

1963 年 12 月通过的 359 号《土耳其国家广播电视法》[①]规定,土耳其广电是土耳其唯一可以开展广播和电视传播活动的组织机构。

随着 1993 年《宪法》的修订,土耳其广电一家独大的垄断局面被彻底打破,1994 年 4 月颁布的 3984 号《广播电视机构运营和播出条例》旨在规范广播电视的传播活动,确立了土耳其广播电视最高委员会的职责。该条例由 42 项条款组成。在厄扎尔新自由主义经济政策的激励下,20 世纪 90 年代,土耳其私营广播电视机构迎来井喷期,但是关于私营广播电视机构的相关法律却姗姗来迟,第一批私营广播电视机构的经营活动颇有点“生米煮成熟饭”的意味。1990 年 3 月 1 日,乌赞集团和厄扎尔家族联手打造的第一家私营电视频道星空电视 1 台正式开播。广播电视最高委员会根据 1982 年《宪法》第 133 条“广播电台和电视台由政府建立,并以中立的公共法人的形式进行管理”和 1983 年的 2954 号《土耳其广播电视法》(*Türkiye Radyo ve Televizyon Kanunu*)中“土耳其广播电视的开办权归政府所有”的相关规定,对星空电视 1 台和作为卫星中继站的土耳其邮政局提出起诉。安卡拉检察院认为星空电视 1 台通过卫星播送节目,可等同于 CNN、BBC 等境外电视台的传播行为,因此不存在违法行为。

---

① 参见 https://mevzuat.gov.tr/MevzuatMetin/1.5.2954.pdf。

由此可见，虽然土耳其私营广播电视机构的行业活动在早期缺乏法律依据，但政府的意图和态度已经非常清楚。此后的两三年间，电视行业进入了全面私有化时期，仅在1992—1993年就有近十家私营电视台开播，其中影响力较大的有1992年1月乌赞集团创办的Teleon TV，1992年3月比尔金家族、希玛威家族和阿克索伊家族共同创办的Show TV，1992年9月比尔金家族创办的ATV，1993年9月多安集团创办的KANAL D，阿克索伊集团创办的土耳其第一个付费订阅电视频道Cine 5。

在电视全面私有化的过程中，广播也搭上了私有化的快车。1992年第一家私营广播"Kent FM"开播，随后Süper FM、Metro FM、İstanbul FM、Best FM等一大批私营广播台也加入私有化的行列。1993年3月15日，无线通信总局(Telsiz Genel Müdürlüğü)[①]发布的一份题为"关闭私人电台和电视台"的通告引发了激烈的争论。一些民间组织自发将黑丝带系到汽车的天线上，发起了一场"还我广播"的运动。1993年7月10日，《宪法》修正案通过，《宪法》的第133条修改为"在法律允许的范围内设立和经营广播电视机构是自由的"。该修正案为1994年4月通过的3984号《广播电视机构开设和播出管理法》做好了铺垫，为土耳其传媒行业私有化的合法性提供了依据。

3984号《广播电视机构开设和播出管理法》是土耳其广播电视私有化进程中的首部行业法律，首次承认了私营广播台和电视台的合法地位，确认了广播电视最高委员会对私营广播电视机构的监管地位。该法令的第二章对传播活动的总则进行了规定，具体包括以下23条：

(1)不得危害国家统一、主权和领土完整以及阿塔图尔克主义/凯末尔主义。

(2)不得引发社会动荡、恐怖、种族歧视、煽动民族仇恨。

(3)传播机构、股东、第三方、亲属、自然人和法人不可通过传播活动获取非

---

① 无线通信总局2000年更名为"电信委员会"，2008年，电信委员会更名为"信息技术和通信管理局"。

法利益。

(4)不得对他人的语言、宗教、肤色、性别、政治理念、宗教信仰、宗派等进行侮辱和贬损。

(5)不得有悖于土耳其民族价值观和家庭观。

(6)必须尊重他人隐私。

(7)必须服务于提升土耳其国民教育的总体目标、基本纲领和民族文化。

(8)必须使用正确规范的土耳其语,土耳其语必须随着当代文化、教育和知识的发展不断更新。

(9)对他人的批评不得变为人身攻击,应充分尊重他人的解释权和更正权;在新闻职业准则的框架内可以调查事实,但不得播放不确定和未经调查的内容;在不损害公共利益的前提下如有涉密内容均不得播放。

(10)不得利用广播电视渠道参与非法活动和不正当竞争;通告和广告类节目必须真实可信;其他新闻机构创作的节目不得据为己有;在报道新闻时若消息源来自其他新闻机构必须专门说明。

(11)在法院裁决尚未明晰之前,不得传播宣告他人有罪的内容;不得宣传挑唆他人犯罪的内容,不得散布恐怖消息。

(12)必须保证传播内容的客观公平,遵循有据可依的原则;不得妨碍个人的言论自由;除公共舆论的要求之外,消息的来源必须保密。

(13)不得播放具有欺骗性、误导性和导致不正当竞争的广告信息。

(14)政党和民主团体的机会均等;传播不得单一、片面、主观;在选举期间传播的言论不得违反相关的选举条例。

(15)不得侵犯 5846 号法令中关于思想类和艺术类作品版权的条令。

(16)广播电视机构不得开办通过电话和手机短信参与的有奖竞猜节目;不得以高额奖品和奖金迎合或诱发听众或观众的投机、博彩心理。为获取调查问卷和征求民意而开设的电话渠道需要对从发布问卷、开始调查到宣布调查结果的全过程进行公证。

(17)在电视传播中不得通过分屏的方式播放与主体节目有关或者无关的消息；不得在屏幕边缘或以字幕的形式连续播放；在新闻中不得播放与消息无关的图像；在播放与消息内容相关图像时必须注明该图像的出处。

(18)所有节目在制作过程中必须尊重他人的基本人权。

(19)不得播放下流粗俗的内容。

(20)不得播放含有歧视妇女、弱者和渲染暴力的内容。

(21)不得播放含有暴力倾向或煽动种族仇恨的内容。(2002 年 8 月修订版)

(22)不得播放犯罪团伙骇人听闻、蛊惑人心的言行。

(23)不得在青少年观看电视的时间段播放对其身体或智力发育、道德培养有危害的节目。

同时，3984 号法令第五章中的第 29 条对私营广播电视机构的设立、股份分配[①]等进行了规定，具体包括以下 13 条：

(1)政党、协会、工会、行业组织、合作社、基金会、街道办以及由上述组织或机构设立的或合伙成立的公司、协会以及生产、投资、进出口、贸易、金融机构等不得获得传播许可权；上述组织或机构不得与已获得广播电视传播许可的机构开展合作。[②]

(2)广播电视机构的传播许可权只可授予满足《土耳其商法》规定的，以广播电视传播、通信、教育、文化、艺术为主要经营范围的股份有限公司。同一家公司只能运营一家广播机构和一家电视机构。

(3)私营广播电视机构的股份必须以书面形式予以确认。公司不得为了私人利益行使收益权。

(4)根据由广播电视最高委员会每年组织调查得出的年平均收视份额，在

---

① 3984 号法令第 29 条规定传媒行业的所有权是建立在“股本制”之上的，4784 号法令起初计划将其改为“受众份额制”。该修订案因遭到宪法法院的反对，最终未能实施。

② 3984 号法令第 29 条规定，禁止机构在获得广播电视经营权之前参与任何公共组织的竞标活动。90 年代，多安集团、楚库洛瓦集团等公司共同持股的伊斯坦布尔电力有限公司的 5 亿里拉的标的项目曾被土耳其最高行政法院第十行政法庭撤销。然而该撤销令最终以“上述企业在任何传媒机构中持有的股份均未超过 10%”为由被最高行政法院驳回。

年均收视率超过 20%的广播和电视机构中，自然人、法人或投资方的资本份额不得超过 50%。在计算自然人股份时，其三代以内（包括第三代）血亲的股份也被认为属于同一个人。

(5)一个自然人、法人或投资方占股比例超过 50%的广播电视机构如果年均收视（听）率超过 20%，则自广播电视最高委员会下发通知的 90 天内，该广播电视机构自然人、法人或投资方应通过公开发行或出售部分股票的方式将资本份额减少到 50%以内。如果每年的收视率或收听率盈余是多家电视和广播股票的总和，则必须卖出足够多的公司，将其持股份额减少到 50%以内。否则，广播电视最高委员会有权取消该广播电视机构的许可证。

(6)年均收视（听）率由广播电视最高委员会在每年 1 月公布。

(7)私营广播电视机构首次公开发行股票应遵循 2499 号《资本市场法》的规定，在取得资本市场管理委员会（Sermaye Piyasası Kurulu）的许可之前应先获得广播电视最高委员会的批准。

(8)私营广播电视机构的外资份额不得超过总资本的 25%。

(9)本国或外国股东不得以任何形式持有优先股。

(10)获得广播电视传播许可的股份有限公司如果进行股权转让，应从转让之日起一个月内，将股东的姓名、转让后的股权结构等信息上报给广播电视最高委员会。公司之间的转让或合并行为，必须事先向广播电视最高委员会提供必要的文件，在获得许可后方可进行。

(11)对于已获得或即将获得广播电视许可的股份有限公司，其行政、财务、技术条件、传播区域、播出时长和期限等事项均由广播电视最高委员会规定。公司必须在规定的期限内调整其结构，以适应广播电视最高委员会的规定，否则广播电视最高委员会有权取消其传播许可。

(12)频道、频率和电缆容量不能分配给境外广播电视机构。

(13)广播电视机构必须在广播节目中以特定比例和时长播送教育、文化、艺术、民俗音乐等内容。节目的类型、比例等相关原则由广播电视最高委员会确定。专题频道可免除该项义务。有意愿制作专题节目的机构在申请时须单独说明。未经广播电视最高委员会许可，任何频道不得改变其播出节目的类型。有关专题节目的程序和原则由广播电视最高委员会确定。

2002年5月出台的4756号《广播电视机构运营和播出条例》对3984号《广播电视机构运营和播出条例》中的多项条款进行了修改。改动最大的是对私营广播电视机构涉足其他行业的合法性方面的规定。3984号《广播电视机构运营和播出条例》关于"禁止私营传媒机构参与其他行业的活动"的规定在4756号法令中被废止，由此，私营传媒机构参与其他行业的行为获得了合法地位。此后出台的一系列法令也对3984号法令的条款进行了修改。以2003年7月出台的4928号法令为例，该法令对3984号法令中关于"国有和私有广播电视机构使用的语言"的条款进行了修改，承认了少数民族语言或方言在大众媒体中的合法地位，也为2009年土耳其广电开设TRT-6库尔德语频道提供了法律依据。同时，4928号法令还授权广播电视最高委员会设立区域分支机构，分支机构的人员须为广播电视最高委员会的在编人员。广播电视最高委员会在伊斯坦布尔、伊兹密尔、阿达纳、迪亚巴克尔和凡城等五地设立了下属机构，形成了该委员会人员的内部流动机制。

2011年2月出台的6112号法令是基于欧盟标准的管理条例，随着该法令的出台，3984号法令正式退出历史舞台。[①] 6112号《广播电视机构运营和播出条例》由50项条款组成，截止到2020年，该法令先后于2012年7月、2013年5月、2014年9月、2016年9月、2017年1月、2017年2月、2017年4月、2018年3月、2018年7月、2019年12月、2020年4月被修订。详见表5-1。

① 参见 https://www.rtuk.gov.tr/haberler/3787/158/6112-sayili-radyo-ve-televizyonlarin-kurulus-ve-yayin-hizmetleri-hakkinda-kanun-yururluge-girdi.html。

表 5-1　6112 号法令的修订情况[①]

依据的法令	6112 号法令中被修订或废除的条款	实施日期
6353	42	2012.7.12
6462	8，9，32，37	2013.5.3
6552	42，临时条款第 4 条	2014.9.11
6745	19,41	2016.9.7
680	7，8，19，32，临时条款第 8 条	2017.1.6
687	3，26，临时条款第 4 条	2017.2.9
690	2，6，8，32，37	2017.4.29
7072	7，8，19，32，临时条款第 8 条	2018.3.8
7076	3，26，临时条款第 4 条	2018.3.8
7077	2，6，8，32，37	2018.3.8
7103	29/A	2018.3.27
703	7，14，34，39，43	2018.7.9
宪法法院 2019 年 81 号决议	临时条款第 4 条	2019.12.5
7196	14	2019.12.14
宪法法院 2020 年 10 号决议	19	2020.4.30

2018 年 6112 号法令的增补条款主要针对在网络平台开展活动的传媒机构进行了规定。具体如下：

(1)已从广播电视最高委员会获得传播许可或临时传播权的媒体服务机构在遵照 2007 年的 5651 号《互联网平台出版物的管理规范与打击互联网犯罪法》相关规定的前提下也可以在互联网进行传播。音视频内容仅在互联网上传播的媒体机构须从广播电视最高委员会取得传播许可，通过互联网对其内容进行再次传播的网络平台服务商须从广播电视最高委员会获得内容转载权。

(2)未从广播电视最高委员会获得传播许可或临时传播权的，或被取缔上述传播权的法人实体通过互联网开展传播活动的一经发现，广播电视最高委员

① 参见 https://mevzuat.gov.tr/MevzuatMetin/1.5.6112.pdf。

会即可申请刑事法官，删除其法人实体在互联网平台传播的内容或限制其网络访问渠道。在必要的情况下，广播电视最高委员会的决议将提交信息技术和通信管理局。刑事法官应在24小时内、在未公开审理的情况下受理广播电视最高委员会的申请。依照2004年5271号《刑事法院法》的规定，刑事法官有权驳回广播电视最高委员会的申请。

(3)境外的内容提供商或平台服务商如通过互联网在土耳其从事商业服务，须从广播电视最高委员会获得传播许可，网络平台服务商须从广播电视最高委员会获得内容转载权。

(4)个人网络信息传播不属于本条款讨论的范围，解释权在信息技术和通信管理局。

6112号法令第19条(b)项对获取传播许可的机构进行了规定："政党、工会、行业机构、合作社、联盟、社团、街道办等组织或机构以及由上述组织或机构建立的、有直接或间接合作关系的公司和资本市场机构、有直接或间接合作关系的自然人和法人均不得获取传播许可。"第19条(d)项对传媒机构的经营权和股份等进行了规定："自然人或法人直接或间接经营的地面传播机构不得超过4个。与多个媒体服务机构有合伙关系的单个自然人或法人直接或间接持有股份的媒体服务机构的年度商业收入不得超过全行业商业总收入的30%。超过该比例的自然人或法人须在广播电视最高委员会规定的90日内转让其在媒体服务机构中持有的股份，确保该比例下调至规定范围。在规定时间内，广播电视最高委员会有权按月向不履行其决议的自然人或法人处以每月40万里拉的行政罚款。基金会的创立人在履行本政策条款的前提下可成为媒体服务机构的合作伙伴。广播电视最高委员会对执行本条款的程序和原则拥有解释权。"第19条(f)项还对媒体服务机构的外资份额作了规定："媒体服务机构的直接外资总份额不得超过总资本的50%。境外自然人或法人最多可以成为两家媒体服务机构的合伙人。如果境外自然人或法人是媒体服务机构的间接合伙人，那么该媒体服务机构的董事长、副董事长、大多数股东、总经理人选须是土耳其共和国公民,该媒体服务机构的章程里须写明,拥有投票权的大多数人应是拥有土耳其共和国国籍的自然人或法人。机构章程中应明确规定上述内容。”此外,6112 号法令第 19 条(g)项还规定,本国或外国股东不得以任何形式持有优先股。

6112 号法令在很大程度上是根据欧盟和欧洲理事会在 1989 年 10 月制定的关于视听媒体服务的 89/552 / ECC 号条例来制定的。该法令旨在重新建立一套广播电视监管体系,确保言论和信息自由,规范从事传播活动的机构在行政、财务、技术以及媒体服务方面的行为,同时重新明确了广播电视最高委员会的机构分工、职能和义务。

根据该法令,媒体服务商应当是其总部设在土耳其的,并在土耳其进行内容生产的广播电视机构。为了与 89/552 / ECC 号条例接轨,该项法令进行了本土化的诠释:

第一,如果从事传播服务的机构设在两个国家,且无法确定在哪个国家的活动更为频繁的话,那么应以其总部所在地为认定标准。

第二,从事传播服务的机构如果在这两个国家都没有频繁的传播活动,而该媒体服务商早期是在土耳其开展传播活动的,那么就可认定为是土耳其的媒体服务商。

第三,如果该媒体服务商的总部设在土耳其,但是其内容生产活动是在非欧洲跨境电视公约缔约国开展,或其内容生产活动是在土耳其开展,但总部设在非公约缔约国的话,那么只要其传播活动主要发生在土耳其,就可认定为是土耳其的媒体服务商。

自 1923 年建立土耳其共和国以来,“向西看”和脱亚入欧始终贯穿于土耳其政治的方方面面。1959 年,土耳其申请加入成立不久的欧洲经济共同体,1987 年土耳其正式申请加入欧共体,却因为经济发展水平和人权状况被拒之门外。1989 年欧洲议会以“土耳其拒绝承认库尔德问题”为由再次在土耳其加入欧盟问题上设置障碍。尽管 1999 年的赫尔辛基峰会承认了土耳其候选国的资格，但在2002年哥本哈根峰会上，欧盟再次以“土耳其未达到哥本哈根标准”为由拒绝了土耳其的入欧申请。同时，欧盟方面也表示，如果土耳其在2004年通过评审，欧盟将与土耳其开启入盟谈判。

2002年正义与发展党上台后，继续积极寻求入盟途径，并根据哥本哈根标准进行了一系列的民主改革，其中也包括对有关言论自由和新闻出版的法律进行适当的修改和调整。[①] 2010年4月15日，欧盟颁布了《视听媒体服务法》，根据该项法律的规定，欧盟成员国的视听媒体服务既是文化服务，也是经济服务，对民主、教育和文化具有非常重要的作用。各成员国应尊重文化多样性，消除可能会影响信息产业自由化的壁垒；媒体竞争必须公平公正；应秉持公共服务的精神推进广播工作，使媒体机构朝着多元化方向发展，推动媒体朝着保护儿童和消费者的方向努力。为了表达入欧的决心和态度，土耳其于次年颁布了6112号《广播电视机构运营和播出条例》。该法律以欧盟的《视听媒体服务法》的相关条款作为依据，尤其是在言论和新闻自由、外资进驻标准、外资份额、媒体语言多元化等欧盟重点关注的方面进行了调整。

虽然法律降低了外资入驻的门槛，但外资对土耳其市场并没有足够的兴致。土耳其评论家、经济学家穆斯塔法·松麦孜指出，传媒行业主要面向国内市场，资金需求并不强劲；传媒行业的投入与国家的发达程度相关。作为中等发达国家的土耳其，文化产业(媒体、音乐、电影、书籍)的发展尚处于初级阶段，传媒行业的经济总量十分有限。因此，对于外资而言，单从经济利益的角度来看，土耳其传媒市场并无太大吸引力，传媒行业的回报率并不乐观。实际上，2011年之前，针对“传媒行业外国资本占比不得超过25%”的法律条文曾出台过修改草案。根据该草案，在遵守土耳其广播电视机构相关法律的前提下，外

---

① 1989年欧洲理事会制定了《欧洲跨国广播电视协议》，该协议旨在保障欧洲国家广播电视原则、基础和实践中的统一性和凝聚力，促进欧洲视听市场的一体化，实现言论自由和信息获取自由。1989年5月5日，包括欧洲理事会成员国、欧盟成员国和欧洲文化公约的缔约国在内的31个国家签署了该条约。1992年9月，土耳其签署该协议。1994年1月21日，该协议通过，并于1994年5月1日正式生效。

国资本在土耳其广播电视机构中的份额不应设置限制,但应对外国资本持股的广播电视机构数量进行限定,如外资占比超过 50%的国家级广电机构数量不得超过国家级广播电视机构总量的四分之一。这一草案在当时引发了激烈的讨论。反对派认为,外资比例限制的取消会导致文化帝国主义,同时还可能为伊斯兰教保守势力、反对派提供更大的舆论阵地;而对草案持支持态度的政府方面则辩称,外资的进驻会给传媒行业带来新鲜血液和良性的竞争环境,从而改善传媒行业从业者的生存环境。鉴于争议过大,该草案在当时最终未获得议会通过。关于外资比例的限定最终在 2011 年 6112 号法令的第 19 条(f)项中得以落实。①

总而言之,6112 号法令和最早的 3984 号法令前后虽只隔了 17 年,但变化之大让人唏嘘。法令内容的调整一方面反映了土耳其广播电视机构发展的现实需求以及政府解决行业新问题以适应行业新趋势的决心,另一方面也体现了土耳其传媒行业对资金的需求以及政府对行业垄断趋势的放任。

(三)《互联网传播规范和打击网络犯罪法》(*İnternet Ortamında Yapılan Yayınların Düzenlenmesi ve Bu Yayınlar Yoluyla İşlenen Suçlarla Mücadele Edilmesi Hakkında Kanun*)

2007 年 5 月,土耳其出台了首个关于互联网的管理条例——5651 号《互联网传播规范和打击网络犯罪法》,②并刊登在 2007 年 5 月 23 日的《官报》上。③该法令由 14 条组成,旨在规范内容服务提供商、托管服务提供商、接入服务提

① 《土耳其商法》规定,直接向媒体服务商提供的外资总额不得超过总资本的 50%。外国自然人或法人最多可以是两个媒体服务商的直接合伙人。本国或外国股东均不得以任何方式获得优先股。为了防止广播电视行业的横向、纵向和交叉垄断,1994 年 12 月出台的 4054 号《保护竞争法》做了相关规定。比如通过受众共享模式、许可证所有权模式、收入分成/频率限制模式、资本共享/传播许可模式等四种不同的模式对垄断行为进行防范。具体来说,受众共享模式是指在指定的时间内,限制一个或多个频道在总收视率中的百分比。许可证所有权模式是对拥有多个广播电视传播许可的机构进行规范。收入分成/频率限制模式是指给电视机构的商业或市场收益的份额施加上限。资本共享/传播许可模式又可分为三种方式:第一是对传播机构在总公司持有的资本设置上限;第二是对可拥有的传播许可证数量设限;第三是对多个传播机构持有的资本份额设置附加限制。

② 参见 https://www.mevzuat.gov.tr/mevzuat? MevzuatNo=5651&MevzuatTur=1&MevzuatTertip=5。

③ 参见 https://www.resmigazete.gov.tr/eskiler/2007/05/20070523-1.htm。

供商、虚拟主机提供商的义务和责任，打击通过内容服务提供商、托管服务提供商、接入服务提供商等途径在互联网平台进行的犯罪活动。根据5651号法令的规定，接入服务提供商可以是自然人或法人。如果网络使用者通过网络发布了违法信息，接入服务提供商有义务阻止访问。此外，接入服务提供商有义务保存六个月到两年内的网络信息，并确保其信息的准确性、完整性和保密性。接入服务提供商至少在活动终止之日前三个月通知信息技术和通信管理局，并根据相关规定向该局提交有关网络信息。接入服务提供商有义务核实通过其访问的信息内容是否非法，并承担相应的责任。内容服务提供商是指通过互联网提供各类信息或数据的自然人或法人。虚拟主机提供商是提供在特定位置和特定时间段内使用网络的场所。营利性的虚拟主机服务商须获得相关部门的许可。有关的许可信息应在30天内由相关部门上报信息技术和通信管理局。

2020年7月，5651号法令修正案（以下简称修正案）通过，此次修订首次引入“社交网络提供商”的表述，并列出了此类提供商在运营方面须履行的义务，对社交媒体平台进行管理。社交网络提供商指的是为用户提供在互联网上创建、查看或共享内容（例如文本、图像、音频或位置）的方法，从而实现社会互动的自然人或法人。该修正案根据社交网络提供商从土耳其获得的每日访问量及其运营地址，对此类提供商应履行的某些义务作出了规定。但该修正案并未提供计算每日访问量的标准。

修正案规定，每日从土耳其获得的访问量超过100万的社交网络提供商应履行的义务以及不履行义务将要承担的法律责任。主要内容如下：

(1)在土耳其指定代表

外国社交网络提供商必须在土耳其至少指定一名代表，并将该代表的信息告知信息技术和通信管理局。如果代表是自然人，那么其必须是土耳其共和国公民。外国社交网络提供商须授权其代表采取必要的行动，对相关个人、信息技术和通信管理局以及土耳其其他任何司法或行政机构的请求和通知作出回应,并遵守5651号法令的其他规定。此外,外国社交网络提供商须在其网站上注明代表的联系方式。

如果外国社交网络提供商未履行指定代表的规定,那么信息技术和通信管理局会通知外国社交网络提供商并要求其在30天内履行该义务。如果外国社交网络提供商未在30天内指定代表并通知信息技术和通信管理局,那么其将面临1000万里拉(约合150万美元)的行政罚款。如果外国社交网络提供商未在被处以上述行政罚款后的30天内指定代表并通知信息技术和通信管理局,那么其将面临3000万里拉(约合450万美元)的额外行政罚款。如果外国社交网络提供商未在被处以第2次行政罚款后的30天内指定代表并通知信息技术和通信管理局,那么信息技术和通信管理局将会禁止自然人和法人为外国社交网络提供商提供如下服务:为外国社交网络提供商提供广告宣传服务;与外国社交网络提供商签署协议;将相关资金转给外国社交网络提供商。如果外国社交网络提供商未在信息技术和通信管理局发布广告禁令后的3个月内指定代表并通知信息技术和通信管理局,那么信息技术和通信管理局将申请治安法院将外国社交网络提供商的互联网带宽降低50%。如果外国社交网络提供商未在首次降低互联网带宽后的30天内指定代表,那么信息技术和通信管理局将申请治安法院将外国社交网络提供商的互联网带宽降低90%。

(2)48小时内对删除内容的请求作出回应

土耳其本土及境外的社交网络提供商均须根据5651号法令第9条(关于侵犯人身权利)和第9/A条(关于侵犯隐私)的规定在48小时内对他人提交的删除内容的请求作出回应。如果社交网络提供商要驳回该请求,那么其须在回应中说明作出驳回决定的理由。社交网络提供商必须于2020年10月1日相关规定生效后的3个月内完成所有必要的程序,以履行此义务。如果社交网络提供商未在48小时内对他人提出的删除相关内容的请求作出回应,那么将面临500万里拉(约合75万美元)的行政罚款。

(3)一年提交两次报告

土耳其本土及境外的社交网络提供商均须每年向信息技术和通信管理局提交两次报告，报告的内容为根据 5651 号法令第 9 条和第 9/A 条的规定收到的所有请求以及作出的删除内容或屏蔽访问的决定。上述报告应在清除个人数据后在社交网络提供商的网站上公布。社交网络提供商必须在 2021 年 6 月之前向信息技术和通信管理局提交首份报告，并在自己的网站上公布该报告。社交网络提供商如果未履行每年向信息技术和通信管理局提交两次报告的义务，那么将面临 1000 万里拉的行政罚款。

此外，对于每日从土耳其获得的访问量超过 100 万的社交网络提供商而言，如果其违反了 5651 号法令第 8 条和第 8/A 条的规定，那么将会面临 100 万里拉的行政罚款。如果此类提供商违反 5651 号法令第 8 条和第 9 条的规定，那么将会面临 100 万至 500 万里拉的罚款。此类提供商在一年之内每重复违规一次，罚款就会增加一倍。

(4)数据本地化

土耳其本土及境外的社交网络提供商均须采取必要措施来保留其土耳其用户在土耳其的数据。

(5)24 小时内删除内容或屏蔽访问

如果土耳其本土及境外的社交网络提供商未在收到通知后的 24 小时内删除相关内容或屏蔽对该内容的访问，那么其应对法院或法官判定为不合法的内容所带来的任何损害进行赔偿。在此情况下，请求删除内容的一方无须向社交网络提供商申请赔偿或针对该提供商提起任何诉讼。该规定适用于所有的社交网络提供商，不受其每日访问量和运营地址的影响。

修正案明确指出，社交网络提供商履行上述义务并不会减少其作为内容提供商或托管服务提供商应该承担的任何责任以及应履行的义务。

土耳其对 5651 号法令中的第 8 条(涉及儿童性骚扰、卖淫、赌博和吸毒等犯罪活动)和第 9 条(涉及侵犯个人权利)规定进行了修订。针对第 8 条，修正案指出，如果涉及上述犯罪活动的某些非法内容能够被直接删除，那么法院可以作出裁决，要求内容提供商和托管服务提供商删除这些非法内容，而不是要求内容提供商和托管服务提供商屏蔽对整个网站或平台的访问。此外，修正案还对5651号法令第9条关于删除内容和屏蔽访问判决的内容进行了修订。修正案明确指出，内容提供商和托管服务提供商必须在接到通知后的4个小时内执行该裁决。而此前，该规定仅适用于接入服务提供商。

5651号法令修正案扩大了针对在未报备情况下开展业务（即“托管服务提供商通知”）或不遵守法令相关规定的托管服务提供商的行政罚款范围。此前，此类行政罚款的范围为1万至10万里拉（约合1500至1.5万美元），而修正案中规定的新的罚款范围为10万至100万里拉（约合1.5万至15万美元）。此外，修正案也对涉及儿童性骚扰、卖淫、赌博和吸毒等犯罪活动以及涉及侵犯个人权利的处理规定进行了修订。修正案指出，如果涉及上述犯罪活动的某些非法内容能够被直接删除，那么法院可以作出要求内容提供商和托管服务提供商删除这些非法内容的裁决，而不是此前的屏蔽对整个网站或平台的访问的判决。

虽然5651号法令修正案涵盖了一系列的新变化，但是对一些内容的表述存在含糊不清的情况（如社交网络提供商的定义过于宽泛），一些有争议的问题仍悬而未决（如某些处罚措施过重，某些处罚的程序不严密且缺乏实际操作的可行性）。

（四）《传媒行业从业人员劳动法》（*Basın İş Kanunu*）

土耳其传媒行业从业人员的处境十分艰难。由于市场的垄断化程度极高，从业人员被迫放弃合同和工会权利。自奥斯曼帝国以来，从业人员遭遇流放、迫害、刑事起诉、监禁等的情况屡屡发生。

1952年通过的5953号《传媒行业从业人员劳动法》[①]是土耳其首部专门针对传媒行业从业人员和雇主之间劳工关系而制定的法律。该法律由32项条款

① 参见 https://mevzuat.gov.tr/MevzuatMetin/1.3.5953.pdf。

组成，旨在明确雇员和雇主双方的义务和权益、雇员与雇主之间的关系。根据该法律，传媒行业从业人员可以成立工会，享受社会保险，享受每周休假、带薪年假；雇主有义务与从业人员签订书面雇用合同，违反合同的雇主须支付违约赔偿金等。1954 年通过的 6253 号法令和 1961 年通过的 212 号法令对 5953 号法令进行了大规模的修订。具体见表 5-2。

表 5-2　5953 号法令的修订情况[①]

依据的法令	5953 号法令中被修订或废除的条款	实施日期
6253	补充条款 1，补充条款 2，补充条款 3	1954.2.19
212	1，4，6，9，10，12，14，15，16，17，18，19，21，补充条款 4	1961.1.10
274	22，23	1963.7.24
506	临时条款 2 和临时条款 3 被废除，126	1964.11.1
	其他	1965.2.1
1475	补充条款 2 被废除	1971.9.1
1761	临时条款 4	1973.7.3
宪法法院 1993 年 4 号决议	20，28（被废除）	1993.1.20
4773	补充条款 6	2002.8.15
4854	27	2003.5.6
4857	6	2003.6.10
5728	26，30，补充条款 3	2008.2.8
5754	14	2008.5.8
宪法法院 2019 年 74 号决议	补充条款 1	2019.11.19
宪法法院 2019 年 101 号决议	14	2020.2.14

① 参见 https://mevzuat.gov.tr/MevzuatMetin/1.3.5953.pdf。

第三节　主要的监管部门

一、土耳其广播电视最高委员会(RTÜK)

1994年4月20日，土耳其通过3984号《广播电视机构运营和播出条例》，该法令第5条明确将成立广播电视最高委员会，且该委员会是一个自治和中立的独立法人。广播电视最高委员会由9名成员组成，由土耳其大国民议会选举产生，要求年满30周岁，至少受过4年高等教育，拥有至少10年的相关领域工作经验，精通专业知识，经验丰富，且为国家公职人员。每届委员任期6年，每两年改选三分之一的委员。在委员任期届满前两个月，如果有委员离职，那么大国民议会将进行补选。该委员会成员将于选举结果公布后的15天内召开会议，选举主席及副主席。主席任期为两年。如果主席或副主席任期结束或离职，成员须在15天内召开会议，选出新的主席或副主席。该委员会的主要职责是发放广播电视机构经营许可证，负责信道频段的分配，发放电信设施运营许可证，依据相关法律法规对广播电视机构进行监管，对违反广播电视行业相关法律的机构进行处罚，处罚形式主要包括罚款、吊销执照、责令停播等。该委员会总部设在安卡拉，并在伊斯坦布尔、伊兹密尔和迪亚尔巴克尔等地设有办事处。2000年起，该委员会的监管范围扩大，由之前对私营广播电视机构的监管权扩大到对土耳其广电的监管。同时，该委员会还承担着对所有视听媒体服务供应商的监管任务，任何通过地面、数字、卫星、有线和IPTV进行传播的机构均须从该委员会获得运营许可。卫星电视的频率由卫星服务提供商分配，许可证有效期为10年。有线频率分为省内和跨省两类，由播出平台分配频率，IPTV视同有线频率管理，许可证有效期也为10年。各类平台服务商必须获得该委员会的授权，且只允许为持有经营许可证的传播机构提供服务。此外，该委员会的另一项重要职责是维持传媒行业秩序，对广播电视机构传播的内容进行监督和审查，如发现有违规现象，可对违规机构作出警告、罚款、暂停播出、吊销许可证等处罚。

2015 年，从广播电视最高委员会获得地面电视许可的国家级电视台有 24 家[①]，地区级电视台有 15 家，地方级电视台有 202 家。24 家国家级电视台中有 19 家正式开播，18 家总部设立在伊斯坦布尔，1 家设立在布尔萨。15 家地区级电视台有 10 家正式开播，其中 2 家设立在伊兹密尔，安卡拉、伊斯坦布尔、艾祖鲁姆、特拉布宗、里泽、乌沙克、科加埃里和科尼亚各有 1 家。拥有 8 家地方级电视台的穆拉省在 81 个省中排名第一。总体来说，土耳其西部和南部地区的地方级电视台较为集中，北部和东部的地方级电视台较少。2015 年，从广播电视最高委员会获得卫星许可的电视台共 196 家，获得有线电视许可的电视台有 9 家，同时获得卫星和有线许可的电视台有 92 家；2015 年，获得广播许可的国家级广播台有 39 家，地区级广播台有 99 家，地方级广播台有 907 家，获得卫星许可的广播台有 25 家，同时获得卫星和有线许可的广播台有 3 家。

二、竞争管理委员会(Rekabet Kurulu)

1994 年 12 月，土耳其大国民议会通过了 4054 号《保护竞争法》，[②]由于当时的联合政府在人事调动问题上难以统一意见，直到 1997 年 11 月，竞争管理委员会才开始正式履行职责。[③] 该委员会的主要职能分三部分：第一是防范破坏商贸和服务行业良性竞争的行为；第二是如果出现限制行业竞争的条例或决

---

① 其中获批并开播的国家级私营电视台有 NTV SPOR，SHOW TV，C İNE 5，HABER TÜRK，24，CNN TÜRK，KANAL D，CNBC-e，FLASH TV，KANAL 7，FOX，STAR TV，TV 8，TV NET，NTV，STV，ATV，KANAL TÜRK。

② 1982 年《宪法》第 167 条规定，为防止市场中的行业垄断和卡特尔化，政府应采取措施，确保货币、信贷、资本、商品和服务市场的健康、正常运转。4054 号《保护竞争法》的出台进一步从法律层面对破坏或限制商品和服务市场竞争的行为，以及行业的垄断行为进行管制。如 4054 号法令第 6 条规定，禁止在市场上占据行业主导地位的经营主体为了巩固行业地位实施任何形式的整合、收购和合并行为。

③ 这一时期的联合政府一直未能对竞争管理委员会的人事任命问题达成共识，该委员会的成立一拖再拖，直到 1997 年 2 月该委员会的委员们才正式上任，而直到同年的 11 月，该委员会才正式启动。

议，应在合适范围内进行修订；第三是防范单个或多个企业形成行业垄断，造成全国范围或部分地区的某一类商品或服务市场的竞争明显减少的联合或并购行为。除非是财产继承，否则任何一家企业或个人对另一家企业的财产、全部或部分股份、经营领导权的占有均属于违法行为。竞争管理委员会对所有私营广播电视机构的申报事宜进行评估，并可对违规机构处以罚款。

三、信息技术和通信管理局（BTK）

信息技术和通信管理局的前身是信息委员会。2000 年，根据 4502 号法令成立的信息委员会是互联网和电信部门的最主要监管机构。2008 年，根据 5809 号《电子通信法》，“信息委员会”更名为“信息技术和通信管理局”。

信息技术和通信管理局具有公共法人实体的身份，并享有专项预算的行政和财务自主权。该局由一名主席、一名副主席和五名委员组成。信息技术和通信管理局是监管通信行业，特别是网络媒体的重要政府部门。该局的七名成员由内阁直接委派，大国民议会对该局没有监督权。电子通信领域的监管、调整、协调等工作由该局负责。该局目前下设七个地方分局。隶属于信息技术和通信管理局的电信传媒署（Telekomünikasyon İletişim Başkanlığı）由国家情报局（Milli İstihbarat Teşkilatı）、警察总局（Emniyet Genel Müdürlüğü）、宪兵总司令部（Jandarma Genel Komutanlığı）各派一名专员组成。

2011 年 11 月，信息技术和通信管理局在土耳其全境推广实施网络安全过滤器。2012 年 7 月，批准土耳其电信总公司（TT）将互联网连接资费的配额从 1M 提升到 3M。2012 年 12 月，信息技术和通信管理局对土耳其电信总公司旗下的互联网通信和技术公司（TTNET）展开调查，2016 年全面关停该公司。2013 年 6 月，信息技术和通信管理局发布了关于“删除移动设备上 SIM 卡锁定应用程序”的决议，根据该决议，供应商和运营商不得在移动设备上设置与 SIM 卡绑定的任何限制，已设置绑定的须在 3 个月之内解除。2016 年 4 月，该局在土耳其全境推广 4.5G 技术。

四、新闻公告署(BİK)

新闻公告署的源头可以追溯到1862年成立的出版局。当时的出版局负责向报纸分发政府的正式公告。1864年颁布的《印刷出版条例》首次提及了关于分配和发行官方公告的事项。该条例规定,官方公告应免费发布。然而免费发布并没能执行太长时间。1877年,对该条例的修订删除了“免费发布”的表述,1909年,新的《印刷出版条例》更是明文废除了免费发布官方公告的规定,纸媒开始收取官方公告的版面费。负责发布官方公告的部门是当时的出版局,即今天的总统府信息局。由于没有相关的新闻公告法,早期负责发布官方公告的出版局在选择报纸方面没有可以参照的标准,随意性很大。在1950年之前,有多家公司和机构参与了官方公告的分配,但始终没有制定官方的分配标准。

1950年,内阁会议发布了关于“官方公告和广告分配”的决议,这项决议首次提出了“同等义务和同等报酬”的原则。1951年,内阁会议把有权发布官方公告和广告的报纸分为“政治”和“商业”两大类,具体的划分由总理府决定。1957年出台的决议规定,所有的官方公告和广告只能通过土耳其新闻联盟官方公告有限公司分配给报纸和杂志。此外,关于招标类公告发布平台的选择统一由政府决定。

现如今的新闻公告署是1961年根据第195号法令成立的具有公共法人资格的组织。从组织结构来看,新闻公告署是由媒体、政府、中立团体三方共36名代表组成的,享有自治权的新闻机构。该机构在成立之初仅在伊斯坦布尔、安卡拉、伊兹密尔三地设立了分支机构,目前已在土耳其全境的81个省份设立了分支机构,其主要职能有三个:第一,为土耳其全境具有发布官方公告和广告权的新闻机构提供发布官方公告的渠道。第二,监管和审查相应新闻机构的在线新闻网站和纸质媒体。第三,根据《新闻道德规范条例》,通过切断资金供应的方式,对违规的新闻机构实施制裁。截止到2019年1月,新闻公告署为1090

家地方报纸提供了发布官方公告和广告的渠道，为地方报纸①提供了大量的政府资金，政府投入从 2002 年的 5350 万里拉提高到 2018 年的 4.93 亿里拉，保证了地方报纸的正常运营。未设分支机构的省份的官方公告则由该省政府管理。2021 年，新闻公告署官网的最新数据显示，新闻公告署的分支机构已覆盖土耳其全境，为 995 家报纸提供渠道。该机构拥有土耳其最大的电子报纸数据库。此外，新闻公告署还可以为新闻机构提供贷款和现金资助，给媒体从业人员提供免息贷款。新闻公告署还为希腊裔、亚美尼亚裔、犹太裔等少数族裔群体的办报活动提供专项资金支持。

五、总统府信息局

总统府信息局成立于 2018 年 7 月，是土耳其由议会制转型为总统制以来传媒监管体系的重要变革。总统府信息局的前身是总理府的新闻出版与信息总局(BYEGM)。该局成立于 1920 年 6 月 7 日，最初被称为“印刷与情报总局”，直接对土耳其大国民议会议长和总理负责。1984 年出台的 231 号法令，将其更名为“总理府新闻出版与信息总局”，主要负责发放记者证。2017 年 4 月，土耳其由议会制改为总统制，同年 7 月出台了 703 号关于“总理府新闻出版与信息总局组织结构调整”的法令。根据该法令，撤销原总理府的新闻出版与信息总局，其职能全部划归到新成立的总统府信息局，财务由国库与财政部接管，人事权交由总统府，记者证的发放权也划归到总统府信息局统一管理。总统府信息局的官方网站这样表述该局的愿景和定位：“加强对国内外舆论的引导和应对能力，深化与主导议程设置的媒体的全方位关系，利用一切传播工具和传播方式，高质量宣传土耳其在各领域的国家形象，实现强化土耳其国家品牌的目标。”在组织结构方面，该局把土耳其广电、阿纳多卢通讯社、新闻公告署都纳

---

① 未遂政变后土耳其成立紧急状态委员会，该委员会根据第 668 号、第 675 号和第 677 号法令关闭了近两百家媒体机构。

入其“相关机构”的行列，但对彼此之间的关系表述和界定语焉不详。[①]

第四节　案例分析

广播电视最高委员会的专家评审组依据广播电视条例定期对其监管的广播电视机构进行抽查，若被抽查的节目中违反了相关条例，委员会将组织专家和委员会成员进行投票审议，被 5 名或 5 名以上的评审成员投票判罚的节目将受到相应的责罚。若被判罚的广播电视机构对判决不满，该广播电视机构有权上诉到法院，法院依据相关法律做进一步审理。

2019 年，广播电视最高委员会对 12 个电视频道、1 个电台和 23 家传播机构处以 385.4 万里拉的罚款，其中 FOX TV 的罚单金额为 131.2 万里拉，成为 2019 年度罚单数额最大的电视台。旗下的福克斯生活频道（FOX Life）的节目先后 8 次被停播，成为 2019 年度被停播次数最多的电视频道。

广播电视最高委员会委员伊尔汗·塔希切（İlhan Taşçı）指出，2020 年该委员会对亲政府媒体开出的罚单仅为 40 万里拉，而对反对党媒体开出的罚单则高达 1000 万里拉。这位来自反对党共和人民党的委员称，2020 年，广播电视最高委员会对亲政府媒体的处罚仅 4 次，而对反对党媒体的处罚高达 54 次。被观众投诉 10 万余次、广告收入位居首位的 ATV 频道仅被处以 1 次罚款，A Haber、Kanal 7、TV Net、TGRT Haber 等亲政府媒体全年无罚。以 Tele 1 频道、Halk TV 频道和 FOX TV 为例，2020 年全年，Tele 1 被罚款 16 次，两档节目被罚停播 8 天、黑屏 5 天；Halk TV 被罚款 12 次，两档节目被罚停播 10 天、黑屏 5 天；FOX TV 被罚款 9 次，新闻节目被停播 1 次。伊尔汗·塔希切进一步指出，在节目内容无明显差异的情况下，广播电视最高委员会为何给出了千差万别的判罚呢？影响判罚的最主要依据就是媒体对执政党持有的态度。歌

① 参见 https://www.iletisim.gov.tr/turkce/teskilat-semasi。

功颂德的媒体不但不会受罚，而且能获得源源不断的广告收入。即便是象征性被开罚单，也不过广告收入的一个零头而已。[①] 国际透明组织（TI）发布的研究报告显示，2017 年到 2020 年间，广播电视最高委员会给新闻类节目和谈话类节目开出的罚金额度占到总罚金数的 69%，吃罚单数最多的频道是 Halk TV、Tele 1、FOX TV 和 KRT TV。此外，上述四家频道被停播的次数占到总数的 73%。[②] 本节选取了两个较有代表性的判罚案例，旨在为理解广播电视最高委员会的判罚动机和判罚依据提供参考。

一、电台播放名家名篇惹大祸：官司历时 15 个月终败诉

1995 年 11 月正式开播的 Açık Radyo 是一档以播放世界音乐、土耳其传统音乐为主的音乐电台，其波段覆盖了伊斯坦布尔及其邻近地区。然而 2000 年 5 月 1 日，该电台因播放了美国当代著名作家、美国后现代主义诗歌大师查尔斯·布考斯基（Charles Bukowski）的名篇《镇上最美丽的女人》被高等委员会处以停播 15 天的重罚。

1996 年 1 月 22 日，该电台节目主持人艾伊娴·艾伊德米尔（Ayşen Aydemir）和古柯赛宁·古柯赛尔（Göksenin Göksel）在《故事》节目中一同诵读了查尔斯·布考斯基的短篇故事《镇上最美丽的女人》。2000 年 5 月 1 日，为了纪念已故的好搭档艾伊娴·艾伊德米尔，古柯赛宁·古柯赛尔再次诵读了《镇上最美丽的女人》。2000 年 9 月 18 日，广播电视最高委员会以节目内容[③]破坏社会安宁、损害社会道德和土耳其家庭观为由对该电台处以停播 15 天的重罚。

---

① 参见 https://onedio.com/haber/rtuk-2020-de-bazi-kanallara-on-binlerce-sikayeti-gormezden-geldi-bir-yilda-sadece-bir-ceza-949035。

② 参见 https://www.seffaflik.org/rtuk-yaptirim-kararlari/。

③ 最高委员会判定的不当内容如下：我喝到酒吧打烊。“凯丝是五姊妹中最美的，也是镇上最美的”，我开着车不停地想。“我应该坚持要她与我住在一起，她是愿意和我在一起的，看得出来她是在意的。我那时真是太漫不经心、太懒、太自私了。我应该跟她一起死的。我真是猪狗不如。不，狗又何辜？”回到家中我又找了一瓶酒狠狠地喝了下去。凯丝，这个镇上最美的女孩，二十岁就死了。外面有人一直在拼命按着汽车喇叭，我放下酒瓶声嘶力竭地大吼：“该死的混蛋，安静点！”夜晚不断袭来，我束手无策。

电台对最高委员会的判罚表示不满，并向安卡拉第九行政法院起诉，要求法院取消最高委员会的判罚。随后，安卡拉第九行政法院组织专家鉴定小组[①]对该判罚展开调研。

2001年1月24日，专家鉴定小组在调研报告中指出，Açık Radyo在节目中播放的短篇故事《镇上最美丽的女人》并不包含破坏社会安宁、违背社会道德伦理和土耳其家庭观的内容。2001年6月26日，安卡拉第九行政法院取消了最高委员会对该电台的判罚，电台赢得了诉讼。

安卡拉第九行政法院的判决引起了最高委员会的极大不满。2001年9月19日，最高委员会要求该行政法院复审此案，然而第九行政法院仍维持了之前的裁决。

安卡拉第九行政法院维持原判的回应并没有让最高委员会就此罢手。不久，最高委员会向土耳其最高行政法院国务委员会提交申请，要求国务委员会取消安卡拉第九行政法院的判决，并对电台一案进行复审。2001年11月19日，国务委员会终止了第九行政法院的判决，但并未就复审一事做出表态。此后，Açık Radyo对国务委员会的裁决表示不满并向其提出了抗议，但此番举动遭到国务委员会的拒绝。

2002年1月3日，最高委员会再次以Açık Radyo的节目有损社会安定、有违社会道德伦理和土耳其家庭观为由，对该电台实施了15天的停播令。2002年1月14日到1月29日，实现了5.4万个小时不间断广播的Açık Radyo最终被迫停播15天。

二、《辉煌百年》引发巨大争议：该播还是禁播

《辉煌百年》是一部围绕奥斯曼帝国第十任帝王苏莱曼大帝在位时期奥斯曼帝国取得的丰功伟绩展开的一部古装大戏，也是土耳其电视剧史上造价最高

---

① 专家鉴定小组由安卡拉大学法律系、新闻传播系的三名教授组成。

的电视剧。2010年12月11日，该剧开始在土耳其各大电视台宣传造势，并于2011年1月6日在Show TV正式开播。2012年1月，该剧的播映权转让给Star TV，一路收视长虹。然而事实上在《辉煌百年》开播前就引来了四面八方的热议，正式开播后更是招来了一片恶评。最高委员会视听中心和官网上有观众投诉，[①]比如有人称该剧出现了多处不符合历史的杜撰镜头；有人说该剧中塑造的伟大帝王形象让人难以接受，不但诋毁了历史人物，贬低了祖先的功勋，而且欺骗了观众，宣扬了错误的历史观，应当禁播；还有人抱怨该剧中展现的是女人之间争风吃醋、相互残杀的角斗场。

2011年1月9日，反对党幸福党(Saadet Partisi)的成员们在Show TV楼前举行集会，抗议该剧的播出。集会人群在游行示威中还砸毁了沿途的电视剧宣传照。该党的一名负责人在示威中称，“为了追求高收视率，《辉煌百年》的编剧团队不惜背离历史、编造杜撰故事。我们组织这次游行的目的是呼吁Show TV能迷途知返，停播此剧，同时我们也希望民众向有关部门举报投诉”[②]。该剧的主要编剧梅莱尔在接受采访时说，剧组工作人员经常会收到恐吓邮件和电话，有的恐吓邮件和电话甚至威胁说要取剧组人的性命。[③]

2011年1月8日，广播电视最高委员会主席达武特·杜尔松(Davut Dursun)在公开场合谈到该剧时指出，“《辉煌百年》尚未正式放映之前就引发了社会舆论的热议。电视剧宣传至今仅3周时间，高等委员会视听中心和网页上就收到了关于该剧的7.5万份投诉。这个数目甚至超过了2009年、2010年中任何一年所收到的投诉举报信件的总和。我们对此非常重视，因为投诉之多反映了事情的严肃程度已经超越电视剧本身。这是之前从未遇到过的情况。截止到1月6日，93%的投诉举报内容都与该剧有关。一些社团、工会、协会也加入了投诉的行列。最高委员会已成立专家评审组对该剧进行评审，评审工作正

① 参见http://www.ntvmsnbc.com/id/25169180/。

② 参见http://www.ihlas.net.tr/haberdetay2.php? id=344365。

③ 参见http://haber.gazetevatan.com/cok-tehdit-geliyor-korkuyorum/356066/8/Haber。

在进行。如果专家评审组判定该剧确实有违反法律法规之处，我们将对其进行判罚。有一点需要说明的是，这毕竟只是一部改编的电视剧，而非纪录片”[①]。2011年1月13日，达武特·杜尔松再次就该剧接受采访时称，“经最高委员会专家评审组商议，《辉煌百年》作为一部历史题材的电视剧，在历史人物形象的塑造方面有失实之处。根据3984号法令第33条，最高委员会决定对Show TV予以警告处分。若该频道对警告没有足够重视并予以纠正的话，将有可能被停播”。对于要求停播该剧的强烈呼声，达武特·杜尔松解释说，“最高委员会无权干预尚未播出的节目，也无权取消任何尚未播出的节目”。值得注意的是，根据土耳其的节目审查机制，电视剧都是边拍边播，且播出前无须审查，然而这一次事情闹得如此轰轰烈烈，迫使最高委员会破天荒地组织专家评审组对未播放的节目进行审议。

2019年12月，为拓展业务规模，非亲政府的《发言人报》收购了全国性电视台SRT TV，正式踏足电视行业。随后，为了把电视台的名称更换为发言人电视台（Sözcü TV），该机构向最高委员会提交了申请。然而，9个月过去了，12家在《发言人报》之后提交更名申请的机构均得到了最高委员会的批复，而《发言人报》的申请被搁置。2020年8月18日，《发言人报》发表了题为《最高委员会缘何把我方申请束之高阁》的文章，把矛头直接指向最高委员会，并在文章中以“不受理我方申请仅仅是因为我们是反对党媒体吗”的方式质问最高委员会主席。消息发出不久，最高委员会以“资料提供不全”“任何集体或个人无权向本机构施压”作出了强硬的回应。作为土耳其最重要的媒体监管机构，近年来广播电视最高委员会以各种违规为由、打击反对派媒体的行为愈演愈烈，引来反对党、媒体机构、协会、民众的普遍不满。在技术推动传媒业跨越式发展的今天，将会有越来越多的组织和机构自发形成一股强大的社会监督力量，对传统的威权体制发起挑战，这股力量也将推动土耳其广播电视监管机构朝着透明、民主的方向实现自我革新和迭代。

---

① 参见 http://www.dha.com.tr/haberdetay.asp? tarih=14.05.2012&Newsid=135202&Categoryid=3。

第六章　大众传媒的角色分析

本章要点

- 纸媒的疯狂促销
- 地方报纸与国家治理
- 社交媒体的狂欢
- 政变与媒体
- 选举与媒体

本章选取了几个重要侧面，既有从历时层面描述的纸媒促销和地方报纸，也有近年来活跃在政治生活中的现代媒介形式参与政治生活的场景描述，尝试分析土耳其共和国成立以来各类传播媒介在不同历史阶段所扮演的角色。

第一节　地方宣传与国家治理

从19世纪60年代的雏形发展至今，土耳其地方报始终与国家治理息息相关。最早的地方报纸是以帝国地方官报的形式出现的，到了1908年第二次君主立宪制时期，开始出现私人创办的地方报纸。一战和土耳其独立战争时期，地方报纸更是成为提高民众独立意识和鼓舞民众投身战斗的重要动员力量。共和国成立之后，无论是新的国家制度确立期，还是文字改革时期，地方报纸都随着国家的命运经历了跌宕起伏的发展。20世纪50年代进入多党制时期之后，在政治环境注入了新活力的同时，地方报纸的数量也与之相匹配地明显增加。民主党政府执政时期，在各方势力的博弈下，地方报纸与执政党的关系更加密切。60年代以后，由于分配官方公告的规则更趋明晰，地方报纸的数量显著增加，只是办报质量并未得到提升。70年代以后，虽然土耳其政局长期动荡，但是地方报纸的数量仍保持了增长的态势。进入80年代，由于经济结构的变化和"9·12"军事政变的影响，地方报纸的发展严重受阻，陷入了近十年的停滞期。直到90年代新自由主义经济政策创造的新资本以及由新资本产生的新潜力出现，在经济发展势头较好的省份才率先出现了影响力更大的地方报纸。进入新千年之后，采用传统印刷技术，依靠发布官方公告为生的地方报纸仅在欠发达地区得以延续，而在发展水平较高的省份则开始采用现代胶印技术，内容丰富的现代地方报纸诞生，可与全国性报纸相提并论的具有较大影响力的新生代地方报纸逐渐增多。因此可以说，地方报纸的发展史是土耳其近现代新闻史的缩影，更是观察土耳其政治、经济、法律、社会等领域的重要侧面。把握了地方报纸的发展脉络可以解读当今地方报纸发展所面临的诸多问题。

一、地方报纸的起源：省级官报

奥斯曼帝国的行政区域分为行省、特区、属国、军区等级别。随着帝国的不断扩张，新的行政区域迅速增加，这些行政区域或以军区形式存在，或以省建制，或是帕夏大将军的辖区。[①] 庞大的行政机构如同一个沉重的包袱，各地的骚乱和叛乱使帝国随时面临岌岌可危的境地。为了加强中央集权，疏通传达政令的通道，1864年11月，坦齐马特改革令昭告天下，改革中的一项重要举措就是在地方管理制度方面做出调整，削藩(Eyalet)建省(Vilayet)。比如1864年之前非洲的5个属国改制后削减为1个省，欧洲的19个属国改制后削减为10个省。

① 王三义.奥斯曼帝国的制度建构及管理模式[J].吉林大学社会科学学报，2016，56(2)：129-136.

帝国统治者要求在每个省设立印刷厂，按照帝国官报《时政要闻》的模式创办自己的官报。考虑到少数族裔群体的读报需求，行省的官报通常使用多语种出版，比如1865年由图纳(Tuna)省的最高行政长官创办的官报使用奥斯曼语和保加利亚语印刷发行。

表6-1　奥斯曼帝国部分省份的官报及官报语言

年份	省份	报纸名	语言
1860	Beyrut	Hadika al-Ahbar	土耳其文-阿拉伯文
1865	Tuna	Tuna	土耳其文-保加利亚文
1865	Şam	Suriye	土耳其文-保加利亚文
1866	Trablusgarp	Trablusgarp	土耳其文-阿拉伯文
1867	Halep	Gadir el-Fırat	土耳其文-阿拉伯文
1867	Girit	Girit	土耳其文-希腊文
1868	Edime	Edirne	土耳其文-希腊文
1868	İşkodra	Işkodra	土耳其文
1868	Yanya	Yanya	土耳其文-希腊文
1869	Diyarbekir	Diyarbekir	土耳其文-亚美尼亚文
1869	Bursa	Hüdavendigar	土耳其文-亚美尼亚文
1869	Halep	Fırat	土耳其文-阿拉伯文
1869	Konya	Konya	土耳其文-希腊文
1869	Selanik	Selanik	土耳其文-希腊文
1869	Selanik	Selanik	保加利亚文-希伯来文
1869	Trabzon	Trabzon	土耳其文-希腊文
1869	Bağdat	Zevra	土耳其文-阿拉伯文
1871	Prizren	Prizren	土耳其文-塞尔维亚文
1872	Kastamonu	Kastamonu	土耳其文
1872	Adana	Seyhan	土耳其文-希腊文
1872	Yemen	Yemen	土耳其文-阿拉伯文
1873	Manastır	Rumeli	土耳其文
1874	Ankara	Ankara	土耳其文
1874	İzmir	Aydın	土耳其文
1876	Hersek	Neretva	土耳其文-塞尔维亚文
1877	Priştine/Üsküp	Kosova	土耳其文-塞尔维亚文
1878	Sivas	Sivas	土耳其文
1882	Rodos	Cezair-i Bahri Sefid	土耳其文-希腊文
1884	Manastır	Manastır	土耳其文
1884	Musul	Musul	土耳其文
1888	Beyrut	Beyrut	土耳其文-阿拉伯文
1903	Kudüs	Kudüs	土耳其文-阿拉伯文
1908	Hicaz	Hicaz	土耳其文-阿拉伯文

从表 6-1 可以看出，每个省创办的官报，除使用奥斯曼语之外，还使用阿拉伯语、希腊语、希伯来语、亚美尼亚语、塞尔维亚语等二十余种语言同步发行。此外，帝国还允许私人参与创办官报。1860 年福阿特帕夏在贝鲁特创办的《真知报》（*Hakikat al-Ahbar*）是第一个用阿拉伯语报道的地方官报。1866 年在埃祖鲁姆省创办的奥斯曼语报、1869 年在布尔萨创办的奥斯曼语-亚美尼亚语报、1869 年在伊兹密尔创办的奥斯曼语报都是具有代表性的地方报纸。这些地方报纸主要发布政府的法令法规，此外，官员的讲话，官员的任命、晋升和奖励，铁路、公路、电缆等基础设施建设，自然灾害，学校考试，物价等也是当时省报的内容。政府公文类消息占据大半版面成为地方官报的常态，这种不接地气的办报风格疏远了读者群体，一些地方官员为此也做了一些尝试，除了发布政令、任命书等官方通告外，还刊登诗歌、散文等方面的作品。然而 1889 年，阿卜杜勒·哈米德二世宣布了关于“限制地方报纸内容”的法令，要求地方官报必须严格按照都城伊斯坦布尔报纸的内容办报，严禁地方官报报道“规定动作”之外的一切内容。[①] 通常来说，在 1908 年第二次君主立宪之前，与西方世界有较多贸易往来和文化交流的省份以及离中央政权较远的地区，发行的地方报纸会比较多。以伊兹密尔为例，这个与西方世界联系较密切的省份，在 30 年间就发行了 21 份地方报纸。与保加利亚、希腊相邻的埃迪尔内省也在同期发行了 10 份地方报纸。藩属国埃及同步发行的奥斯曼语报和阿拉伯语报就超过了 50 份。1908 年新闻审查制被取消，因此可以说，1908 年到 1918 年是阿纳多卢地区地方报纸的黄金十年。在这十年间，几乎每个省都开办了自己的印刷厂，发行了本地区的报纸。

---

① 奥斯曼帝国中人口最多的是阿拉伯人，居于统治地位的是土耳其人，阿拉伯人和土耳其人是主体民族。少数民族则主要有希腊人、亚美尼亚人、犹太人、库尔德人、塞尔维亚人、保加利亚人、阿尔巴尼亚人等。库尔德人信仰伊斯兰教，以游牧和农耕为主，几乎和主体民族一致；塞尔维亚人、保加利亚人、阿尔巴尼亚人等巴尔干地区的少数民族在社会经济中的作用不那么突出；希腊人、亚美尼亚人和犹太人是帝国经济中最活跃的少数民族。希腊人、亚美尼亚人和犹太人主要活跃在工业、商业和服务行业，这也注定了这几个少数民族与从事农业、牧业的阿拉伯人和土耳其人有着很大的不同。参见王三义.少数民族与晚期奥斯曼帝国的社会变革[J].世界民族，2011(6)：16-25.

省级官报的创办，为阿纳多卢地区新闻业的发展提供了先决条件，加强了中央和地方的联系，为民族独立战争期间形成能与伊斯坦布尔舆论高地抗争的阿纳多卢主战阵营提供了条件。多语种办报使帝国境内的少数民族人群享有和主体民族平等的信息知晓权。更为重要的是，这些省级报纸主要在少数民族聚集和分裂势力蔓延的地区发行，这些用少数民族语言发行的报纸成为与国家分裂势力作斗争的前沿阵地。因此，用少数民族的语言发行官报更好地保证了帝国统治阶层政令的上传下达，团结了一切可以团结的力量。在民族独立战争初期，首先吹响战争号角的正是阿纳多卢地区的锡瓦斯省和埃尔祖鲁姆省的省级官报。

二、共和国初期的地方报纸

持续的战争使奥斯曼帝国失去了在欧洲和巴尔干地区的几乎所有领地，敌军眼见着逼近帝国的都城伊斯坦布尔。第一次世界大战中奥斯曼帝国的失利更是加速了帝国的崩塌。都城伊斯坦布尔和阿纳多卢大部分地区被占领，侵略军把压制主战派的报纸作为首要任务，许多记者被驱逐出境，伊斯坦布尔的舆论阵地沦陷。1919 年，凯末尔在埃尔祖鲁姆省召开议事会议，号召全国上下团结起来，加入到民族独立战争的队伍中来。阿纳多卢地区的新闻界在第一时间站出来，为独立战争摇旗呐喊；埃尔祖鲁姆省的《红旗报》(*Albayrak*)在头版头条公开发表支持国家统一的文章，博鲁省的《忧心报》(*Dertli*)上刊登的诗歌饱含深情地歌颂了英勇无畏的战士。这些省级报纸提升了人们对民族独立战争的认知，土耳其民族的神圣感、国家的不可侵犯性都通过报纸传递给了民众。

20 世纪 20 年代，作为奥斯曼帝国唯一的合法继承者，刚完成建国初业的土耳其共和国在建立现代国家管理体系的过程中为了更好地传达国家最高领导层的决策，加强中央对地方的领导，也把创办各类省级报纸作为要务，延续了奥斯曼帝国大办省级官报的传统。同时，各个省还出现了除地方官报之外的各种报纸。1921 年，随着战争局势的扭转，反战舆论阵地伊斯坦布尔报界逐渐放松了对战争消息的管制，越来越多的报纸加入阿纳多卢主战舆论的阵营，为形成全国上下同仇敌忾的舆论环境迈出了坚实的一步，为旷日持久的独立战争赢得胜利唱响了主旋律。凯末尔在1922年3月的一次动员大会上谈到新闻界时指出，"新闻界就像是一个民族的代言人，新闻肩负着启迪心智和引领时代的重任，是一个民族不可或缺的精神食粮；在齐心协力共同谋求幸福的道路上，新闻是指引和教化一个民族的最重要的力量"①。据统计，1919年到1938年间，伊斯坦布尔开办了176家报纸，而阿纳多卢地区开办了406家，其中除10个省没有办报之外，其他每个省都至少有一家报纸。②

民族独立战争期间，虽然纸张、墨水、印刷机等原材料极为短缺，训练有素的新闻从业者更是难以寻觅，但是一些地方报纸还是坚持每周出版一次，每次出版两页维持运营。地区之间的发行量也有着天壤之别。在资源较为集中的安卡拉，当地报纸的发行量约为2000份，而偏远省份的发行量仅为200—400份。民族独立战争取得胜利后，用各少数族裔语言发行的报纸被大面积取消。1922年9月，少数民族语言类的报纸被全面关停。

三、地方报纸的现状

新闻公告署是负责发布官方公告和分配公告广告费的国家机构。新闻公告署1961年成立之初，在伊斯坦布尔、安卡拉和伊兹密尔三大省设立了地方分局，通过不断发展，至今已经在土耳其设立了41个分局。除41个分局之外的其他省份的官方公告及广告费用的发放权由该省的省政府掌握。截止到2019年1月，土耳其有权发布官方公告的报纸有1090家，其中约700家报纸的官方公告发布由新闻公告署负责管理。土耳其学者对新闻公告署分局管辖的十大

① GEVGILILI A. Türkiye'de yenileme düüncesi, sivil toplum, basın ve atatürk[M]. İstanbul: Bağlam Yayıncılık, 1990: 124.

② GEZG İN S. Türkiye'de yerel basın[M]. İstanbul: İstanbul Üniversitesi İletişim Fakültesi Yayınları, 2007: 15.

省份的省级报纸的发展状况进行了全面的调研，调研报告对伊斯坦布尔、安卡拉、伊兹密尔、阿达纳、布尔萨、科尼亚、加济安泰普、开塞利、安塔利亚、特拉布宗十个发达省份的共计 89 家省级报纸的官方公告的版面数与本地新闻、体育新闻、经济新闻、娱乐新闻等的版面数进行了比较。①

表 6-2　十大省份的地方报纸及其版面内容②

报纸名	版面	刊载新闻的版面	刊载地区新闻的版面	刊载全国新闻的版面	体育新闻的版面	经济新闻的版面	娱乐新闻的版面	新闻外其他内容的版面	公告广告的版面
伊斯坦布尔（该省共 16 家省级报纸，参与调研的有 10 家）									
Ayrıntılı Haber	8	6	-	5	-	1	-	1	1
Çağdaş Ulus	8	6	-	4	1	1	-	1	1
Gazete 34	8	7	-	5	-	1	1	-	1
İstanbul	8	6	-	3	1	2	-	1	1
İstiklal	8	6	-	6	-	-	-	1	1
Son An	8	6	-	3	-	2	1	1	1
İstanbul Son Saat	8	6	-	3	1	1	1	1	1
Tünaydın	8	7	-	3	1	2	1	-	1
Yeni Devir	8	7	-	5	-	2	-	1	-
Yeni Gün	8	6	-	5	-	1	-	1	1
安卡拉（该省共 11 家省级报纸，参与调研的有 10 家）									
Anayurt	16	14	8	2	2	1	1	1	1
Ankara İl	12	8	4	1	1	1	1	-	4
Belde	48	30	6	6	4	10	2	4	14
Günlük Haber	8	6	2	1	1	1	1	-	2
Olay	8	7	3	1	1	1	1	-	1
Son Söz	8	5	-	3	-	1	1	-	3
Tasvir	8	6	-	4	1	-	1	-	2

①② ŞEKER M. Yerel gazeteler[M]. Konya：Tablet Yayınları，2007：116-128.

续表

报纸名	版面	刊载新闻的版面	刊载地区新闻的版面	刊载全国新闻的版面	体育新闻的版面	经济新闻的版面	娱乐新闻的版面	新闻外其他内容的版面	公告广告的版面
Ankara Ticaret	8	2	-	-	-	2	-	-	6
Ekonomik Yorum	8	3	-	-	-	3	-	-	5
Gündem	8	3	-	-	-	3	-	-	5
伊兹密尔(该省共 5 家省级报纸,参与调研的有 4 家)									
Ege Telgraf	16	12	7	1	2	1	1	2	2
Haber Ekspres	16	10	6	1	2	1	-	1	5
Yeni Asır	40	30	10	4	6	3	7	2	8
Yeni Ekonomi	8	3	-	-	-	3	-	-	5
阿达纳(该省共 13 家省级报纸,全部参与调研)									
Adana Haber	8	7	3	-	2	1	1	-	1
5 Ocak	12	9	4	1	3	1	-	2	1
Bölge	12	7	2	1	3	1	-	2	3
Çukurova Barış	8	7	4	-	1	1	1	-	1
Ekspres	12	9	6	-	2	1	-	-	3
Haber	8	7	2	1	2	1	1	1	-
İlk Haber	16	13	9	-	2	1	1	1	2
Yeni Gün	12	10	6	1	1	1	1	1	1
Son Nokta	8	7	4	1	1	1	-	-	1
Süper Gazete	8	6	3	-	-	1	1	1	2
Toros	12	11	5	-	4	1	1	-	1
Yeni Adana	8	7	2	3	1	1	-	-	1
Zirve	8	6	3	-	1	1	1	1	1

续表

报纸名	版面	刊载新闻的版面	刊载地区新闻的版面	刊载全国新闻的版面	体育新闻的版面	经济新闻的版面	娱乐新闻的版面	新闻外其他内容的版面	公告广告的版面
布尔萨(该省共 4 家省级报纸,全部参与调研)									
Bursa Haber	24	17	7	2	3	3	2	2	5
Bursa Hakimiyet	30	25	6	4	4	3	8	2	3
Kent	16	11	4	2	3	1	1	1	4
Olay	34	23	4	3	5	3	8	1	10
科尼亚(该省共 7 家省级报纸,全部参与调研)									
Anadolu Manşet	12	7	4	-	2	1	-	3	2
Hakimiyet	20	9	3	1	4	1	-	3	8
Konya Postası	16	10	5	1	3	1	-	2	4
Memleket	16	12	5	1	4	1	1	2	2
Merhaba	24	10	6	-	4	-	-	4	10
Yeni Konya	20	10	5	2	2	1	-	2	8
Yeni Meram	20	10	3	2	3	1	1	2	8
加济安泰普(该省共 14 家省级报纸,参与调研的有 9 家)									
Doğuş	8	7	2	3	1	1	-	1	-
Gaziantep Bulvar	8	6	2	1	2	1	-	1	1
Gaziantep Ekspres	8	6	4	-	2	-	-	1	1
Gaziantep Oluşum	8	6	2	2	1	1	-	1	1
Haber	8	5	2	-	3	-	-	2	1
Gaziantep 27	8	6	-	4	1	-	1	-	2
Gaziantep Hakimiyet	12	10	7	-	2	1	-	-	2
Gaziantep'te Zafer	8	7	1	1	4	1	-	1	-
Yeni GAP	8	5	1	1	2	1	-	2	1
开塞利(该省共 14 家省级报纸,参与调研的有 13 家)									
Büyük Kayseri	8	6	2	1	3	-	-	-	2

续表

报纸名	版面	刊载新闻的版面	刊载地区新闻的版面	刊载全国新闻的版面	体育新闻的版面	经济新闻的版面	娱乐新闻的版面	新闻外其他内容的版面	公告广告的版面
Erciyes	8	7	5	1	1	-	-	-	1
Kayseri Akın Günlük	8	6	2	-	2	1	1	-	2
Kayseri Anadolu Haber	12	8	5	-	3	-	-	-	4
Kayseri Hakimiyet	8	6	4	-	2	-	-	1	1
Kayseri Star Haber	8	6	3	1	2	-	-	1	1
Kayseri Yeni Sabah	8	8	4	2	1	1	-	-	-
Kayseri Gündem	8	6	3	-	2	1	-	-	2
Kayseri Havadis	8	7	4	-	3	-	-	-	1
Kayseri Maç	8	7	3	-	4	-	-	-	1
Kayseri Meydan	8	7	2	1	3	1	-	-	1
Kayseri Postası	8	8	5	-	3	-	-	-	-
Ülker	8	7	2	3	1	1	-	-	1
安塔利亚(该省共 15 家省级报纸,参与调研的有 12 家)									
Akdeniz Gerçek	8	7	3	1	1	1	1	-	1
Akdeniz Manşet	8	6	2	1	1	1	1	1	1
Akdeniz Meydan	8	4	2	1	1	-	-	3	1
Antalya Ekspres	16	10	3	3	2	1	1	4	2
Antalya Gündem	8	6	3	2	1	-	-	1	1
Antalya Körfez	8	7	4	-	1	1	1	-	1
Antalya Son Haber	8	6	3	1	1	1	-	1	1
Antalya'da Yenigün	8	6	4	-	1	1	-	1	1
Antalya	8	6	3	-	1	1	1	1	1
Bakış	8	7	3	1	1	1	1	-	1
Gazete Bir	8	7	4	1	1	1	-	-	1
Hürses	8	6	3	1	-	2	-	1	1

续表

报纸名	版面	刊载新闻的版面	刊载地区新闻的版面	刊载全国新闻的版面	体育新闻的版面	经济新闻的版面	娱乐新闻的版面	新闻外其他内容的版面	公告广告的版面
特拉布宗(该省共8家省级报纸,参与调研的有7家)									
Hizmet	10	8	3	1	2	1	-	1	1
Hüryol	12	8	2	1	4	1	-	2	2
Karadeniz'den Günebakış	18	14	4	2	8	-	-	2	2
Karadeniz'de İlkhaber	20	15	4	1	8	1	1	2	3
Kuzey Ekspres	16	11	2	-	8	1	-	2	3
Taka	20	13	2	1	8	1	1	4	3
Türk Sesi	12	9	2	1	4	1	1	1	2

从内容上看,各大省份的地方报纸有着较为明显的差异。伊斯坦布尔作为土耳其国家级报纸最集中的区域,没有大力发展地方报纸。这些地方报纸没有按照话题类别对内容进行细分,不同类别的新闻通常会被杂乱无章地编排在一个版面上,而且这些新闻通常是随机地从一些大的通讯社直接引用的消息。因此,伊斯坦布尔的地方报纸几乎没有什么影响力。安卡拉地方报纸的情况也没有好到哪里去。安卡拉发行的地方报纸大多有8个版面,也多是引用通讯社的消息作为新闻内容。各个版面内容的区分度不高,经济类的报纸中除少数几个版面用于发布经济新闻外,其他版面都用来发布公告、广告或者工程竞标方面的新闻,以供商人获取信息。报纸中并无太多明显体现地方特色的新闻内容。伊兹密尔的情况有所不同。与其他地方报纸相比,伊兹密尔地方报纸的数量很少,但几乎家家都走精品路线。《新世纪报》(*Yeni Asır*)不但是伊兹密尔最重要的地方报纸,而且也是土耳其历史悠久的老牌报纸,在可读性和版面效果上都远超许多国家级报纸。另一家名为《新经济》(*Yeni Ekonomi*)的报纸共有8个版面,大部分版面都用于发布竞标信息和官方公告,剩余的版面用来发布经济新闻,受众多为从事商业活动的人。

阿达纳的地方报纸较多，但报纸之间的差异并不明显。大部分报纸的版面都充斥着大量的体育赛事新闻，当地特色的新闻只占到极少的版面。布尔萨的地方报纸也很少，但都追求报道数量和质量，因此该省地方报纸的办报水平和伊兹密尔的报纸一样，在同级别的省报里位列前茅。科尼亚的地方报纸大量引用阿纳多卢通讯社和伊赫拉斯通讯社的消息，因此从内容上看缺乏本地特色。与其他同级别省报略有不同的是，科尼亚的地方报纸在专栏文章、调查性新闻报道方面更为翔实和全面。加济安泰普的地方报纸多采用传统古老的套路，一些非新闻报道的内容占据了大量版面，文学作品较为多见，因此该省的地方报纸几乎不能满足当地读者的信息需求。开塞利的地方报纸通常用一到两个版面来刊登广告。有关开塞利足球俱乐部的新闻几乎占据了报纸的半壁江山。安塔利亚的大多数地方报纸在尝试做真正的地方新闻，这些地方新闻以直接援引市政当局、警局等国家机关的叙述为主，在主动设置新闻议程、引导舆论方面的效果微乎其微。特拉布宗的地方报纸也乏善可陈，报纸的绝大部分版面都用于体育赛事的报道。

因此，从某种意义上可以说，地方的经济发展水平对所在地的地方报纸的发展起到了决定作用。在经济资源较为雄厚的伊兹密尔和布尔萨，地方报纸的生存状态就会好一些，尤其是在不发行国家级报纸的布尔萨省，没有了国家级报纸的“围攻”，地方报纸获得了更有利的发展环境，这也可以用来解释全国性报纸扎堆的伊斯坦布尔和安卡拉两省，和全国性报纸的印刷重镇阿达纳省的地方报纸发展滞后的原因。导致地方报纸发展差异的原因是多方面的，各省之间新闻文化的差异、读报人群的社会地位和经济水平等因素都会不同程度地影响着地方报纸的发展。

官方公告的广告收入作为地方报纸的主要或唯一来源，对地方报纸的发展起着决定作用。除了伊兹密尔、布尔萨、科尼亚和特拉布宗之外，其他省份，特别是阿达纳、加济安泰普、开塞利和安塔利亚等以官方公告的广告收入维持运营的地方报纸的收入极低。纯粹为了“吃国家粮”的地方报纸由于缺乏市场竞争力，很难生产出高水平的产品。尽管伊斯坦布尔和安卡拉一直是最有潜力的广告消费市场，但这两个省的地方报纸几乎全是“吃国家粮”的。另外一个梯队是办报数量较少的伊兹密尔、布尔萨、科尼亚和特拉布宗。这些省份与其他省份有着较大的区别。这些地方报纸除了“吃国家粮”之外还可以通过私人广告和发行量来获得收入，尤其是伊兹密尔和布尔萨两省的地方报纸，其收入是其他同级地方报纸的许多倍。

尽管2003年政府对《公共竞标法》(*Kamu İhale Kanunu*)进行了修订，提高了官方公告的广告投入，但是除了地方报纸数量迅速增加之外，该法令的修订并没有产生什么实质效果。如何不过度依赖地方财政、发挥地方优势、提升地方报纸的竞争力是当下土耳其地方报纸亟待解决的问题。

第二节　社交媒体与全民传播

始建于19世纪末的伊斯坦布尔塔克西姆广场曾是土耳其奥斯曼帝国城市供水系统的中转站。如今，这座中转站不但是伊斯坦布尔的商业和文化中心，而且是伊斯坦布尔交通枢纽和各类大型节日的庆祝场所，更是土耳其政治党派过招的竞技场。位于塔克西姆广场北部的加齐公园曾是奥斯曼帝国时期的大型炮兵营，1940年炮兵营被拆除。为了缓解交通压力，土耳其政府从2012年年底开始大力改造塔克西姆广场，拆除加齐公园属于改造的重要举措之一。然而这一措施自提出以来，一直遭到民众的强烈反对。2013年5月28日，一名推特用户通过推特上传了施工队在加齐公园施工作业的照片后，先是有几十名环保人士聚集在加齐公园抗议，之后该条推特消息通过各大社交网络迅速传播开来。5月31日，推特上出现了“占领加齐公园”的主题标签，12个小时内与该主题相关的推特发文数达200万条，两周时间里，推特关于此主题的发文数达1350万条。

社交媒体数据分析网站somemto.com对5月29日到6月10日推特上的

1.4 亿条土耳其文语料进行了统计和信息处理，结果显示，在“占领加齐公园”事件发生后的两周里，推特的土耳其注册用户从 5 月 29 日的 180 万活跃用户迅速增加到 6 月 10 日的 950 万。土耳其演艺界人士杰姆·伊尔马孜（Cem Yılmaz）因为在推特上公开支持了“占领加齐公园”的集会，其推特关注者也在两周内增加了 12 万人，时任总理的埃尔多安的推特关注者也增加了 50 万人。杰姆·伊尔马孜发布的一条抨击警方使用辣椒水的推文被转发 4.4 万次，并连续四天成为推特上被转次数最多的推文。5 月 31 日和 6 月 1 日推特上关于“占领加齐公园”的推文转发数达到峰值。6 月 1 日推特上发布的跟集会相关的推文达 1893 万余条，6 月 3 日至 10 日，推特上相关推文的日均发文数达 980 万条。特别是警方暴力干预的第一天和最后一天，推特上的相关推文数创下了新高。数据显示，5 月 31 日推特上关于抗议示威活动的发文数每分钟达 3000 条，其中每两条消息中有一条来自伊斯坦布尔，使用最多的标签语是“占领加齐公园”。政府屏蔽了一些地区的个人手机信号，但是一些办公场所主动把无线网络设置为无密免费状态，以供参加游行的民众使用。加齐公园事件中，一些非主流媒体的记者被派到现场，记者把现场的一手报道资料发给国外知名媒体，使得该事件在较短的时间内获得了国际舆论的关注。卡塔尔半岛电视台把该事件和“阿拉伯之春”进行了类比，称其为“土耳其之春”，《纽约时报》发表了题为《伊斯坦布尔示威升级为冲突》的文章，《卫报》则刊登了题为《加齐公园的冲突为“土耳其之春”唱响了前奏》的报道。

然而在整个事件中，土耳其的主流媒体选择了集体沉默。在事件发生后的 10 天里，主流媒体几乎集体失声。CNN TÜRK 在 5 月 31 日和 6 月 1 日原本播放新闻的时段用企鹅纪录片①替代了新闻节目。6 月 7 日，7 家主流媒体对抗议集会活动的批评报道引起了境外合作媒体的不满。6 月 14 日，BBC 以 NTV 电视台拒绝转播 BBC 土耳其语频道的《全球动态》节目为由终止了和 NTV 的合

① 加齐事件中 CNN Türk 用企鹅纪录片遮掩事件进程，因此被戏谑为“企鹅媒体”。

作关系。

在加齐公园抗议示威活动期间，总理埃尔多安公开发表言论，称“社交网络是政府的威胁”。他在接受媒体采访时说道：“推特现在成了威胁政府的工具，推特散布的谣言给社会治安带来了严重威胁。”土耳其政府不但在集会期间动用了警力进行干预，而且在事件之后在全国各地展开了大面积的审讯调查活动。土耳其昌克勒省的法官厄枚尔因参与集会被判9年半监禁，萨姆松省参加游行的82名学生被强行退宿，15家给予集会支持的私营剧院被土耳其文化与旅游部从“享受政府资助”的名单中除名，伊兹密尔省以“违反游行示威法”“参与恐怖组织”等罪名对集会人员进行了审讯。此外，在事件中表现积极的《晚报》主编、撰稿人以及公开支持集会的电视台主播被撤职。6月11日，土耳其广播电视最高委员会以“电视节目挑唆民众”为由对 Ulusal Kanal、Halk TV、Cem TV 和 TvEm 电视台处以巨额罚款，对持续报道抗议活动的 Hayat TV 电视台下达停播令。事件发生后的两个月里，土耳其记者协会对20多名支持集会活动的记者予以除名处分，10多名记者予以离岗处分，30多名记者予以停职处分。①

在“占领加齐公园”事件中，社交媒体以快捷、便利、廉价的传播特点成为民众的首选，在短时间内成为集会行动的组织者和推动者。在事件中和政府沆瀣一气的主流媒体的集体失声和缺位报道使“占领加齐公园”事件在很短的时间内被推向了国内外舆论的旋涡。一些西方国家在事件发生之后表示出对土耳其局势的深切关注和对土耳其民主进程的极大担忧。西方世界的报道也集中在抨击土耳其政府对民众言论自由权的践踏和对示威者使用暴力的不人道行为两个方面。

在主流媒体不敢发声之时，社交媒体形成的不可抵挡之势使主流媒体在报道“占领加齐公园”事件的过程中始终处于被动地位。这一事件非但没有因主

---

① 参见 http://BİANET.org/BİANET/medya/148647-diren-basin-ozgurlugu。

流媒体的报道缺失而被掩盖，反而演变成了 5 月底 6 月初以来土耳其社会的重大事件。因此可以说，社交媒体打破了传统媒体对信息的垄断和对舆论的控制，改变了传统意义上的议程设置逻辑，是土耳其进入新千年以来社交媒体成功引导舆论的大事件。“占领加齐公园”事件虽然已被平息，但这场通过社交媒体吹响集结号，从伊斯坦布尔扩散至土耳其多个地区的示威游行活动是一次自媒体的胜利。主流媒体“缺位”不但没能遏制舆论的传播，反而为社交媒体的“上位”和非主流媒体的“越位”提供了“可乘之机”，为敦促政府提高治理水平打了一剂强心针。

第三节　政变中的媒体

1960 年 5 月 27 日政变当天，军方坦克包围了土耳其广电，并通过广播频道和电视频道向全国宣布发动军事政变，政变后土耳其武装部将接管政权。纸质媒体也紧跟步伐，在报道中大谈军事政变的合法性，宣布国家进入军政府时期。虽然 1961 年 12 月 20 日发行的周刊《方向杂志》(*Yön Dergisi*)仅运营了五年，但是作为土耳其历史上首个代表左翼观点的刊物，《方向杂志》为左翼观点的传播吹响了前哨，为行业协会呼吁从业人员谋求自身权益提供了平台。这一时期，左翼政党工人党[①]首次在大国民议会获得议员席位，左翼政党获得了传播声音的合法平台和传媒战线，因此 20 世纪 60 年代是左翼意识形态在土耳其的形成期。

1980 年的“9・12”政变也有异曲同工之妙。土耳其广电第一时间发声支持军方，把军事干政的参与者称为阿塔图尔克主义的捍卫者，宣传军事政变的合法性。“9・12”政变后舆论管制进一步升级，政治类新闻禁止报道，取而代之的是经济、娱乐和八卦新闻。1980 年到 1984 年间，土耳其大量报刊关停，严肃新

① 该党在 2015 年更名为“祖国党”(Vatan Partisi)。

闻开始转向娱乐八卦新闻，报纸的全民娱乐化倾向凸显。

1980年之前，媒体的经营基本依赖政府资助或私人赞助，以《时政要闻》为例，这家百年报纸的绝大部分运营资金都来自政府资助或私人赞助。“9·12”政变后原本由政府提供的廉价纸张价格瞬间暴涨，运营成本大幅提高，报社陷入生存危机。一些报社为了维持运营不得不提高报纸的价格，《共和报》的价格从1980年的10里拉涨到1985年的100里拉。1980年到1992年间，在经历了27次调价之后，报纸的价格涨了近200倍。尽管报纸经营者们就运营成本的问题与厄扎尔领导的执政党据理力争，但是主张“自由主义市场经济”，秉承“经济自由化改革”的厄扎尔政府并没有任何妥协的意思。

一份关于政变对地方报纸影响的调研报告以梅尔辛省地方报纸《主权报》(*Hakimiyet*)的头版头条作为研究对象，对比了1980年“9·12”政变前后该报的报道倾向。[①] 报告指出，政变前一年，该报的全国新闻占头条新闻的72.7%，而政变后一年，这一比率下降到16.6%。该报的地方新闻在政变前一年仅占27.2%，而政变后一年占到了83.3%。政变后该地方报纸以农业、教育、卫生等领域的新闻取代了之前的政治新闻。

20世纪80年代以来，随着电视媒体的发展，报纸的生存空间遇到前所未有的挑战。为了从广告收益中分得更多的羹，报纸不得不增加发行量，并通过买报赠彩票的方式吸引民众购买报纸。这种刺激民众消费报纸的模式收到了短期的效果，《民族报》《晨报》《晚报》等报纸的发行量一度超过百万份。然而，买报人群的读报需求变质了，报纸不再是获取信息的渠道，而是获得彩票或赠品的工具，报纸内容出现严重的低俗化倾向。“9·12”政变后多党发声的媒体生态变为军方的传声筒，唯一的国家级媒体土耳其广电完全被军方控制。

再来看最近一次的未遂政变。2016年7月15日晚10点左右，一场由军官

① GEZGİN S. Türkiye'de yerel basın[M]. İstanbul:İstanbul Üniversitesi İletişim Fakültesi Yayınları, 2007:111-136.

发动的政变首先通过土耳其广电的广播间传播出去，之后军人占领了CNN TÜRK新闻频道。与此前的政变有所不同的是，社交媒体在这场政变中扮演了生力军的角色。先是埃尔多安通过Facetime连线CNN TÜRK的主播，呼吁民众走上街头进行抵抗，后是宣布政变的2小时内，推特上出现7万条的转发，4个小时内推特上的转发条数达50万条。[①] 同时，土耳其总统府在政变发生的两小时内还通过推特官方账户发布声明(见图6-1)。[②]

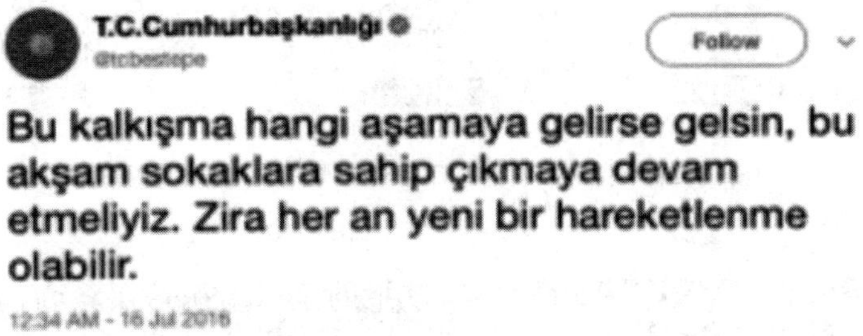

图 6-1　土耳其总统府 2016 年 7 月 16 日零点 34 分在推特上发布的声明截图

政变后，土耳其政府宣布居伦社团为恐怖组织，迅速关闭了与该组织有关的28家电视台、3家通讯社、29家印刷厂、15家杂志社、45家报社、34家电台。被关闭的环球通讯社(Cihan)曾是土耳其的三大通讯社之一。土耳其独立媒体组织在《媒体所有权调研报告》中梳理了未遂政变后传媒行业的新型关系，呈现了各大媒体机构与政府的关系图。[③]

图6-2显示，除《发言人报》《自由报》《邮报》外，其他几大主流纸媒明确表示了支持政府的立场。

图6-3显示，除联合体FOX- HUZUR RADYO TV、CNN TÜRK和KANAL D之外，其他六大主流媒体明确表示了支持政府的立场。

---

① 参见 http://www.hurriyet.com.tr/teknoloji/ darbe-gecesi-35-kat-tweet-40172748。

② 总统府声明的译文：不论叛乱发展到哪一步，今晚我们必须走上街头，因为局势随时都有可能升级。

③ 图6-2到图6-5均来自于网站 http://turkey.mom-rsf.org/tr/。

图 6-2　发行量最大的几家报纸与政府的关系图

图 6-3　主流电视台与政府的关系图

图 6-4 显示，实际上早在 2001 年，土耳其媒体的重组序幕就已经拉开。2001 年储蓄存款保险基金接管了六家电视台和两家报社，2015 年 10 月，政府派专项调查组进驻时代传媒公司和丝路传媒公司，2016 年这两家公司均因债务问题被储蓄存款保险基金托管。洗牌重组早已暗潮汹涌，未遂政变只是把这场

大规模的洗牌重组推向了顶点而已。

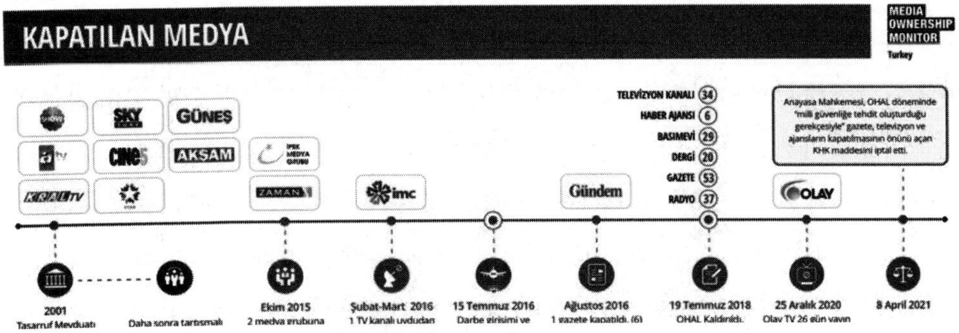

图 6-4　未遂政变前后的媒体所有权更迭图

图 6-5 显示，从与政府的关系来看，点击量较高的新闻门户网站中，除 sozcu.com.tr、onedio.com、memurlar.net 和 haberler.com 之外，其他新闻门户网站均有明显的亲政府倾向。纸媒、电视、门户网站形成了当下土耳其主流媒体"一言堂"的生态圈。正义与发展党执政的第一个五年（2002—2007 年）可以说是"积蓄力量"的五年。这五年中，正义与发展党一直在培育自己的媒体上狠

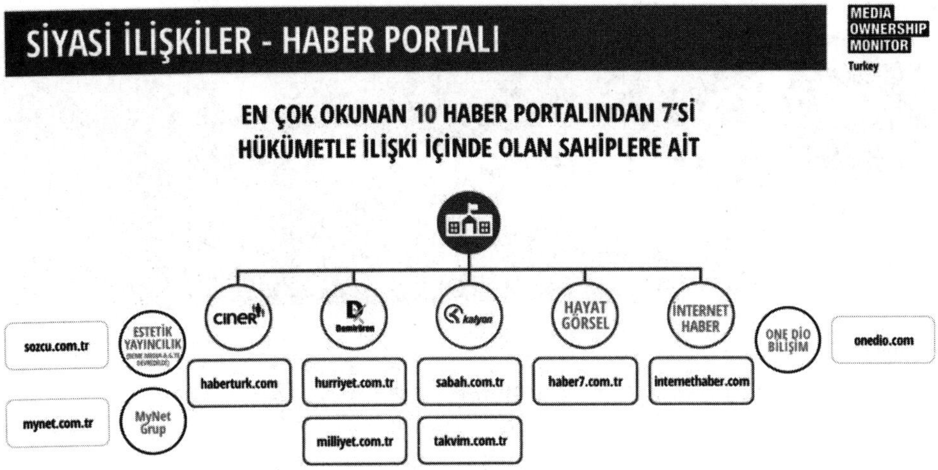

图 6-5　点击量较高的新闻门户网站

下功夫。这一时期,《时代报》《新曙光报》等一些名不见经传的报纸跨入主流媒体的行列。在这些带有明显伊斯兰意识形态的报纸逐渐走向舞台中央的同时,土耳其社会的伊斯兰倾向也被提上议事日程,并在正义与发展党赢得第二届选举之后进一步发酵,成为埃尔多安政府与其他非伊斯兰意识形态的主流媒体争夺发声权的筹码。在"一言堂"局面愈演愈烈的情况下,以 Diken、Bianet 等为代表的独立行业网站和由公共基金资助的《共和报》为代表的主流媒体在民调中呼声高涨,140journos、Onedio 等带有公民新闻实践特色的自媒体视频网站也在这一时期异军突起,成为具有公信力和良好口碑的业界品牌。以 140journos 为例,这个由志愿者发起的视频网站于 2012 年 1 月 19 日在 Twitter 平台推出,如今已成为土耳其公民新闻实践的典范。目前,该平台通过 YouTube、Twitter、Facebook 和 Instagram 等各大社交媒体平台制作和推送节目,截止到 2021 年 3 月,该平台的 YouTube 订阅数达 97 万,Twitter 关注人数达 29 万,Facebook 关注人数达 11 万,Instagram 关注人数达 12 万。同时,140journos 还为土耳其知名的流媒体平台 BluTV 和 Exxen 等提供内容。2015 年,该平台的创始人安金·恩德尔(Engin Önder)被《时代》杂志评选为"下一代领导者"。140journos

图 6-6 140journos 的 Facebook 主页截图①

① 截图时间是 2021 年 4 月 10 日。图中人物是总统埃尔多安,配文写着"重蹈覆辙",此时正值土耳其 104 位退役海军将领联合发表《蒙特勒宣言》之际。

这个名字由数字 140 和单词 journos 组成，“140”代表推特上 140 个字符限制，journos 是“记者”的俚语，表达的是“没有受过专门新闻训练的非专业人士推出的平台”之意。土耳其业内人士称，140journos 是一种“反主流”的，通过社交网络平台快速、客观、公正地进行传播活动的公民自发组织。而为何选在 2012 年 1 月推出这个平台是出于对土耳其主流媒体在 2011 年 12 月 29 日土耳其武装部队对谢尔纳克省（Sirnak）边境地区罗博斯基村（Roboski）发动空袭一事上报道缺位的“回击”。140journos 平台更像是一个数据搜集库，通过收集、核实那些发布在社交媒体上的文字、图片和视频信息，利用大数据进行判断和甄别，从而形成一个与主流媒体不一样的舆论场域。

根据不同社交平台的特征，140journos 采用了差异化的内容发布策略。比如 Twitter 更适合做实时内容发布平台，而 WhatsApp 则是一个聊天平台。140journos 团队通过 WhatsApp 与内容贡献者取得联系，并进行深入交流。

第四节 选举与媒体

一、埃尔多安的加冕与社交媒体的威力

2018 年土耳其总统大选与其说是一场政治力量的较量，不如说是传统媒体与社交媒体的角力。以大选中两大候选人在关注度最高的社交媒体 Facebook 上的表现为例，埃尔多安和共和人民党候选人因杰均每天更新 Facebook 内容，埃尔多安的主页上写有“土耳其与意志、美德、勇气同在”的竞选标语，因杰在主页上写有“我们的总统”的标语（见图 6-7）。从关注人数来看，关注埃尔多安的人数近千万，而关注因杰的不到两百万；从主页图片来看，埃尔多安以蓝色色调高冷示人，而因杰则用沸腾的红色做底色，以和民众打成一片的温暖色调打底；从实地动员情况来看，数据显示，竞选期间因杰在 51 天里举行了 107 次集会，足迹踏遍 28 个市 75 座城，里程数达 4 万公里，无论是集会次数还是到访之地

的数目都远在埃尔多安之上。

图 6-7　因杰(左)和埃尔多安的 Facebook 主页

从 2018 年大选的政治竞争生态环境来看，在选择媒介为我所用时，埃尔多安及其团队遵循了“遇冷则冷，遇热则热”的客观规律，在运用信息清晰度低、受众参与度高的电视、互联网等冷媒介过程中成功塑造了一个高冷的“王者”形象，可以说埃尔多安赢在“冷”。虽然埃尔多安出现在公开集会上的次数远少于因杰，但是埃尔多安在公开集会中对“断言”式话语的频繁使用和以引经据典为长的演讲风格，更容易感染、动员那些易于冲动、情绪激动、易被煽动的群体。总而言之，埃尔多安及其团队合理利用媒体的自身规律，在自我宣传中收到了事半功倍的效果。

此外，埃尔多安还在竞选前期参加了 CNN TÜRK、TRT、KANAL D 的多档电视访谈类节目，只是从 2018 年 5 月 1 日至 6 月 27 日这一时间段随机抽取的电视收视排名结果来看，公众并没有对竞选表现出高度关注。以 6 月 24 日大选当天为分水岭，[①]5 月 1 日至 6 月 24 日期间，在收视率排行榜上位居前三的节目均为电视剧、世界杯、娱乐竞技类节目；6 月 24 日大选当天，收视率排行前十的均为新闻资讯类节目，其中仅 FOX 电视台不同时段的新闻类节目就占据了前五位；6 月 26 日之后，收视率排行榜马上恢复到 24 日之前的情况，排行前

① 参见 https://www.acunn.com/reyting-sonuclari? tarih=15-07-2017。

三的节目分别为体育竞技类、电视剧、娱乐竞技类。FOX 电视台的新闻类节目的收视率始终领先于其他频道的同类节目。

埃尔多安多次在公开场合津津乐道于土耳其大选的超高的选民参与率（近 90%）和参与投票人数（约 5100 万），但选举期间电视收视率的情况至少反映出两个问题：第一是土耳其民众自始至终并没有对大选表现出热切的、持续的关注；第二是 FOX 电视台是唯一一个在竞选过程中为反对党总统候选人提供发声平台的电视媒体。[①] 土耳其国家统计局关于 2015 年的选民构成的统计数据显示，2015 年 6 月大选期间，土耳其境内有 5300 多万选民参与了投票，男女性别比例基本持平，从选民受教育程度的分布情况来看，1450 余万选民仅有小学文凭，位居首位，受过高等教育的人数仅为 730 万。2018 年 5 月，土耳其权威民调机构 KONDA 追踪了 2010 年到 2017 年间土耳其各大党派选民构成情况，结果显示，不同党派的选民不仅在个人背景上，而且在选择大众媒体上都有明显的偏好。详见表 6-3、表 6-4。

表 6-3　两党选民的背景

选民背景	正义与发展党(%)	共和人民党(%)
高中以下学历	0.66	0.44
不戴头巾	0.13	0.6
高收入、新中产阶级	0.48	0.57

表 6-4　两党对大众媒体的选择偏好

	正义与发展党	共和人民党
电视	atv，TRT，A Haber，NTV，CNNTURK	FOX，Kanal D，HalkTV
报纸	—	Sözcü，Hürriyet，Posta，Cumhuriyet
广播	—	—
社交媒体	Facebook，WhatsApp，Instagram，YouTube，Twitter	Facebook，WhatsApp，Instagram

① 2018 年 5 月 17 日，因杰参加了 FOX 电视台的节目《领导人面对面》（*Liderler FOX'ta*），主持人 Fatih Portakal 以及四位资深媒体人和因杰面对面访谈，这也是因杰在竞选期间唯一一次参加主流电视媒体的访谈类节目。

民调显示，因杰的支持者们虽然未对 2018 年大选抱有扭转乾坤的希望，但是绝大部分选民对于反对党挺进第二轮投票是抱有一线希望的。因杰的最终失利反映了民选制度下民众决策的必然，埃尔多安以绝对优势连任在很大程度上得益于其竞选团队在运用各类媒介时所采用的铆足劲儿提前布局、使巧劲儿贯穿始终的战术与策略。同时，以 Fackbook 为代表的社交媒体正在撼动民主选举和意见自由市场的地基，对公共领域的舆论生成机制和政治游戏规则产生颠覆性影响，并将对当代土耳其政治竞选生态和民主进程产生重大影响。

二、伊玛目奥卢的胜利与电视媒体的回归

2019 年 3 月 31 日，土耳其进行了埃尔多安公投修宪获得总统权利以来的首次地方选举。正义与发展党在安卡拉、伊兹密尔、伊斯坦布尔选举中接连失利，地方选举遭遇“滑铁卢”。

伊斯坦布尔是土耳其经济、文化的中心，是土耳其少数几个拥有国际影响力的城市，更是土耳其新闻传播业的高地。伊斯坦布尔市市长一职是土耳其各党争夺的要职，面对掌握了 15 年的执政权被反对党共和人民党夺走的不利局面，埃尔多安及正义与发展党对选举结果表示质疑，并提请最高选举委员会介入此事。5 月 6 日最高选举委员会宣布 3 月 31 日的选举结果无效，并要求在 6 月 23 日重新进行伊斯坦布尔市市长的选举。对此，在 3 月 31 日选举中获胜的反对党候选人伊玛目奥卢冷静、理性地运用社交媒体、电视媒体向支持他的选民表达积极乐观的态度，为 6 月 23 日的新一轮选举赢得了有利的舆论环境和前所未有的关注度。

土耳其国家统计局的《媒介使用情况调研报告》显示，77％的国民收看电视，55.9％的国民使用互联网，44％的国民阅读报纸，15％的国民收听广播。在数字新媒体蔚然成风的今天，作为传统媒体的电视虽然仍是土耳其最重要的媒体，但是在全民娱乐、“一言堂”的舆论导向环境下，吸引观众的往往是轻松愉快的电视剧和娱乐竞技类节目，电视的娱乐属性是其受观众追捧的主要原因。然

而 2019 年 6 月 16 日 FOX 电视台晚间 8 点黄金档播出的由执政党候选人耶尔德勒姆和反对党候选人伊玛目奥卢共同参与的面对面辩论类节目《历史性对话》[①]再次把民众的视线拉回到严肃的电视访谈类节目，该节目的收视率创下新高，达 17.09。

从表 6-5 的对比数据可以看到，在竞选辩论的前两天，收视率位居前列的以电视剧和娱乐类节目为主，仅 FOX 电视台的晚间新闻榜上有名。而在电视辩论当天，从晚上 8 点到凌晨 1 点，FOX 电视台连续直播的《历史性对话序曲》《历史性对话正当时》《历史性对话后续》三档关于选举的节目包揽了收视榜的前三位。起先被外界预测的唇枪舌剑和激烈辩论，在主持人库楚克喀亚的组织协调下，最终以“对话”的和平友好方式收尾。虽然 FOX 电视台和 KanalD、Star、TV8 等多家电视台有同步播出的协议，但这些电视台都采取回避态度，没有对该节目进行同步播出。虽然对话双方也针锋相对地提出了诸多问题，但在主持人多次提醒辩论规则的情况下，两位候选人基本上都以最大的耐心配合了节目预先设置的规则。

表 6-5　2019 年 6 月 14 日至 6 月 16 日收视率前三的节目

排名	节目	频道	日期	播出时间	节目类型	收视率
1	FOX ANA HABER	FOX	6.14	19:00—20:00	新闻类	5.34
2	HER YERDE SEN	FOX	6.14	20:00—22:20	电视剧	4.32
3	ARKA SOKAKLAR	KANAL D	6.14	20:35—24:17	电视剧	3.93
排名	节目	频道	日期	播出时间	节目类型	收视率
1	GULDUR GULDUR SHOW	SHOW TV	6.15	20:42—23:21	娱乐类	4.9
2	FOX ANA HABER	FOX	6.15	19:00—20:00	新闻类	4.13
3	GULDUR GULDUR SHOW OZET	SHOW TV	6.15	20:00—20:42	娱乐类	3.31

① 有消息称，因杰在 3 月 31 日地方选举投票前就曾提出电视辩论，但未能进行。此次重选前的电视辩论是土耳其自 2002 年埃尔多安的正义与发展党上台以来的首次政党辩论。

续表

排名	节目	频道	日期	播出时间	节目类型	收视率
1	TARIHI BULUSMA	FOX	6.16	21:00—24:00	访谈类	17.09
2	TARIHI BULUSMA ONCESI	FOX	6.16	20:00—21:00	新闻类	7.74
3	FOX ANA HABER HAFTA SONU	FOX	6.16	19:00-20:00	新闻类	4.47

来源：www.acunn.com/reyting-sonuclari。

在社交媒体方面，共和人民党候选人伊玛目奥卢和时任总理的耶尔德勒姆在电视对话的当天，都通过 Facebook 账号转播了电视对话的全过程。再来看一下两位候选人在 Facebook 上的表现。

在竞选期间，从更新频率上看，两位候选人每天至少有一次更新，在父亲节等特殊节日都会和网民高频互动；从关注人数看，有 29 万人关注了耶尔德勒姆，150 万人关注了伊玛目奥卢；从主页图片看，耶尔德勒姆使用了土耳其星月旗，以和民众打成一片的温暖色调示人，而伊玛目奥卢则是用一张带有个人签名的自画像和"一切都将很美好"的竞选宣言展示了一幅别具风格的画面（见图 6-8)；从转发数来看，伊玛目奥卢的推文转发数以千位数为多，而耶尔德勒姆的则以十位百位为多。6 月 23 日重新选举当天，在投票结束之后的几乎同一时间，两党候选人均在社交媒体发表了演说。伊玛目奥卢的讲话被数以千计的网民转发，评论数近万条，点赞数超两万条。与此形成强烈反差的是耶尔德勒姆，他的演说在社交媒体的转发量仅百位数，评论数不到千条，点赞数仅 3000 条。因此从候选人对社交媒体的使用和收效来看，反对党候选人伊玛目奥卢有明显的优势，这种优势使本来处于边缘位置的选民组织在变动的选情中重构了民众选择政治立场的决心，影响了政治事件的发生、发展和结局，并最终使反对党候选人再一次赢得了伊斯坦布尔市市长的选举，推进了土耳其政治格局重塑的进程。可以说，这既是一场政治的逆袭，也是一次媒体的狂欢。

无论是竞选伊斯坦布尔市市长的共和人民党候选人伊玛目奥卢，还是竞选

图 6-8　耶尔德勒姆(左)和伊玛目奥卢的 Facebook 主页

总统的来自同党的因杰,都充分利用社交媒体形成了强有力的声音,特别是伊玛目奥卢和对手在电视媒体的亮相,更是把长时间以来被高度娱乐化的被动、麻木的民众再次拉回到严肃的访谈类节目。在注意力经济的时代,在信息过剩和注意力稀缺的矛盾日益凸显的当下,媒介力量在“黑暗世界”的彰显,使弱势群体的呼声得以迅速传播,形成聚众效应。离散的民众团结在一起,边缘化的力量被唤醒,从网络的虚拟阵营走到投票箱,再从投票箱走到政治舞台的中央。在土耳其,媒体与民主政治之间是否可能建立良性的互动关系,媒体是否可以改变传统的议程设置从而逆袭,媒体是否可能促发权力关系的转变都是值得探讨的重要话题。

第七章　余　论

本章要点

- 技术与机遇并存
- 官方媒体公信力危机
- 独立媒体和公民新闻

第一节　新技术与机遇

土耳其的现代化，可以从奥斯曼的现代化和共和国的现代化两个纬度来看。一方面，奥斯曼的现代化始于18世纪后半叶，成于19世纪的制度化，并进而催生了20世纪以国家为中心的现代化；另一方面，国家经济、政治和文化的发展和变迁是从农村和小城市到大城市的不断推进的结果。这种变迁与奥斯曼帝国走向共和制的国家中心主义的进程有着本质的不同。[①] 我们常说，新闻推进了西方社会现代化进程，传播是第四权力，同样地，在土耳其的现代化进程中，新闻和大众传媒的助推力不可低估。在政治文化的多元化发展与变迁中，大众传媒始终扮演着不可或缺的角色。

---

① AKIN M H. İki modernleme arasında Türkiye'de siyasal kültür değimesi ve medya[J]. Türkiye iletişim aratırmaları dergisi,2018(30)：154-164.

2023年是土耳其共和国建国100年，土耳其把大力发展通信行业作为百年愿景的重要组成部分，积极打造和实施“国家宽带战略”。土耳其自由电信运营商协会(Telkoder)2019年年报数据显示，[①]2018年，土耳其通信行业的收入为149.9亿里拉，到2019年第二季度末，行业收入增至161.7亿里拉。2019年第三季度，土耳其卫星互联网入网户数显著增加。2002年以来，通信行业三大巨头 Türk Telekom、Turkcell、Vodafone一直保持了不可撼动的优势地位。2019年第一季度，三大巨头及其子公司市场份额占到了90.86%；2019年第二季度，该比例上升到91.03%。2009—2019年第二季度，土耳其宽带用户总数和光纤用户总数呈持续上升趋势，2009年宽带用户比例仅为6.78%，光纤用户比例极少，到了2019年第二季度，宽带用户比例占到75.25%，光纤用户比例达2.96%。2009年土耳其的光纤基础设施仅为14.5万公里，其中最大的通信行业运营商 Türk Telekom 占到12.9万公里。到了2019年第二季度，光纤基础设施总长达36.5万公里，Türk Telekom 拥有28.9万公里。近十年来，作为宽带服务重要替代方案的卫星互联网服务稳中有升。截止到2019年第二季度，土耳其卫星互联网用户数达11491户，比2009年增加了4417户。此外，固定语音流量极速下滑，移动语音流量稳步增长。2009年，移动流量的占比为82.5%，固定语音流量的占比为17.5%。到了2019年第二季度，固定语音流量出现大幅下滑，仅为2.3%，移动流量的比例提升至97.7%。

2019年7月，信息技术和通信管理局发布的《土耳其电子通信行业季度市场报告》的数据显示，2019年第一季度，电信运营商的投资总额超过21亿里拉，电信行业总收入超过154亿里拉，其中移动运营商的收入为117亿里拉。土耳其移动服务用户数量稳步增加，达到8100万，其中7240万为4.5G用户，使用和SIM卡兼容设备的用户数量达4180万。随着4.5G技术的推广，3G用户数量下滑至640万。同时，M2M的用户数量也显著增长。2011年，M2M用户数量仅为110万，到

① 参见 https://telkoder.org.tr/。

了 2019 年第一季度,增加到 670 万,仅 2019 年一个季度就增加了 150 万。

从月均通话时长来看,土耳其的通话时长为 448 分钟,长于欧洲国家。截至 2019 年第一季度,固定电话用户数量为 1160 万,覆盖率为 14.2%。宽带互联网业务是土耳其电信行业发展最为迅速的。自 2016 年推出 4.5G 服务和加大光纤基础设施投入以来,土耳其的移动和固定宽带用户数量持续增加,2019 年第一季度比上年同期增加了 6.7%,达到 7470 万,其中移动宽带用户数量达到 6110 万,固定宽带用户数量达到 1360 万。光纤用户总数比上年同期增加了 17.6%,达到 290 万;有线互联网用户数量增加了 12.8%,达到 95.8 万;xDSL 用户数量增加了 7.7%,达到 960 万。从月流量来看,移动用户平均每月使用4.9G 流量,固定宽带用户平均每月使用 107.5G 流量。[①] 具体见图 7-1。

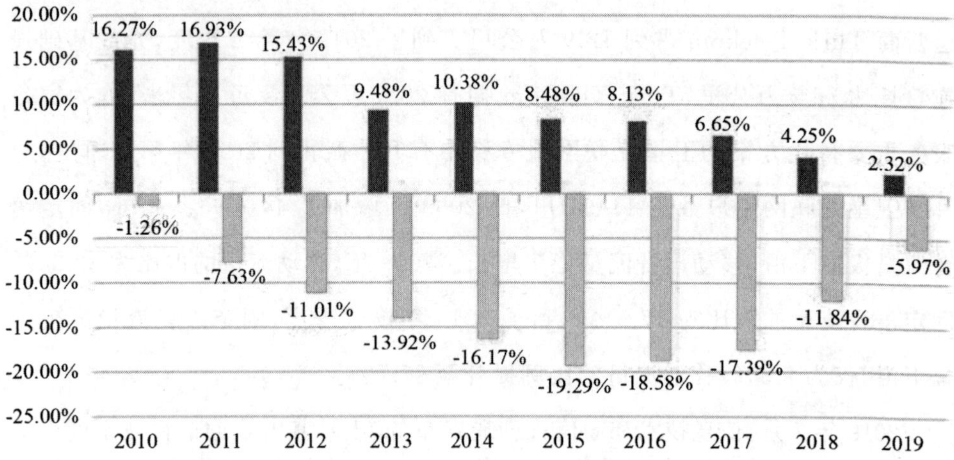

图 7-1 2010—2019 年移动电话用户(深色)和固定电话用户(浅色)涨幅比例

然而,如果以美元为单位进行换算,实际上土耳其的电子通信行业自 2008 年以来并没有出现显著的增长。特别是在 2018 年里拉对美元汇率创历史新低的情况下,土耳其电子通信行业收入出现了严重下滑。具体见图 7-2。

① 参见 http://www.hurriyet.com.tr/ekonomi/elektronik-haberlesme-sektorunde-yatirim-atagi-41276598。

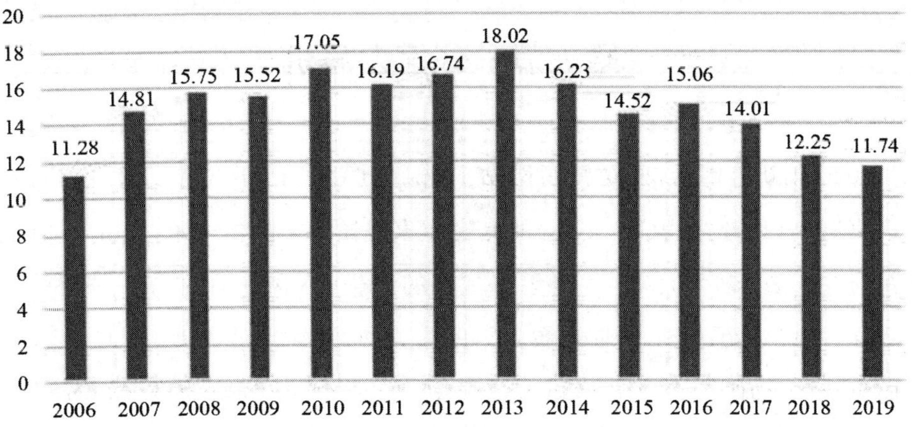

图 7-2　2006—2019 年土耳其电子通信行业规模(单位:百万美元)

如表 7-1 所示,2012 年至 2015 年,电脑互联网用户数的增长速度有所放缓,2016—2018 年,电脑互联网用户数明显减少,2017 年下滑比例达到峰值,为−33.1%。到了 2019 年,电脑互联网用户数再次增加,实现了 10.3%的增长。手机互联网用户数在 2012 年实现了 108%的爆发式增长后,后续的增长速度明显放缓,到了 2019 年,手机互联网用户数的增长比例仅为 2%。此外,光纤用户数也在 2012 年实现了 141.5%的爆发式增长,但在 2014 年之后增长速度明显放缓。增加光纤用户的数量、普及光纤网络是未来几年土耳其政府要下大力气推进的工作,而当务之急是要消除国内外投资者在光纤基础设施建设中遇到的障碍。

表 7-1　2011—2019 年各类互联网订阅数的涨幅(单位:%)

	2011	2012	2013	2014	2015	2016	2017	2018	2019
xDSL	2	-2	0	2.3	5.3	8.5	11.5	9.7	1.8
电脑互联网	—	23.4	1.6	-20.4	17.9	-22.5	-33.1	-20.8	10.3
手机互联网	—	108.9	24.5	38	20.8	34.8	11.1	7.7	2.1
有线电缆	68.1	8.7	-2.8	14.8	12.6	17.1	12.2	12.7	16.3
光纤	73.4	141.5	85	22.1	14.8	15.2	21.2	19.9	14.7
其他	2.5	-12.4	-16.9	-16.1	-6.7	27.8	-9.3	73.7	48.7

第二节 公信力危机

2020年新年伊始，独立新闻网站Bianet刊登了公开支持反对党好党（İyi Parti）的报纸《新时代》（*Yeniçağ*）的专栏作家穆拉德·阿尔内尔（Murat Ağırel）撰写的关于2017—2019年伊斯坦布尔市的广告（不含赞助）拨款去向的文章。文章称，2017—2019年，伊斯坦布尔市的广告拨款约5700万里拉，具体的经费去向包括向土耳其传媒（Türkmedya）支付的576.4万里拉，向图库瓦孜传媒支付的1529.3万里拉，向阿尔巴伊拉克集团旗下的《新曙光报》、TVNET等传媒公司支付的912.7万里拉，向伊赫拉斯集团旗下的《土耳其报》和伊赫拉斯通讯社支付的118.9万里拉，向德米尔沃伦传媒集团支付的68.9万里拉，向吉内尔传媒集团支付的49.3万里拉。同时，土耳其政治经济社会研究基金会（SETA）的传播机构KRITER，土耳其青年基金会（TÜGVA）的传播机构Fikirname和Özçekim分别获得了34.2万里拉和5.5万里拉的广告拨款；Hurhaber、Superhaber、Internethaber、Gazetebirlik等网站均获得了六位数的广告拨款。总体而言，在过去的两年里，伊斯坦布尔市分配给亲政府媒体的广告拨款超过了总拨款额的70%。

在2017—2019年伊斯坦布尔市广告拨款名单中位列第三的传媒公司——土耳其传媒也非常引人关注。2017年Esmedya传媒公司旗下的媒体业务全部转让给哈桑·叶希尔达（HasanYeşildağ），此人是埃尔多安曾经的狱友。2019年该公司更名为“土耳其传媒”，为独股公司，公司全部股份由哈桑·叶希尔达的兄弟泽可·叶希尔达（ZekiYeşildağ）持有，资本达7.66亿里拉。目前该公司旗下有《晚报》、《太阳报》和《星报》三家报纸，*Alem*和*Platin*两家杂志，24TV、360和TV4三家电视台，Alem FM和Lig Radyo两家广播台。此外，该公司还拥有自己的印刷出版机构和数字化平台。同时，该公司还在Twitter、Facebook、Instagram和YouTube等多个社交媒体上同步运营。

近年来，土耳其主流媒体的公信力一直饱受争议。主流媒体虽然具备得天独厚的调动资源的能力，但是由于在一系列重大事件上“缺位”和“偏执”，经常陷入不信任危机。阿纳多卢通讯社是土耳其历史最悠久、规模最大的通讯社，该社以其“及时传播政府立场”的鲜明特征在土耳其主流媒体中具有代表性。阿纳多卢通讯社 2011 年至 2020 年关于叙利亚难民问题的报道足以说明问题。

2011 年初叙利亚爆发内战，同年 4 月，第一批叙利亚难民进入土耳其，根据土耳其难民协会的统计数据，2011 年至今土耳其的叙利亚难民人数持续快速增长。根据土耳其难民协会发布的数据，2017 年 10 月，土耳其境内的叙利亚难民人数达 320 万，主要聚集在东南部的 10 个省份。约 90％的叙利亚难民生活在难民营，其中基利斯市的难民人数已超过该市原有的居民人数。在土耳其的叙利亚难民享有“临时保护”待遇，但难民遣返与重新安置工作困难重重。[①] 截止到 2020 年 11 月，土耳其的叙利亚难民人数突破 363 万。[②]

难民问题是许多国家和政府面临的最棘手的问题之一。叙利亚内战使叙利亚成为全世界最大的难民输出国，十余年间，土耳其一直是接收叙利亚难民数最多的国家。笔者使用中国传媒大学舆情大数据研究团队自主研发的数据软件，通过搜索关键词“叙利亚难民”(Suriyeli mülteci, Suriyeli sığınmacı)，获取了阿纳多卢通讯社自叙利亚内战爆发以来至 2020 年 12 月的新闻报道文本，除去重复项和不相关项等无效文本后，共获取任意部分含有关键词的有效文本 200 余条。结合对相关文本的分析，笔者观察到，自叙利亚内战爆发至今，阿纳多卢通讯社对叙利亚难民问题的报道量有较明显的大小年之分，2017 年和 2019 年是报道叙利亚难民的“大年”，其他年份中的报道量偏少。此外，单一信源的报道较为多见，主要来源于土耳其本国机构和匿名信源。总体而言，阿纳多卢通讯社在塑造一个积极正面、彰显人道主义的土耳其国家形象的同时，勾勒了一批在叙利亚难民问题上不尽责、缺作为的他国形象。阿纳多卢通讯社报

---

① 尹婧，黄民兴.中东变局以来土耳其境内的难民问题探析[J].阿拉伯世界研究，2018(1).

② 参见 https://multeciler.org.tr/turkiyedeki-suriyeli-sayisi/。

道叙利亚难民"事小",而借"难民问题"之东风,塑造完美的国家形象才是"事大"。

关于"国家形象"的定义,国内学界已有较充分的阐述。国家形象是国家内部公众和外部公众对该国政治、社会、文化与地理等方面状况的认识与评价,可分为国内形象与国际形象,两者之间往往存在较大差异。国家形象在根本上取决于国家的综合国力,但并不能简单等同于国家的实际状况,它在某种程度上是可以被塑造的。[①] 国家形象的建构分为"自塑"与"他塑"。"自塑"是指国家通过新闻媒体,对外呈现自身维护国家安全、促进国家发展、增强综合国力,以及提高国际竞争力、影响力的过程;"他塑"是指国际组织、新闻媒体从政治稳定、经济发展、对外政策、国家道德、文化吸引等层面对一国作出评价。[②] 如果从"形象"的客观性和主观性角度对国家形象进行逻辑思考的话,国家形象的客观性在于"国家"是一个实体,由千千万万的有形物质和客观存在的现象构成。而国家形象的主观性则体现为它是公众对一个国家的总体印象,是公众对国家举措的价值判断,往往受到大众媒体的影响,也基于公众自身的认知。因此,国家形象既有客观的一面,也有主观的一面。改变国家客观面貌,改善公众主观印象,是塑造国家形象战略中齐头并进的两项重要工作。[③]

笔者对比了土耳其《第十个五年计划》(2014—2018)(以下简称十五计划)和《第十一个五年计划》(2019—2023)(以下简称十一五计划),[④]与十五计划不同的是,十一五计划在"强民富国"章节专门开辟了"外来移民"小节,同时在"法治、民主和治理"章节专门分项阐述了"加强塑造土耳其国家形象"的执政理念,这一理念具体包括"国家应积极开展各类文化和外交活动,提升国家的国际知名度和国际形象;同时,打造具有战略意义的国际舆论场,为有效传播土耳其在

① 孙有中. 国家形象的内涵及其功能[J]. 国际论坛, 2002(3):14-21.

② 程曼丽. 论"议程设置"在国家形象塑造中的舆论导向作用[J]. 北京大学学报(哲学社会科学版), 2008(2):162-168.

③ 范红. 国家形象的多维塑造与传播策略[J]. 清华大学学报(哲学社会科学版), 2013,28(2):141-152,161.

④ 参见 https://www.sbb.gov.tr/kalkinma-planlari。

国内和国际问题上的态度和立场营造良好的舆论环境”。此外,十一五计划还明确提出了宣传土耳其国家形象的具体措施,如使用新媒体和传统媒体,加大对公共外交活动的宣传力度,通过研讨会、论坛等形式提高土耳其在国际舆论场的话语权,加强与国际重要舆论场的合作,密切与开展土耳其国别研究的国际机构和组织的交流,加大力度资助宣传土耳其国家形象的国际组织。从总纲到细则,十一五计划充分体现了土耳其对塑造国家形象的重视程度。在具体实施中,以阿纳多卢通讯社、TRT 为代表的国家级媒体成为构建国家形象的主力。近十年来,阿纳多卢通讯社关于叙利亚难民的报道至少可以抓住“明”与“暗”两条线。明线上,阿纳多卢通讯社打造的叙利亚难民舆论场和营造的意见环境能较全面地反映官方舆论场在难民问题上的认知和态度,有助于国内学界更准确地理解土耳其官方在叙利亚难民问题上的态度;暗线上,通过阿纳多卢通讯社打造的叙利亚难民舆论场可以窥探土耳其政府借题发挥、借势发力从而达到塑造其国家形象的目的的路径。

从报道时间来看,阿纳多卢通讯社在叙利亚内战爆发和难民入境的首年没有相关报道,首篇关于叙利亚难民的报道大致出现在 2012 年 3 月。该报道传递了两方面信息,一是逃亡到土叙边境省份哈塔伊的叙利亚难民人数在不断攀升;二是为接纳难民,土耳其政府正在积极筹建难民营。① 从阿纳多卢通讯社首次报道的时间上看,该报道与叙利亚难民的入境时间之间存在较大时间差。2012 年全年关于叙利亚难民的报道只有零星几篇,大部分报道仅传递了土叙边境的难民人数迅速增加的信息。总体来看,阿纳多卢通讯社对叙利亚难民问题的反应速度是较为迟缓的,而从报道内容来看,大致分为两大类,一类报道只是在通告难民人数和描述难民营的生存环境,如较多地援引联合国难民署驻土耳其代表的言论,向国际社会传递“虽然难民人数在极速增加,但土耳其对无辜的叙利亚难民提供了力所能及的人道主义援助”的信息;另一类报道则主要宣传

① 参见 https://www.aa.com.tr/tr/yasam/binlerce-sivil-turkiyeye-dogru-kaciyor/377536。

以土耳其红新月会为代表的救助团体展开的帮扶行动。具体见图 7-3。

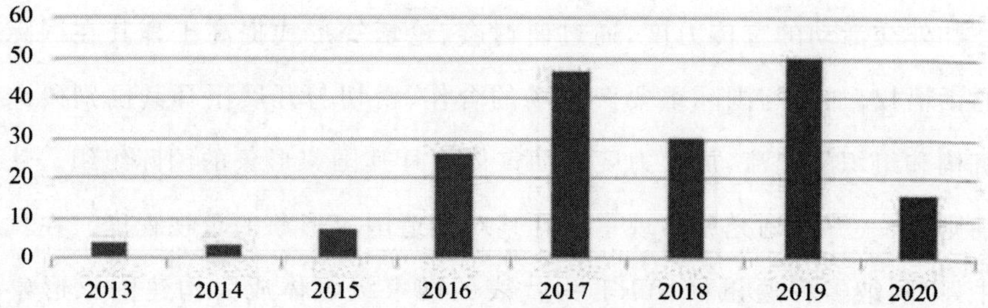

图 7-3　2013 年 1 月至 2020 年 12 月阿纳多卢通讯社关于叙利亚难民的报道量对比

从报道频率来看，2012—2014 年，阿纳多卢通讯社仅以每年个位数的报道篇幅零星地报道了叙利亚难民。叙利亚难民问题真正进入舆论场中心的时间大致是 2016 年末或 2017 年初，2017 年和 2019 年是叙利亚难民报道的大年。2017 年 1 月是一个较为突出的拐点。仅 2017 年 1 月，叙利亚难民的相关报道就达 6 篇，涉及的话题包括马尔丁省某研究所[①]为女性难民实施的帮扶项目；15 岁的叙利亚难民在德国遇害；欧盟签署关于为叙利亚难民提供财政支持的协议；[②]土耳其卫生部在援助叙利亚难民方面取得的成果；[③]土耳其尚利乌尔法的某房东给叙利亚难民免房租；一名 2 个月大的婴儿在希腊的叙利亚难民营夭折。上述 6 篇报道中的 3 篇没有采用官媒惯用的宏大叙事，而是从小人物着手，塑造了一个为难民提供各类救助的、充满人道主义的土耳其政府形象。第二个拐点出现在 2017 年 9—10 月，这两个月的报道各 6 篇，共计 12 篇。涉及的话题包括黎巴嫩官方统计的难民人数（150 万）与联合国难民署提供的数据

① 参见 https://www.aa.com.tr/tr/yasam/el-sanatlari-suriyeli-kadinlarin-elinde-hayat-buluyor/720693。

② 该报道称，欧盟签署的协议规定，欧盟将为土耳其提供 2 亿欧元的难民救助款，用于学校建设、购置设备和人道援助等。参见：https://www.aa.com.tr/tr/dunya/abden-turkiyedeki-suriyelilere-destek/726292。

③ 该报道援引土耳其卫生部部长的话，称土耳其接收了 400 万叙利亚难民，为叙利亚难民建立了卫生站，自 2015 年以来为 100 万名患者提供了 2200 万次门诊服务等。参见：https://www.aa.com.tr/tr/saglik/suriyeli-doktorlara-ozel-calisma-izni/735312。

(101.7万)有误差;叙利亚难民被叙利亚极端组织"伊斯兰国"当作人肉炸弹;土耳其财团举办叙利亚国别展;叙利亚难民希望德国寄养家庭把孩子送回土耳其;土耳其妇女与民主协会援助难民的举措;土耳其艺术家在巴黎展会展出以叙利亚难民儿童为主题的作品;土耳其从人贩子手中解救难民;叙利亚难民画笔下的埃尔多安惟妙惟肖;在难民问题上韩国是给予土耳其最大支持的国家之一;叙利亚收藏家因内战逃往土耳其等。这些报道浓墨重彩地对比了叙利亚难民在土耳其和在其他国家的境遇,旨在凸显土耳其政府在难民问题上取得的成绩,丑化或贬低其他国家在处理难民问题上的形象;同时,绝大部分报道通过转引联合国难民署的数据,彰显土耳其在接收叙利亚难民方面作出的重大贡献。第三个比较突出的拐点出现在2018年2—3月,这两个月的相关报道各5篇,共计10篇。涉及的话题主要有库尔德工人党对叙利亚平民定居点发动袭击,造成难民伤亡;库尔德工人党强迫难民加入其组织;联合国难民事务高级专员对土耳其的难民援助工作表示赞赏;土耳其妇女与民主协会长期关注叙利亚妇女难民群体;①总统首席顾问在联合国阐述土耳其政府在难民问题上的三大政策(门户开放、临时保护、绝不遣返);土耳其教育部和德国开发银行签署在叙利亚难民集中区建立太阳能发电厂的协议。第四个拐点出现在2019年1月,共8篇报道,涉及的话题主要是在黎巴嫩的叙利亚难民的困窘生活,同时通过转引黎巴嫩某地区负责人的积极评价,彰显土耳其在叙利亚难民问题上的巨大贡献。此外,还有关于土耳其家庭、劳工和社会服务部与土耳其就业中心共同举办展会为叙利亚难民提供就业机会的报道。② 最后一个较明显的拐点出现在2019年10—11月,这两个月的相关报道各4篇,共计8篇,主要涉及土耳其驻

① 该报道称,叙利亚妇女难民支持土耳其的橄榄枝行动。参见:https://www.aa.com.tr/tr/dunya-kadinlar-gunu/suriyeli-kadinlar-kadem-ile-hayatin-icinde/1083048。

② 该报道称,有1.48万人从就业项目会上受益,其中一半是叙利亚难民。该项目是欧盟援助的4800万欧元资金的一部分,将在伊斯坦布尔、加济安泰普、尚利乌尔法和阿达纳四个试点省份开展30个月。参见 https://www.aa.com.tr/tr/turkiye/turk-vatandaslari-ve-suriyeliler-icin-istihdam-destegi-projesi-/1377019。

兵伊德利卜；[①]匈牙利外长表示支持和平之泉行动；北约秘书长为土耳其的难民救助行动点赞；荷兰首相呼吁北约盟国在难民援助和打击恐怖主义方面支持土耳其等。与之前的拐点相比，这一时期的报道聚焦在国际社会对土耳其的声援方面。

2020 年是叙利亚难民报道回落的一年。报道话题基本沿袭了此前的风格。如 2 月报道某叙利亚籍艺术家称赞土耳其给予叙利亚人民的援助；6 月报道某孤儿院帮助 71 名叙利亚孤儿成功寻亲；11 月报道布尔萨一家职业高中为叙利亚难民提供与当地学生同等的待遇。与之形成鲜明对比的是 3 月份的三篇报道。这三篇报道以三天连续跟进的方式，报道了“希腊方面对偷渡的叙利亚难民开火，造成 1 死 5 伤”的事件。2 月、8 月、10 月均出现了黎巴嫩的叙利亚难民生存困境以及难民问题令黎巴嫩政府不堪重负的负面报道。此外，还多次援引联合国难民署的报告，通过数字上的反差凸显土耳其在人道主义援助方面所做出的积极努力及取得的良好成效。如“截止到 2019 年 6 月，土耳其接纳的难民人数达 390 万，其中叙利亚难民占到难民总数的 92%。哥伦比亚是继土耳其之后接待难民人数第二多的国家，共接纳 180 万委内瑞拉人。德国排第三，共接纳 150 万人，其中 42%是叙利亚难民”。

从报道信源上看，在 200 余篇报道中，阿纳多卢通讯社主要选择了四大类信源。第一大类为土耳其的政府部门和协会组织的各类数据和难民救助工程，牵涉的部门和组织主要包括内政部灾害与应急管理部，移民管理局，外交部，教育部，卫生部，家庭、劳工和社会服务部，就业中心，红新月会，妇女与民主协会等。第二大类是消息来源无法证实的匿名信源。第三大类是各类国际组织，主要是联合国难民署、人权观察组织（HRW）的报表。第四大类是间接引用各国

---

① 该报道引用了埃尔多安的话，为了消灭边境地区恐怖组织，保障伊德利卜 36 万难民的人身安全，为难民返回故土提供保障，土耳其决定派兵叙利亚，消灭边境地区的恐怖组织。参见 https://www.aa.com.tr/tr/turkiye/cumhurbaskani-erdogan-terorle-arasina-mesafe-koyan-kesimleri-ortak-paydada-bulusmaya-davet-ediyoruz/1598903。

政要的表述。

第一类信源多见于土耳其在难民问题上的举措和成效的报道中，第二类匿名信源大多以“一位不愿意透露姓名的叙利亚难民”“一位名叫×的叙利亚难民”的直接引语开场，出现在所有报道叙利亚难民在其他国家困窘生活状态的文本里。这两类信源在文本中占绝大多数。第三类信源主要是引用联合国难民署发布的难民数据，强调土耳其在难民问题上作出的重要贡献。第四类信源主要用在国际社会对土耳其难民问题的声援方面。总体而言，从各类信源比例来看，第三类和第四类信源比例远低于第一类和第二类信源。具体来说，200余篇文本中有四分之一的文本全篇为匿名信源或无信源。此外，还有少量文本，虽然出现了多条信源，但全文除了个别明确的信源之外，支撑核心观点的信源均面目不清，难以辨别。从报道信源分布的地缘来看，大部分信源来自土耳其境内，以政界和民间信源为主；其他少部分信源来自英国、美国、黎巴嫩、叙利亚、约旦、欧盟、联合国等国家或国际组织的官员，比如，美国国务院负责人口、难民和移民问题的前国务卿助理，联合国难民署、联合国难民事务高级专员，约旦内政部难民管理局官员，黎巴嫩前总理萨阿德·哈里里，黎巴嫩总理府新闻办公室发言人，黎巴嫩气象总局、黎巴嫩社会事务部官员，叙利亚反对派和革命力量全国联盟领导人，北约秘书长，匈牙利外长，荷兰首相等。

从框架构建上看，叙利亚难民问题存在十年之久，该问题给土耳其社会带来的问题不言自明。国内学者较为全面地阐述了叙利亚难民问题对土耳其的消极影响。叙利亚难民与土耳其本地居民间的冲突事件频发，且由于土耳其部分民众对难民心存敌意，因此针对叙利亚商铺的抢劫事件也时有发生。[①] 难民不仅抢走了当地人的就业机会，也使得公共服务设施无法满足其日常需求。大批难民营的存在还对当地的环境造成严重的破坏。随着在土耳其境内滞留的叙利亚难民的持续增多，土耳其民众与叙利亚难民的矛盾必将进一步加剧，直

① 崔守军，刘燕君.土耳其对叙利亚难民危机的应对及其影响[J].西亚非洲，2016(6)：73-90.

接影响土耳其的社会稳定。[①] 然而，在过去的十年间，以上述问题为代表的负面消息或情绪不但被屏蔽在阿纳多卢通讯社特定的报道框架之外，而且阿纳多卢通讯社还利用一套叙事框架借题发挥，建构了土耳其人道主义地区大国形象。从文本特征和框架结构来看，阿纳多卢通讯社的报道主要基于以下四个框架：

第一，高频率转引联合国难民署和土耳其难民协会的数据，塑造了一个在叙利亚难民问题上实施人道主义援助的国家形象；同时，展示了土耳其在处理难民问题上所承受的重担，呼吁国际社会特别是欧洲国家伸出援手，共同应对。

第二，大量引用难以证实的民间信源，通过小人物的故事描绘了叙利亚难民在土耳其的美好生活，借难民之口表达难民群体对幼发拉底之盾行动、橄榄枝行动、和平之泉行动的支持，体现出其出兵的正当性。同时，采用"绿叶衬鲜花"的策略，一方面描述叙利亚难民在德国、美国、英国、希腊、保加利亚、黎巴嫩等地的困苦和不幸，另一方面频繁报道别国出台的抵制难民政策。

第三，引用官方信源，集中报道土耳其政府机构、民间组织、艺术界等针对叙利亚难民群体中的弱势群体（妇女、儿童）开展的各类援助计划（职业培训、招聘会等），塑造了土耳其从总统、部长等政府官员到医生、画家、理发师等职业群体对叙利亚难民的全民动员式帮扶形象。

第四，以美国和欧盟等国家或国际组织在援助资金、签证自由化、经济援助、重新安置、关税同盟等方面的承诺未能兑现为由，塑造了一批言而无信、无人道主义精神的国家形象。

在舆论场中，占主导地位的个人或组织，在舆论的话题控制、舆论方向与规模的把关以及舆论表达渠道的分配上会占据优势且拥有更大的话语权。[②] 阿纳多卢通讯社作为土耳其最大的通讯社，拥有得天独厚的新闻资源和传播渠道，在叙利亚难民的舆论场中始终占据优势地位。从 2012 年首篇报道至今的十年间，该通讯社始终结合政局的需要，在叙利亚难民舆论的构建、路径、进度、方

① 王海滨.叙利亚难民危机困扰周边各国[J].社会观察，2015(10)：50-53.

② 张涛甫.两大舆论场：从竞争到融合[J].新闻与写作，2019(4)：57-61.

向、规模等方面不断调整报道策略，不但使政府始终处于有利的舆论环境中，而且积极塑造了一个讲感情、有实力、讲方法、有格局的地区大国形象。

从议程设置上看，阿纳多卢通讯社60%的叙利亚难民报道都围绕土耳其政府、行业协会和普通民众对叙利亚难民的帮扶行动展开，14%的报道描述了在英国、德国、保加利亚、希腊、黎巴嫩、约旦等国的叙利亚难民水深火热的生活。10%的报道则表达了国际社会和各方力量对土耳其在叙利亚难民问题上的声援，包括匈牙利外交与对外经济部部长西亚尔托、北约秘书长延斯·斯托尔滕贝格、荷兰首相马克·吕特、叙利亚反对派和革命力量全国联盟主席、联合国难民署高级专员、欧盟高级官员等。

在叙利亚危机向纵深发展之前，土耳其政府认为可以借难民问题提升地区影响力和在中东事务中的话语权，可谓信心十足，野心勃勃。然而随着叙利亚危机越发不可收拾，土耳其政府逐渐意识到难民问题的严峻性。因此自2013年年中开始，阿纳多卢通讯社积极呼吁国际社会的介入和人道主义援助，叙利亚难民的报道也基本是在这一时期进入报道框架的。随着难民人数的迅速增加，土耳其的社会治安遭遇巨大挑战。2016年4月，阿纳多卢通讯社报道了内政部发布的数据，称土耳其境内的叙利亚难民人数达274.9万，男女人数相当。接收难民人数最多的省份中除伊斯坦布尔之外，其余均在土叙边境（尚利乌尔法、哈塔伊、加济安泰普、基利斯、马尔丁、希纳克）。因此土叙边境地带成为两国人民冲突的高发区域。然而阿纳多卢通讯社不但自动过滤了土叙边境省份的民众冲突事件，而且到处营造两国人民一家亲的祥和气氛。鉴于难民问题的长期性和复杂性，阿纳多卢通讯社把矛头转向以欧盟为代表的国际组织，多次报道埃尔多安在公开场合指责欧盟不履行与土耳其达成的协议，并宣称“钱不到位我就开放国门让难民涌入”，以达到转移国内矛盾的目的。

综上所述，阿纳多卢通讯社作为国家的重要官方媒体，肩负了建构国家认同和塑造国家形象的双重使命。大众传媒报道的价值取向从来不是抽象、空洞的，而是具体、实在的，体现在每一次遣词造句、每一个画面取景、每一次推送的时间和频次中。阿纳多卢通讯社在实现其自身定位和价值取向两相契合的过程中铺垫的明线和暗线，显示了有别于民间舆论场的举一国之力打造的官方舆论场在造势方面的有利地位。然而这种以牺牲媒体公信力为代价铤而走险的单一报道取向在私营媒体和社交媒体蔚然成风的土耳其能有多少人买单是值得深思的话题。

第三节　独立媒体的未来

在土耳其有一片独特的新闻阵地，以幽默和讽刺著称，最有代表性的是一家名为“Zaytung”的媒体。2019 年 12 月 25 日的数据显示，该媒体的 Twitter 官方账户关注用户有 565 万，Facebook 关注用户有 59.9 万，Instagram 关注用户有 51 万。这家标榜坚持诚实/真理、客观/公正、不“道德”地报道“虚假”新闻的媒体创立于 2010 年，据称其灵感来自美国的“洋葱新闻”（The Onion News）。[①] “Zaytung”是自创的外来词，词的拼写和构成方式取自德语单词“Zeitung”（报纸）。

Zaytung 的主编团队同时也是土耳其网民自发形成，共同参与创建、维护、编辑、修改的“维基百科”式网络 ekşisözlük 的主创。2010 年，Zaytung 的主创团队共 6 人，注册写手 1500 人，内容生产者 60 人。Zaytung 拥有庞大的编辑团队，并对所有采编者开放，网站的成员可以自由撰写任何文章，将其发送给编辑团队，然后发布。人人当记者、人人“幽他一默”的全民参与式“新闻”实践在土耳其不算什么新鲜事物。这类与主流媒体千篇一律的“一言堂”式议程设置形成鲜明对比的模式颇受年轻人的追捧。乍一看，Zaytung 网站的主页似乎与普通网站并无差异，但当人们注意到网站主页左上方赫然写着“诚实、公正、不道德的新闻”的宗旨的那一刻，头脑里涌动的是荒谬，是逗趣，是新奇还是什么别

① 参见 https://web.archive.org/web/20160106101501/http://cadde.milliyet.com.tr:80/2010/05/02/YazarDetay/1232413/durust__tarafsiz__ahlaksiz_haber__zaytung_。

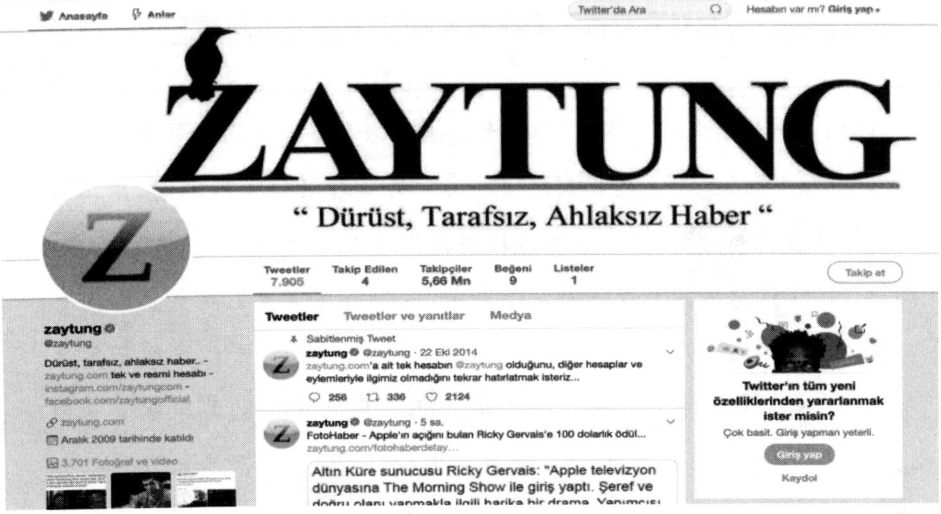

图 7-4　Zaytung 的 Twitter 主页

的念头，恐怕是见仁见智了。但当你从主流媒体的新闻大事里兜了一圈来到这个新奇的世界，而不是完全对当下的世界一无所知的时候，你会很快觉察到这个网站不但秉承了传统的新闻写作风格，而且都是基于真实新闻事件的“再创造”。以 2019 年年末，辞旧迎新之际的某个头条新闻为例。2019 年 12 月 27 日，以阿纳多卢通讯社为代表的多家主流媒体发布了“土耳其自主研发的纯电动车将于 2022 年全面投产”的消息。一时间各大媒体蜂拥而上，争相报道埃尔多安亲自出席媒体推介会以及发表致辞的盛况，并对该款纯电动车的不同车型、性能、创新点做了介绍。然而在主流媒体全面高歌“掌握自主科技的土耳其不再只是汽车销售市场，同时还将成为汽车生产和出口国”的主旋律之时，Zaytung 网站发布了题为《两年前成功生产首台纯电动车，一年前又成功推出首台混合动力汽车的乌干达将派代表团访问土耳其，考察土耳其国产汽车生产技术》的文章。文章正文写道：[①]

① 参见 http://zaytung.com/haberdetay.asp? newsid=368915。

在非洲美丽却贫穷的国家乌干达，继三年前自主研发了太阳能汽车，两年前自主研发了首台电动车之后，去年又研发了首台混合动力汽车，并有望明年正式投产。乌干达准备派代表团来访，考察我国汽车生产技术。这个人均收入约450美元的不起眼的非洲国家，成功测试了首款混合动力汽车，该技术比燃油汽车操作简单，且成本更低。

乌干达总统在新闻发布会上表示，他为电动车本土化生产感到自豪，“电动车的生产比普通油车要简单，成本也更低，因此我们不需要通过广告对这款电动车做什么宣传。但是混合动力电动车就很复杂了，我们要大张旗鼓宣传的是混合动力技术，只是我们不知道该怎么做。最近，我们发现土耳其人因为自主研发了电动车而举国欢腾。土耳其人的生产技术能解决我们当下的难题，因此我们下周将派代表团访土，考察其混合动力电动车生产技术”。

乌干达总统还表示，“我们了解到，在没有工厂的条件下，土耳其五个有实力的企业家花了两年时间合力研发了一款电动汽车模型。为了在八年内实现批量生产，土耳其举国上下一片沸腾。有点像是他们生产的2000台汽车会全部发往火星那样让人激动不已。明年我们开始批量生产时，如果我们能够生产出他们的一个模型，那我们的欢呼声估计能传到津巴布韦。五年前津巴布韦在非洲杯上以不公平的判罚淘汰了我们。我们也要让津巴布韦人尝尝同样的滋味”。

了解原始新闻议程的人大概都能“破解”Zaytung的用意，新闻描述了与真实新闻高度一致或呼应的事实，而在这种用讽刺又略带幽默的方式“扭曲”事实的背后正是Zaytung生存的法则，这种法则与历史悠久的讽刺报刊有着异曲同工之妙。看似荒诞的描述却道出了对现实世界的反思、对国家治理的质疑，看似真实且规范的新闻与传统的新闻原则并无二致，但却是在和主流媒体唱反调，干预着主流媒体的话语霸权。对社会危机的描述如此，对平民死亡的报道亦是如此。当主流媒体都在既定的议程设置中按部就班地处理新闻时，Zaytung却选择了启发人思考的批判模式。当所有的新闻都在遵循事件真实性的时候，Zaytung却一反常规地提供了另外一个“题外话”式的样本，又像是以巴赫金的狂欢论[①]为基础的新闻再创造。[②] 由于狂欢节期间的生活是脱离了常规的“第二种生活”，因此那些决定着非狂欢节生活（即日常生活）的规矩和秩序的诸多法令、禁令和限制在狂欢节期间都被暂时性地“悬置”了。狂欢节世界中现存的权威和真理也都具有相对性，这种相对性对社会意识形态和等级制度产生了一定的颠覆，并使那种企图统辖一切、完全禁锢大众思想空间的教会的力量大大削弱。[③] 无论东方还是西方，几千年来，严肃文化（官方文化）一直在压抑、消解着大众的诙谐文化，诙谐文化也始终在抗争、解构着严肃文化的一统天下。“狂欢”实际上是平民为了建立一个平等自由的世界而演绎出的文化策略。因此，“狂欢”有着不朽的生命力量，即便处在不同的文化体系内依然能够唤起反响与共鸣。[④] 这样的网络狂欢在土耳其的合法性毋庸置疑，过去的10年间Zaytung存活了下来，且不论它究竟在多大程度上满足了土耳其民众对幽默的渴求，它的存在本身就是对常规的破坏和对权威的挑战。

2020年1月13日，阿纳多卢通讯社的消息称，伊斯坦布尔高等刑事法院完成了对《发言人报》社长、主编、记者等9人的书面裁决。在这份包括起诉书、检察官判决、证人陈述、被告辩护、取证等在内的长达165页的裁决书中，《发言人报》被指控在2015年5月30日发布的消息是一场有组织有预谋的反国家间谍活动，自2016年“7·15”未遂政变以来，该报散布的都是服务于居伦恐怖组织

---

① 巴赫金认为，狂欢节是与实际的生活相平行的、不交融的游戏式的生活，它是人们的“第二世界和第二生活”。

② ÖZGE Ö. Politik mizahın ve toplumsal muhalefetin alternatif söylemsel alanı olarak Zaytung[J]. Ankara Üniversitesi İlef Dergisi. 2018,5(2):7- 28.

③ 陆道夫.狂欢理论与约翰·菲斯克的大众文化研究[J].外国文学研究,2002(4):23.

④ 胡春阳.网络:自由及其想象:以巴赫金狂欢理论为视角[J].复旦学报(社会科学版),2006(1):117.

的反社会舆论。[①] 成立于 2007 年的《发言人报》一直标榜阿塔图尔克主义和民族主义，是当今土耳其阅读量最大的非亲政府报纸。特别是 2016 年未遂政变以后，《自由报》《民族报》被亲政府的德米尔沃伦集团收购后，这些报纸的拥趸又转而成为《发言人报》的支持者。《发言人报》、NTV 频道、《共和报》和《土耳其消息报》是具有较高公信力的媒体。详见图 7-5 和图 7-6。

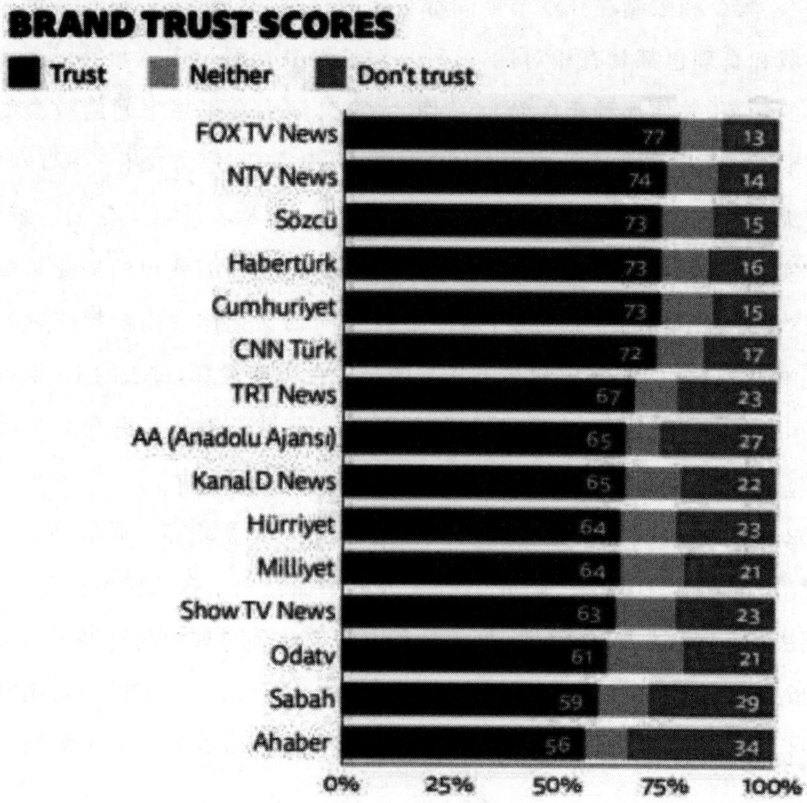

图 7-5　2018 年土耳其媒体公信力排名[②]

① 参见 https://www.aa.com.tr/tr/turkiye/sozcu-gazetesi-sahibi-ve-yazarlari-hakkindaki-davanin-gerekceli-karari-aciklandi-/1701127。

② 图片来源：路透社研究院《2018 路透社报告》。

1	SABAH	242.274	249.964	↓ -7.690
2	SÖZCÜ	241.577	249.504	↓ -7.927
3	HÜRRİYET	215.631	218.010	↓ -2.380
4	POSTA	163.059	176.581	↓ -13.523
5	TÜRKİYE	130.877	131.748	↓ -871
6	MİLLİYET	125.499	127.236	↓ -1.737
7	AKŞAM	111.099	108.239	↑ 2.860
8	TAKVİM	104.731	110.406	↓ -5.676
9	YENİ ŞAFAK	102.506	102.726	↓ -221
10	FANATİK	64.855	67.223	↓ -2.368

图 7-6 2020 年 1 月 6 日至 12 日土耳其报纸的发行量排名[①]

结 语

2020 年 5 月，正义与发展党副主席马赫尔·于纳在其推特平台上公布了由正义与发展党编写的《社交媒体道德规范十二条准则》。马赫尔·于纳表示，社交媒体虽然为人们的生活带来了便利，提高了人们获取信息的效率，但据此认为社交媒体是一个不受管制、游离在社会基本准则之外的法外之地，则关乎道德的问题。这份社交媒体道德规范指南的末尾写道："为防止以自由之名违背社会基本道德而制定的规范。"这十二条准则具体指：

(1)使用尊重他人的、不带侮辱字眼的、不煽动仇恨的语言；

① 图片来源：http://www.gazetetirajlari.com/。

(2)不得发布限制他人自由、攻击他人的帖子;

(3)尊重他人的个性和观点;

(4)不得侵犯关乎他人尊严的隐私权;

(5)不得发布包含口头暴力和威胁的帖子;

(6)不得泄露机密,不骚扰他人,不实施网络欺凌行为;

(7)社交平台要公开透明,用户不得使用匿名账户,用户要以真实身份,承担必要的法律责任;

(8)不得转发使用虚假身份的账户发布的帖子,不得增加此类账户的可见性;

(9)杜绝在敏感时期发布可能引发社会不满或恐慌情绪的帖子,发布的帖子要尊重常识;

(10)不得在未确认信息真实性的情况下发帖,应通过相关方、政府部门和官方机构的渠道获取信息,以防被骗,或被操纵;

(11)如果引用他人的文字,应写明出处;

(12)不得发布或传播违背社会道德的言论。

2018 年 3 月土耳其大国民议会通过的《广播电视最高委员会监管法》(*RTÜK Denetimi Kanun Tasarısı*)明确了广播电视最高委员会对互联网传播内容的监管权,奈飞、BluTV[①]、虎扑等视频平台均被列入广播电视最高委员会的监管范围,视频传播平台从广播电视最高委员会获得许可后方可开展业务。土耳其知名智库政治经济社会研究基金(SETA)指出,土耳其政府正在全面升级对互联网平台传播活动的监管和审查,特别是通过提高经济处罚的额度和传播许可证的费用,加强对境外互联网媒体的监管。同时,随着监管政策的升级,包括 BBC 土耳其频道、DW 土耳其频道等在内的国外新闻频道也面临着随时被封禁的可能。2020 年 5 月,奈飞方面称,应土耳其政府的要求,根据土耳其相关

① BluTV 成立于 2015 年,是土耳其多安集团旗下提供基于订阅的 OTT 视频点播服务的传媒公司。

法律规定，该公司已删除电视剧《指定幸存者》(*Designated Survivor*)第2季第7集中一段关于土耳其和美国政治问题的内容。被删除的内容讲述了土耳其总统前往美国参加北约会议，与美国总统进行了会晤。在共同举行的记者招待会上，土耳其总统无视礼仪，打断了美国总统的讲话，并公开要求美方引渡"7·15"未遂政变的幕后操纵者。此前早些时候，广播电视最高委员会以"剧中美国总统发表的关于军事政变的言论有失妥当，有洗白居伦组织之嫌"为由要求奈飞删除相关内容。

7月1日，时任财政部部长的贝拉特·阿尔巴伊拉克的第四个孩子出生，部长当天在推特个人账户分享了喜悦。这也是总统埃尔多安的第八个孙子。当天，埃尔多安以"评论区有一小撮人恶语伤人"为由，在正义与发展党省长扩大会议中宣称社交媒体已成为一个可以随意攻击他人、颠倒黑白的空间，是时候整治这个不法之地了。实际上，6月26日埃尔多安在高考考生动员视频会上就表达了自己对社交媒体的态度。在提问环节有学生问道："您不喜欢社交媒体吗?"埃尔多安回答："我是政治家。作为政治家，我不能坐视不管。当今社会，数字平台和社交媒体是一股不可忽视的力量。我如果厌恶社交媒体的话，也不会这么频繁地使用了。我的推特个人账户关注人数有1620万，也是土耳其拥有最高关注度的个人账户了。然而现在的问题是，社交平台充斥了谎言和诽谤，并且在以异乎寻常的速度传播。对于恶意散播谣言、诽谤他人的行为，我们要放任自流，听之任之吗？正如在现实生活中，个体和组织有权维护自己的声誉一样，在社交平台也应当如此。因此政府正在积极推进，尽快从法律层面建构社交媒体的伦理体系。在完成政策层面的调整之后，政府将通过屏蔽关口、司法起诉、行政处罚等手段规范社交媒体。"

7月1日晚些时候，各党派主席通过推特个人账户"围观"了埃尔多安关于政府监管社交媒体的讲话。执政党的同盟党民族行动党主席德夫莱特·巴赫切利称，"社交媒体已然是全人类和全社会的威胁。自即日起，在大国民议会出台监管社交媒体的法律法规之前，本人将停止使用社交媒体"。好党主席梅拉·阿克森纳揶揄道:“您(指埃尔多安)要是在《暗黑》(*Dark*)最后一季播完之前关闭奈飞的话,我会很难过的。”共和人民党主席凯末尔·科勒奇达奥卢转发了梅拉·阿克森纳的帖子,并附上“啊,您别这样啊,小心有人憋不住要剧透啊”的评论。人民民主党副联合主席别尔文·布尔丹则转发了凯末尔·科勒奇达奥卢的帖子,并回应道:“我们也等着《纸钞屋》(*La Casa De Papel*)的最后一季呢。”随后,埃尔多安在推特个人账户作出回应:“让他们追剧去吧,我们继续为人民服务,续写历史篇章。”梅拉·阿克森纳则回应道:“你确定吗,尊敬的阁下?”并配了一张“改头换面”的历史大剧《埃尔图鲁尔的复兴》(也被译为《帝国崛起》)的剧照。《埃尔图鲁尔的复兴》是2014年12月到2019年5月在TRT1频道热播的历史大剧,共五季,讲述了奥斯曼帝国的缔造者奥斯曼一世的父亲埃尔图鲁尔加齐如何领导他的部落踏上征服之路的故事,也被称为土耳其版的《权力的游戏》。梅拉·阿克森纳意在讽刺埃尔多安自大狂妄,俨然把自己高看成“复兴”国家的领袖。

有消息称,出于对公共利益的保护,信息技术和通信管理局可能禁用WhatsApp、Telegram等常用聊天软件和以奈飞为代表的热门流媒体平台。信息技术和通信管理局有权要求网络平台做出相应的调整,并对未经授权的网络平台实施封闭措施。7月2日,埃尔多安政府在大国民议会上再次呼吁把社交媒体的监管纳入到5651号《互联网传播规范和打击网络犯罪法》中。

实际上早在2020年4月,关于社交媒体的监管和治理方案就已经提交大国民议会。独立新闻网站“高墙”(Duvar)的分析人士指出,鉴于疫情当前,且考虑到此类措施的出台可能引起舆论的轩然大波,同时政策出台者也需要进一步参考其他国家(主要参考近年来有相似经验的德国和法国)的治理方案,因此搁置了。字节跳动旗下的抖音国际版TikTok,在土耳其用户数达2860万,约占总人口的三分之一,也是土耳其拥有用户数最多的三大社交媒体之一。7月2日，个人信息保护委员会[①]（KVKK）以“数据安全隐患”“个人数据安全漏洞”为由展开了对 TikTok 的调查。该委员会此前曾以“违反数据处理原则”为由，给 Facebook 开出了 325 万里拉的罚单。7月11日，《发言人报》发表的一条没有援引的消息称，因 TikTok 涉嫌间谍活动，亚马逊公司要求其员工卸载该程序。该公司员工只能通过亚马逊公司自己的网页搜索引擎使用 TikTok 的网页。

土耳其政府剑指 TikTok 也好，向奈飞宣战也罢，既是杀鸡儆猴、以儆效尤之举，更是无计可施之为。在大众传播工具日新月异的当今社会，土耳其作为地区大国和重要的枢纽国家，在国家的现代化治理过程中也和许多其他发展中国家一样面临严峻的考验与挑战。一个是全民狂欢的社交媒体，一个是拥有庞大拥趸群的流媒体平台，都是不可逆转的历史之趋。土耳其政府如何顺势而为，从国家治理的层面物尽其用，使大众传媒在国家发展和社会整合中发挥应有的作用，如何在新变化、新现象频出的全球化进程中用好大众传媒，争夺世界话语权都是值得深入探讨的课题。

---

① 2016年3月，大国民议会通过了《个人信息保护法》。2016年4月，该法在《官报》发布。2016年10月至12月组建“个人信息保护委员会”，经大国民议会选举，总统府签署命令，任命了该委员会成员。2017年1月任命了包括会长、副会长和两名委员在内的四位委员，任期六年。

术语对照

一、机构名

国家印刷厂 Darü't-Tıbaatü'l-Amire Matbaası

奥斯曼帝国新闻部 Takvimhane Nezareti

奥斯曼帝国教育部 Maarif Nezareti

奥斯曼帝国外务部 Hariciye Nezareti

奥斯曼帝国出版局 Matbuat Müdürlüğü

土耳其国家统计局 Türikiye İstatistik Kurumu(TÜİK)

土耳其广告商协会 Reklamcılar Derneği (RD)

土耳其新闻公告署 Basın İlan Kurumu (BİK)

土耳其国家广播电视公司 Türkiye Radyo ve Televizyon Kurumu (TRT)

土耳其广播电视职业联盟 Radyo ve Televizyon Yayıncıları Meslek Birliği (RATEM)

土耳其卫星通信和有线电视公司 Türksat Uydu Haberleşme Kablo TV ve İşletme A.Ş.(Türksat)

土耳其国家邮政局 Posta ve Telgraf Teşkilatı Anonim Şirketi(PTT)

土耳其储蓄存款保险基金 Tasarruf Mevduatı Sigorta Fonu(TMSF)

土耳其广播电视最高委员会 Radyo Televizyon Üst Kurulu (RTÜK)

土耳其信息产业协会 Türkiye Bilişim Sanayicileri Derneği (TÜBİSAD)

土耳其全国广播协会 Ulusal Radyo Yayıncıları Derneği(URYAD)

土耳其出版商协会 Türkiye Yayıncılar Birliği(TÜRKYAYB İR)

土耳其信息技术和通信管理局 Bilgi Teknolojileri ve İletişim Kurumu (BTK)

土耳其电信委员会 Telekomünikasyon Kurumu

土耳其无线通信总局 Telsiz Genel Müdürlüğü

土耳其电影总局 Sinema Genel Müdürlüğü

土耳其武装部影片中心指挥部 Türk Silahlı Kuvvetleri Foto Film Merkezi Komutanlığı

总统府信息局 T.C Cumhurbaşkanlığı İletişim Başkanlığı

总理府新闻出版与信息总局 Başbakanlık Basın-Yayın ve Enformasyon Genel Müdürlüğü (BYEGM)

土耳其无线电话股份有限公司 Telsiz Telefon Türk Anonim Şirketi (TTTAŞ)

土耳其银监会 Bankacılık Düzenleme ve Denetleme Kurumu(BDDK)

竞争管理委员会 Rekabet Kurulu

土耳其国库与财政部 Hazine ve Maliye Bakanlığı

土耳其电视收视调研公司 Televizyon İzleme Araştırma Komitesi(T İAK)

土耳其自由电信运营商协会 Serbest Telekomünikasyon İ şletmecileri Derneği(Telkoder)

实业银行 İş Bankası

艾蒂银行 Etibank

建设信贷银行 YapıKredi

发展银行 İmar Bankası

阿纳多卢通讯社 Anadolu Ajansı(AA)

土耳其记者工会 Türkiye Gazeteciler Sendikası

伊赫拉斯通讯社 İhlas Haber Ajansı (İHA)

环球通讯社 Cihan Haber Ajansı

伊赫拉斯集团İhlas Holding

德米尔沃伦通讯社 Demirören Haber Ajansı（DHA）

比尔金集团 Bilgin Holding

多安集团 Doğan Holding

卡尔勇集团 Kalyon Holding

科扎集团 Koza İpek Holding

吉内尔集团 Ciner Grubu

吉内尔传媒公司 Ciner Yayın Holding

恰勒克集团 Çalık Holding

图库瓦孜传媒集团 Turkuvaz Medya Grubu

图库瓦孜发行市场部 Turkuvaz Dağıtım Pazarlama

乌赞集团 Uzan Holding

多乌什集团 Doğuş Holding

楚库洛瓦集团 Çukurova Holding

力量传播公司 Güçlü Yayıncılığı

进步发行公司 Gelişim Yayınları

欧洲通信机构协会 European Association of Communications Agencies（EACA）

凯度 Kantar TNS

欧洲国际电视数据全球公司 Eurodata TV Worldwide

凯末尔电影公司 Kemal Film

亚伊萨特市场发行公司 Yay-Sat

联合纸媒发行公司 Birleşik Basın Dağıtım

广播服务组织推广和出版公司 Radyo Dinleme Hizmetleri Organizasyon Tanıtım ve Yayıncılık Anonim Şirketi（RİAK）

伊斯坦布尔注册会计师事务所(İSMMMO)

新闻法院 Basın Mahkemeleri

调查委员会 Tahkikat Komisyonu

全国统一委员会 Milli Birlik Komitesi

独立媒体网 Bağımsız İletişim Ağı (Bianet)

尼尔森媒介调研公司 AGB

法国秋季戛纳电视节 MIPCOM

阿俊传媒公司 Acun Medya

二、人名

巴耶济德二世(1481—1512)

塞利姆一世(1512—1520)

苏莱曼一世(1520—1566)

塞利姆二世(1566—1574)

穆拉德三世(1574—1595)

穆罕默德三世(1595—1603)

艾哈迈德一世(1603—1617)

穆斯塔法一世(1617—1618,1622—1623)

奥斯曼二世(1618—1622)

穆拉德四世(1623—1640)

易普拉欣(1640—1648)

穆罕默德二世(1648—1687)

苏莱曼二世(1687—1691)

艾哈迈德二世(1691—1695)

穆斯塔法二世(1695—1703)

艾哈迈德三世(1703—1730)

马哈茂德一世(1730—1754)

奥斯曼三世(1754—1757)

穆斯塔法三世(1757—1774)

阿卜杜勒·哈米德一世(1774—1789)

塞利姆三世(1789—1807)

穆斯塔法四世(1807—1808)

马哈茂德二世(1808—1839)

阿卜杜勒·麦吉德一世(1839—1861)

阿卜杜勒·阿齐兹(1861—1876)

穆拉德五世(1876)

阿卜杜勒·哈米德二世(1876—1909)

穆罕默德五世(1909—1918)

穆罕默德六世(1918—1922)

阿卜杜勒·麦吉德二世(1922—1924)

纳莫柯·凯末尔 Namık Kemal

穆罕默德·阿里帕夏 Mehmet Ali Paşa

威廉·丘吉尔 William Churchill

赛达特·希玛威 Sedat Simavi

哈尔顿·希玛威 Haldun Simavi

阿里·纳吉·卡拉江 Ali Naci Karacan

阿比迪·伊佩克奇 Abdi İpekçi

菲达伊·卓诗库内尔 Fedai Coşkuner

阿瑟·纳迪尔 Asil Nadir

尤努斯·纳迪 Yunus Nadi

杰姆·乌赞 Cem Uzan

图尔古特·厄扎尔 Turgut Özal

艾哈迈德·厄扎尔 Ahmet Özal

阿伊登·多安 Aydın Doğan

图尔盖伊·吉内尔 Turgay Ciner

奥古斯·阿拉尔 Oğuz Aral

麦哈迈特·恰切 Mehmet Çağçağ

通佳伊·阿克昆 Tuncay Akgün

艾姆拉赫·阿坝拉克 Emrah Ablak

迈赫迈特·阿里·耶尔马兹 Mehmet Ali Yılmaz

艾若尔·阿克索伊 Erol Aksoy

三、报刊名

官报 *Resmi Gazete*

自由报 *Hürriyet*

晨报 *Sabah*

邮报 *Posta*

土耳其报 *Türkiye*

日程报 *Takvim*

发言人报 *Sözcü*

土耳其消息报 *Habertürk*

民族报 *Milliyet*

新曙光报 *Yeni Şafak*

太阳报 *Güneş*

时代报 *Zaman*

早报 *Günaydın*

晚报 *Akşam*

埃及消息报 *Vakayi-i Mısriye*

时政要闻 *Takvim-i Vekâyî*

消息报 *Ceride-i Havadis*

时局报 *Tercüman-ı Ahval*

事实报 *Hakikat al-Ahbar*

光明报 *Aydın*

前进报 *Terakki*

官方消息报 *Ceride-i Resmîye*

漫画报纸 *Diyojen*

今日流行 *Aktüel Dergisi*

哈哈笑 *Gırgır*

乐芒 *Leman*

企鹅 *Penguen*

迷糊 *Uykusuz*

激进报 *Radikal*

狂热报 *Fanatik*

实时报 *Son Gazetesi*

真知报 *Hakikat al-Ahbar*

主权报 *Hakimiyet*

思想报 *Tasvir-i Efkâr*

争鸣报 *Tercüman*

训告报 *İbret*

记者报 *Muhbir*

知识财富杂志 *Servet-i Fünun*

阿克巴巴 *Akbaba*

卡拉格兹 *Karagöz*

阔尔奥卢 *Köroğlu*

德特利报 *Dertli*

赛事快报 *Fotomaç*

方向杂志 *Yön Dergisi*

四、广播电视机构名

世界电视台 Dünya TV

欧洲新闻电视台 EURONEWS

库尔德语频道 TRT ŞeŞ

萨曼之路电视台 Samanyolu

星空 1 台 Star 1 TV

五、条例名

印刷条例 *Mabaatlar Nizamnamesi*

维稳法 *Takrir-i Sükûn Kanunu*

宪法 *Anayasa*

刑法 *Ceza Kanunu*

新闻法 *Basın Kanunu*

广播电视机构法 *Radyo ve Televizyonların Kuruluş ve Yayın Hizmetleri Hakkında Kanun*

互联网传播规范和打击网络犯罪法 *İnternet Ortamında Yapılan Yayınların Düzenlenmesi ve Bu Yayınlar Yoluyla İşlenen Suçlarla Mücadele Edilmesi Hakkında Kanun*

广播电视最高委员会监管法 *RTÜK Denetimi Kanun Tasarısı*

传媒行业从业人员劳工法 *Basın İş Kanunu*

信息技术与通信机构法 *Bilgi Teknolojileri ve İletişim Kurumunun Kuruluşuna İlişkin Kanun*

欧洲跨境电视转播协议 *Avrupa Sınırötesi Televizyon Sözleşmesi*

欧盟视听媒体服务规定条例 *Avrupa Birliği Görsel-İşitsel Medya Hizmetleri Yönergesi*

欧盟条例 *AB Mevzuatı*

公共竞标法 *Kamu İhale Kanunu*

参考文献

外文：

GÜLSEREN A，KONTROL Y A M，KEJANLIOGLU. Medya politikaları［M］. Ankara：İmge Kitabevi，2001.

AKDENIZLI B. A glimmer of hope in a suffocated media landscape? citizen journalism practices in Turkey[M]//FRIEDRICHSEN M，KAMALIPOUR Y. Digital transformation in journalism and news media：media business and innovation. Berlin：Springer，2017

AKIN M H. İki Modernleşme Arasında Türkiye'de Siyasal Kültür Değişmesi ve Medya [J]. Türkiye İletişim Araştırmaları Dergisi，2018.

GEVGILILI A. Türkiye'de yenileme düüncesi，sivil toplum，basın ve atatürk[M]. İstanbul：Bağlam Yayıncılık，1990.

BERKSOY T. Basın ekonomisi ve promosyon[J]. Marmara iletişim dergisi，1993(3).

BULUT E. Dramın ardındaki emek：dizi sektöründe reyting sistemi，çalıma koulları ve sendikalama faaliyetleri[J]. İletişim，2016(24).

ÇANKAYA D. Dr. Özden，dünden bugüne radyo televizyon，beta yayınları［M］. İstanbul，1997.

GÖKHAN D. Pul vergisi ve osmanlı mizah basını（1874—1877）［J］. Türkiyat aratırmaları enstitüsü dergisi，2019(1).

KURBAN D，SÖZER C. İktidarın çarkında medya：türkiye'de medya bağımsızlığı ve özgürlüğü önündeki siyasi，yasal ve ekonomik engeller[R]，2012.

HARUN D. Osmanlı döneminde yerel basın (1828—1922)[C]. Suat Gezgin.İstanbul：İ. Ü. İletişim Fakültesi Yayınları，2007.

SÖGÜT F. Blu TV Netflix'e karşı：içeriklere yönelik bir karşılaştırma[J]. The Turkish online journal of design art and communication，2020(10).

GEZG İN S. Türkiye'de yerel basın[M]. İstanbul：İstanbul Üniversitesi İletişim Fakültesi Yayınları，2007.

KAYA A R. İktidar Yumağı[M]. Ankara：İmge Kitapevi，2009.

CANTEK L，GÖNENÇ L. Muhalefet defteri türkiye'de mizah dergileri ve karikatür [M]. İstanbul：Yapı Kredi Yayınları，2007.

KUYUCU M. Türkiye'de medya ekonomisi[M]. Ankara：ESEN K İTAP，2012.

SÖNMEZ M. Medya，kültür，Para ve İ stanbul iktidarı [M]. İ stanbul：Yordam Kitap，2013.

ÖZÖN N. Türk sinema tarihi[M]. İstanbul：Doruk Yayımcılık，2010.

ÖZSOY S. Spor basınının tarihi ve Türkiyede 1950'den günümüze yaşanan değişim[M]. Marmara İletişim Dergisi，2011.

ÖZDEMIR Ö. Politik mizahın ve toplumsal muhalefetin alternatif söylemsel alanı olarak zaytung[J]. Ankara Üniversitesi İlef Dergisi，2018，5(2).

ŞEKER M. Yerel gazeteler[M]. Konya：Tablet Yayınları，2007.

ÜNÜR E. Türk televizyon dizilerinde toplumsal kimliklerin temsili[J]. Erciyes İletişim Dergisi，2013(3).

中文：

格瓦特. 战败者[M]. 朱任东，译. 南京：译林出版社，2017.

威廉姆斯. 一天给我一桩谋杀案[M]. 刘琛，译. 上海：上海人民出版社，2008.

古德温. 奥斯曼帝国闲史[M]. 周晓东，郭金，译. 南京：江苏人民出版社，2016.

林佳世子.奥斯曼帝国：五百年的和平[M]. 钟放，译. 北京：北京日报出版社，2020.

肖宪，王文章.中国与土耳其关系的演变、问题与未来[J].外交评论(外交学院学报)，2007(2).

黄维民. 中东国家通史 · 土耳其卷[M]. 北京：商务印书馆，2002.

李媛. 国际传播中的精准传播影响因素及策略初探:中国国际广播电台土耳其全媒体项目案例分析[J]. 新闻传播，2018(12).

汤剑昆.CRITURK 品牌在土耳其传播效果分析[J].国际传播，2018(1).

昝涛.六十年来中国的土耳其研究[J].西亚非洲，2010(4).

特朗. 流媒体时代[M].鲁冬旭，译. 北京:中信出版社，2019.

哈林，曼奇尼. 比较媒介体制:媒介与政治的三种模式[M]. 陈娟，译.北京：中国人民大学出版社，2012.

王三义.少数民族与晚期奥斯曼帝国的社会变革[J].世界民族，2011(6).

王三义.奥斯曼帝国的制度建构及管理模式[J].吉林大学社会科学学报，2016，56(2).

贝尔福.奥斯曼帝国六百年:土耳其帝国的兴衰[M].

苏闻宇.浅谈“奥斯曼主义”思潮变异及衰亡的原因[J].世界民族，2011(1).

刘叶华.中国图书出版企业进入土耳其市场模式调查研究[J].出版参考，2014(34).

周根红.电视剧的海外传播与国家形象建构[J].中国电视. 2016(1).

赵增泉.土耳其经济是怎样起死回生的:评厄扎尔的发展战略[J].西亚非洲，1989(4).

昝涛.从历史角度看土耳其的多边主义战略[J].阿拉伯世界研究，2015(1).

张林初.独具一格的土耳其图书业[J].出版参考，2009(6).

陈德成.土耳其的多党制半总统制政体[J].西亚非洲，2000(2).

刘义.埃尔多安“新土耳其”论与“土耳其模式”的危机[J].阿拉伯世界研究，2017(1).

赵玉林.协同整合:互联网治理碎片化问题的解决路径分析:整体性治理视角下的国际经验和本土实践[J].电子政务，2017(5).

尹婧，黄民兴.中东变局以来土耳其境内的难民问题探析[J].阿拉伯世界研究，2018(1).

孙有中. 国家形象的内涵及其功能[J]. 国际论坛，2002(3).

程曼丽. 论“议程设置”在国家形象塑造中的舆论导向作用[J]. 北京大学学报(哲学社会科学版)，2008(2).

范红. 国家形象的多维塑造与传播策略[J]. 清华大学学报(哲学社会科学版)，2013，28(2).

崔守军，刘燕君.土耳其对叙利亚难民危机的应对及其影响[J].西亚非洲，2016(6).

王海滨.叙利亚难民危机困扰周边各国[J].社会观察,2015(10).

郑东超.浅析土耳其难民问题及其与欧盟的关系[J].和平与发展,2016(4).

张涛甫.两大舆论场:从竞争到融合[J].新闻与写作,2019(4).

陆道夫.狂欢理论与约翰·菲斯克的大众文化研究[J].外国文学研究,2002(4).

胡春阳.网络:自由及其想象:以巴赫金狂欢理论为视角[J].复旦学报(社会科学版),2006(1).

网站:

https://www. aa. com. tr/en/asia-pacific/turkey-eyes-sustainable-balanced-trade-with-china/1874843.

https://reutersinstitute. politics. ox. ac. uk/sites/default/files/2018-11/Digital%20News%20Report%20-%20Turkey%20Supplement%202018%20FINAL.pdf.

https://bianet.org/bianet/medya/179258-med-nuce-tv-nin-yayini-kesildi.

https://www2. deloitte. com/tr/tr/pages/technology-media-and-telecommunications/articles/2018-turkiyede-medya-ve-reklam-yatirimlari.html.

https://tr.wikipedia.org/wiki/TBMM_5._dönem_milletvekilleri_listesi.

https://www. CNN TÜRK. com/2008/dunya/07/28/gumus. dizisi. suudi. arabistani. boldu/485852. 0/index. htmlhttps://www. sozcu. com. tr/2018/ekonomi/turk-dizileri-ihracat-oranlarinda-dunyada-ikinci-2177223.

https://boxofficeturkiye.com/yerli-filmler.

https://resmigazete.gov.tr/arsiv/12679.pdf.

https://www.sbb.gov.tr/kalkinma-planlari/.

https://www. sbb. gov. tr/wp-content/uploads/2018/11/Altıncı-Beş-Yılllık-Kalkınma-Planı-1990-1994%E2%80%8B.pdf.

https://www. sbb. gov. tr/wp-content/uploads/2018/11/Dokuzuncu-Kalkınma-Planı-2007-2013%E2%80%8B.pdf.

https://www. sbb. gov. tr/wp-content/uploads/2018/11/Onuncu-Kalkınma-Planı-2014-2018.pdf.

https://www.sbb.gov.tr/wp-content/uploads/2019/07/OnbirinciKalkinmaPlani.pdf.

https://boxofficeturkiye.com/dagitimcilar/.

https://www.guvenliweb.org.tr/haber-detay/turkiyenin-internet-kullanim-aliskanliklari-tuik-2018.

https://www.pwc.com.tr/eglence-ve-medya.

http://www.cukurova.com.tr/medya_grup.asp 和 http://www.cukurova.com.tr/teknoloji_grup.asp.

http://turkey.mom-rsf.org/en/media/.

http://www.doganholding.com.tr/en/business-areas/media.aspx.

https://www.doganholding.com.tr/media/1252/2018_fr_tr.pdf.

http://www.turkuvazmedyayayhiz.com/BilgiToplumuHizmetleri.

https://www.tmgrup.com.tr/oryantasyon/tr.

https://www.sohu.com/a/211588667_115239.

https://ifade.org.tr/basin-bultenleri-ve-duyurular/engelliweb-2019/.

https://www.tbmm.gov.tr/anayasa.htm.

https://mevzuat.gov.tr/MevzuatMetin/1.5.5187.pdf.

https://www.tbmm.gov.tr/kanunlar/k5187.html.

https://resmigazete.gov.tr/eskiler/2004/06/20040626.htm.

https://mevzuat.gov.tr/MevzuatMetin/1.5.2954.pdf.

https://www.rtuk.gov.tr/haberler/3787/158/6112-sayili-radyo-ve-televizyonlarin-kurulus-ve-yayin-hizmetleri-hakkinda-kanun-yururluge-girdi.html.

https://mevzuat.gov.tr/MevzuatMetin/1.5.6112.pdf https://www.mevzuat.gov.tr/mevzuat?MevzuatNo=5651&MevzuatTur=1&MevzuatTertip=5.

https://www.resmigazete.gov.tr/eskiler/2007/05/20070523-1.htm.

https://mevzuat.gov.tr/MevzuatMetin/1.3.5953.pdf.

https://mevzuat.gov.tr/MevzuatMetin/1.3.5953.pdf.

https://www.mevzuat.gov.tr/mevzuat?MevzuatNo=2813&MevzuatTur=1&MevzuatTertip=5.

https://www.iletisim.gov.tr/turkce/teskilat-semasi.

http://B İANET.org/B İANET/medya/148647-diren-basin-ozgurlugu.

http://www.hurriyet.com.tr/teknoloji/ darbe-gecesi-35-kat-tweet-40172748.

https://www.acunn.com/reyting-sonuclari? tarih=15-07-2017.

https://www. trtspor. com. tr/haber/futbol/super-lig/taraftarlar-en-cok buna-para-harciyor-104602.html.

http://www. hurriyet. com. tr/ekonomi/elektronik-haberlesme-sektorunde-yatirim-atagi-41276598.

https://multeciler.org.tr/turkiyedeki-suriyeli-sayisi/.

https://www.sbb.gov.tr/kalkinma-planlari.

https://www.aa.com.tr/tr/yasam/binlerce-sivil-turkiyeye-dogru-kaciyor/377536.

https://www. aa. com. tr/tr/yasam/el-sanatlari-suriyeli-kadinlarin-elinde-hayat-buluyor/720693.

https://www.aa.com.tr/tr/dunya/abden-turkiyedeki-suriyelilere-destek/726292.

https://www.aa.com.tr/tr/saglik/suriyeli-doktorlara-ozel-calisma-izni/735312.

https://www. aa. com. tr/tr/dunya-kadinlar-gunu/suriyeli-kadinlar-kadem-ile-hayatin-icinde/1083048.

https://www. aa. com. tr/tr/turkiye/turk-vatandaslari-ve-suriyeliler-icin-istihdam-destegi-projesi-/1377019.

https://www. aa. com. tr/tr/turkiye/cumhurbaskani-erdogan-terorle-arasina-mesafe-koyan-kesimleri-ortak-paydada-bulusmaya-davet-ediyoruz/1598903.

https://web.archive.org/web/20160106101501/http://cadde.milliyet.com.tr:80/2010/05/02/YazarDetay/1232413/durust__tarafsiz__ahlaksiz_haber__zaytung_.

http://zaytung.com/haberdetay.asp? newsid=368915.

https://www. aa. com. tr/tr/turkiye/sozcu-gazetesi-sahibi-ve-yazarlari-hakkindaki-davanin-gerekceli-karari-aciklandi-/1701127.

http://www.gazetetirajlari.com/.

后记

2010年，笔者在《对外传播》发表了题为《消弭中土传播的误区》的文章，文章以土耳其主流媒体对“7·5”事件的相关报道为研究对象，阐述了土耳其主流媒体负面报道中国的原因，提出了消弭两国传播障碍的建议。这篇文章大概是国内较早关于土耳其媒体涉华舆情的论述。2011年，笔者在《中国广播影视》发表了题为《土耳其相亲节目成众矢之的》的文章，通过对土耳其的主流电视节目形态的观察，分析了土耳其电视节目监管机制的特点。同年，笔者有幸参与了中国传媒大学国家传播创新研究中心（原广播电视研究中心）策划组织的国内首部世界传媒类年度蓝皮书《全球传媒产业发展报告》和《新媒体前沿》中土耳其国别篇的撰写工作，并发表了土耳其传媒产业的研究报告。这些前期成果为笔者获批土耳其大众传媒研究项目奠定了基础，更为笔者持续关注和深入探索土耳其大众传媒领域指明了方向。

近十年来，笔者承担了多个国际传播、涉华舆情、影视译制方向的项目，有了更多的机会多视角地观察土耳其大众传媒生态的诸多要素，并最终以《土耳其大众传媒研究》这本专著的形式进行了回顾和反思。从早期的印刷品到报纸期刊，从广播电视到新媒体，从电影电视剧到自媒体，无论是帝国时期还是共和国时期，大众传播媒介始终在历史舞台的聚光灯下，大众传媒某种意义上就是这个世界帝国向现代民族国家过渡时期的亲历者和参与者。因此探寻大众传媒与历史、现在和未来的互动和勾连对理解土耳其传媒的来龙去脉具有重要的启发意义。从目前国内的研究成果来看，对土耳其大众传媒的论述大多停留在介绍性文字的层面，篇幅一般仅限于章节段落的规模，本书洋洋洒洒的十五万字勉强算是现阶段比较深入探讨土耳其大众传媒的专题类论著了吧。

感谢母校提供的平台，感谢亚洲传媒研究中心对我的信任。这个平台孵化了我的学术梦想，激发了我的学术志趣，拓展了我的学术视野。“千里之行，始于足下”，有了这次磨砺心志的研究经历，我将不再畏惧学术道路上的磕绊与挑战。

感谢中国传媒大学新闻传播学部副学部长吴敏苏教授。敏苏老师是恩师，是领路人，是开拓者。记得那时二十出头的年纪，是敏苏老师把我领进了国际传播的大舞台，让我有了“初生牛犊不怕虎”的勇气挑战未知。感谢中国传媒大学政府与公共事务学院副院长周亭教授、中国传媒大学国家传播创新研究中心王润珏副教授，她们高屋建瓴的见解和一针见血的分析让我如沐春风，心有戚戚。感谢中国传媒大学出版社的王雁来老师，她的每一处修改都完美地体现了一个责任编辑的专业精神和使命担当，她的细心、耐心和包容让纠结无比的我明白了“完成比完美重要”。

最后，还要特别感谢科贾埃利大学的杰姆·佩克曼教授。从项目申报到拙著问世，佩克曼教授毫无保留地分享了他的经验，在上百封的邮件往来中，我强烈地感受到了这位土耳其学者的专业与严谨。

大众传媒包罗万象和瞬息万变的本质属性决定了无法在一本专著里对其进行全景式的描述。同时，由于一些客观的原因，笔者无法进行广泛的田野调查，对部分观点的阐述难免偏颇，而且囿于笔者的研究水平，不当之处在所难免，期待过往君子垂教。这本基于历史演进视域的小书若是能成为未来研究的引玉之砖，也就实现了笔者写书的初衷了。

龚颖元
北京
2021 年 5 月